新时代跨区划法院探索实践丛书

仲裁司法审查案件审判参考

主　编　单国钧
副主编　郭月清　崔智瑜

ZHONGCAI SIFA SHENCHA ANJIAN
SHENPAN CANKAO

法律出版社
LAW PRESS · CHINA
北京

图书在版编目（CIP）数据

仲裁司法审查案件审判参考 / 单国钧主编；郭月清，崔智瑜副主编. -- 北京：法律出版社，2024. --（新时代跨区划法院探索实践丛书）. -- ISBN 978-7-5197-9611-2

Ⅰ. D925.705

中国国家版本馆 CIP 数据核字第 2024716C7D 号

仲裁司法审查案件审判参考
ZHONGCAI SIFA SHENCHA ANJIAN SHENPAN CANKAO

单国钧 主 编
郭月清 崔智瑜 副主编

策划编辑 陈昱希 王 睿
责任编辑 陈昱希 王 睿
装帧设计 鲍龙卉

出版发行 法律出版社
编辑统筹 法规出版分社
责任校对 裴 黎 王 丰
责任印制 耿润瑜
经 销 新华书店

开本 710 毫米×1000 毫米 1/16
印张 18.5 **字数** 282 千
版本 2024 年 12 月第 1 版
印次 2024 年 12 月第 1 次印刷
印刷 北京盛通印刷股份有限公司

地址：北京市丰台区莲花池西里 7 号（100073）
网址：www.lawpress.com.cn
投稿邮箱：info@lawpress.com.cn
举报盗版邮箱：jbwq@lawpress.com.cn

销售电话：010-83938349
客服电话：010-83938350
咨询电话：010-63939796

书号：ISBN 978-7-5197-9611-2
定价：88.00 元

凡购买本社图书，如有印装错误，我社负责退换。电话：010-83938349

新时代跨区划法院探索实践丛书

编辑委员会

初心如磐践行使命　奋楫笃行继往开来

——北京四中院十年改革探索实践纪实

（代序）

设立跨行政区划人民法院是党中央全面推进依法治国的重要部署。2014年12月30日，北京市第四中级人民法院（以下简称北京四中院）作为跨行政区划法院改革的试点应运而生。履职十年来，北京四中院坚持以习近平新时代中国特色社会主义思想为指导，紧紧围绕“努力让人民群众在每一个司法案件中感受到公平正义”的工作目标，立足在“特”字上做文章、在“专”字上下功夫、在职能作用上显风采，不断探索跨区划法院改革发展体制机制创新，努力提升审判质量、效率、效果，坚决护航首都发展大局，践行司法为民初心，以创新实干书写了新时代首都跨区划法院探索和实践的新答卷。

十年砥砺奋进，十年春华秋实

在历史的长河中，十年或许只是短暂的一瞬，但对于北京四中院而言，却是一段充满挑战与机遇、拼搏与奋斗的光辉岁月。十年来，在市委、市委政法委的坚强领导和市高级法院的正确指导下，历届院党组及全院干警同心同德、风雨兼程，执着向前、敢于斗争，锐意进取、勇于创新，推动北京四中院从无到有、从弱到强，改革建设发展各项事业均取得了显著成绩。

——这是政治统领激活改革发展动能的十年

人民法院既是政治性很强的业务机关，也是业务性很强的政治机关，讲政治是根本、是方向、是灵魂。自建院以来，北京四中院始终牢记“政法姓党”是永远不变的根和魂，坚持把党的政治建设摆在首位，牢记人民法院首先是政治机关，出台《党组理论学习中心组学习办法》《“第一议题”学习制度》等一系列学习制度规定，按照党中央、市委工作要求，深入开展党的群众路线教育实践活动、“三严三实”专题教育、党史学习教育、党纪学习教育等各类学习教育，教育引导干警进一步坚定理想信念，增强政治定力，确保深刻领悟“两个确立”的决定性意义，不断增强“四个意识”、坚定“四个自信”、做到“两个维护”。严格落实《中国共产党政法工作条例》《中国共产党重大事项请示报告条例》，制定请示报告清单，严格执行重大事项请示报告制度，切实把党的绝对领导落实到法院工作各领域各方面各环节。严格落实意识形态工作责任制，积极主动做好新闻宣传和舆论引导工作，坚决防范和抵制“三权鼎立”“司法独立”等错误思潮，坚定不移走中国特色社会主义法治道路。

——这是勇毅担当服务中心工作的十年

服务保障新时代首都发展是机遇、是考验，更是北京四中院的职责使命。经过十年的探索实践，涉外审判、行政审判、环境资源审判、涉互联网案件审判、走私类案件审判、涉铁路案件审判已经成为北京四中院独特的职能优势和鲜明特色。北京四中院持续优化跨区划法院案件管辖格局，先后推动北京法院国际商事纠纷一站式多元解纷中心（以下简称中心）、北京国际商事法庭在本院挂牌成立，制定《北京国际商事法庭建设发展规划（2022—2025）》《域外法查明指引手册》等一系列制度文件，全力推进北京国际商事法庭高水平运行，成功审结多起全国首例案件和有影响的案件，为首都更高水平对外开放、北京“两区”

建设提供了优质司法服务保障。积极探索行政审判“四中路径”，妥善审理涉中轴线申遗、大兴机场建设、副中心建设等一系列疏解非首都功能重大项目案件。注重强化互联网案件审判，切实以案件裁判完善互联网案件审理规则，为数字经济标杆城市建设提供优质司法服务保障，多篇案件信息被上级部门采用。紧紧抓住稳定这个关键，重拳出击严打走私犯罪，常态化开展扫黑除恶斗争，推进打击整治养老诈骗等专项行动，全力维护首都安全稳定。2023年，挂牌成立环境资源审判庭，进一步创新公益诉讼案件裁判方法，建立“多元共治”生态保护法治屏障，为深化生态文明体制改革，夯实高质量发展生态基础，打造中国式现代化建设先行区、示范区贡献司法力量。

——这是司法为民做实司法公正的十年

司法审判工作，必须始终把人民群众满不满意作为评判审判质效、改革成效的标准，让人民群众切实感受到公平正义就在身边。一直以来，北京四中院注重优化诉讼服务，持续加强诉讼服务中心建设，出台《涉外、涉港澳台民事案件立案指南》等制度规范，最大限度便利群众诉讼。2021年11月，顺利完成首例跨境当事人网上立案，在院网首页设置诉服工单查询入口的创新举措得到上级法院肯定。大力推进智慧法院建设，深度运用“云谈话”、“云庭审”、电子送达等方式妥善审理系列涉“两区”建设仲裁司法审查案件，得到当事人广泛认可与高度赞誉。积极落实善意文明执行工作理念，针对案款发还不及时问题，制定“1+3”工作法则，案款发还时限大幅缩减，最大限度提升执行事项办理效率。高度重视代表委员联络工作，主动接受人大监督，通过邀请代表委员参与庭审观摩、召开座谈会等方式，听取意见建议，及时回应社会关切，十年来，组织代表委员参与庭审观摩等活动累计达千余人次。加强信息化基础设施及智能化辅助办案系统建设，研发AI助手人工智能系统，搭建全市首家司法数据中台应用体系及涉外案款发还机制，顺利实现全市首例以线上方式通过银行跨境人民币结算服务直接发还案款人民币3000余万元，为全市法院办理该类案件提供参考，进一步提升了人民群众对法院工作的满意度。

——这是锐意进取推进改革创新的十年

作为跨区划改革法院，改革是发展壮大、行稳致远的关键一招。十年来，北京四中院锚定新时代首都发展战略定位，主动识变应变求变，不断深化具有跨区划法院特点的一系列改革举措，建院之初即出台《整建制改革试点框架意见》，以落实司法责任制为重点，优化司法资源配置，探索建立审判工作扁平化管理模式。扎实开展立案登记制改革，积极探索完善有效规制虚假诉讼、恶意诉讼、违法滥诉的制度体系和政策措施，做到有案必立、有诉必理，切实保障当事人的诉讼权利。深入推进以审判为中心的刑事诉讼制度改革，加大认罪认罚从宽制度适用力度，刑事案件当庭宣判率持续保持较高水平。进一步健全完善行政诉讼管辖制度，通过开展同堂培训、政府常务会会前讲法、发布审判白皮书、公开庭审观摩等多种方式，加强与行政机关沟通协调，推动行政机关负责人出庭应诉，促进法治政府建设。2016年12月，荣获第四届“中国法治政府奖”。出台《院庭长办案工作实施方案》，强化院庭长对重大敏感、疑难复杂和新类型案件的审核把关职能。制定《专业法官会议工作规则》《审判委员会工作规则》，充分发挥专业法官会议工作机制在辅助办案决策、统一法律适用等方面的作用。建立健全案件评查工作机制，制定《案件评查工作办法》，深化案件评查结果运用，助推各领域审判质效持续优化，改革成效逐步显现。

十年成果丰硕，十年亮点纷呈

习近平总书记指出，“历史是最好的教科书，也是最好的清醒剂”。经过十年的改革探索，北京四中院逐步形成了具有跨区划法院特色、符合司法审判规律的工作模式和业务格局，一支符合特殊案件审判要求、有力服务首都中心工作的干警队伍逐步建立，社会影响力和公众认可度日渐提升。

第一，坚持“党建引领”是助推改革发展建设的根基。跨区划法院可持续高质量发展，离不开高质量党建的引领和保障。建院以来，北京四中院始终将党建工作置于重要位置，院党组定期听取机关党建工作情况汇报，研究部署机关党建工作。出台《突出党建引领　推动党建与业务工作深度融合的若干措施》《党组书记抓基层党建责任清单》《党建工作手册》等系列制度文件，创新建立党建督导员机制，层层压实党建工作责任，确保将党建工作融入审判执行工作全过程、各方面，以高质量党建引领跨区划法院工作高质量发展。持续推行“一支部一品牌”建设，发布党建品牌矩阵创建方案，开展优秀党课评选、党史知识竞赛活动，举行“传承红色基因，铸就忠诚法魂”“追梦远航青年志　挺膺担当青年行”系列主题宣讲，全面激发干警队伍精气神。行政庭党支部获评“北京市直机关先进基层党组织”称号；杨晋东同志获评“北京市直机关优秀党务工作者”称号；机关党委“创新青年干警思想政治辅导工作法”获评北京法院示范党建创新案例；立案庭荣获北京法院党建工作先进集体称号；民庭党支部“‘五学五创’学创先锋党支部工作法”获评北京法院优秀党支部工作法；综合办党支部第三党小组“活用‘三融合’工作法”、行政庭党支部第三党小组“‘政研行’党小组工作法”分别获评北京法院优秀党小组工作法。

第二，坚持“调研贯穿”是提升干部队伍专业能力的基础。提高法院现代化审判能力，必须坚持以调研开路破题。北京四中院一直高度重视调研工作，尤其是2022年新一届党组班子组建以后，坚持把调研作为科学决策的基础、展示交流的载体、历练人才的平台。牢牢坚持调研工作为大局服务、为审判工作服务、为领导决策服务，制定《关于完善调研工作格局提升调研管理水平的意见》等一系列调研制度文件，探索建立调研联络员“一对一”对接庭室机制，进一步更新调研工作理念，创新调研管理机制，强化调研激励，全院调研热情和调研氛围空前高涨，调研工作全面开花、成果丰硕，为推动跨区划法院工作现代化奠定了坚实基础。多次中标司法部及最高人民法院、中国法学会等司法研究重大课题，获得市级以上优秀调研成果奖励40余次；审理的环境污染民事公益诉讼案，入选第四批联合国环境规划署中国环境司法案例，刊载于联合国环境规划署司法门户网站；干警论文、征文荣获全国法院学术讨论会一等奖、二等奖及其他重要奖项120余人次。

第三，坚持“管理支撑”是促进审判工作提质增效的保证。推动新时代法院工作高质量发展，进一步增强人民群众的司法获得感，必须贯通审判管理与政务管理、队伍管理。北京四中院始终高度重视审判管理工作，将其作为提升审判质效、确保司法公正的重要抓手。通过建立完善的审判管理工作体系，形成分管院领导主抓、审管办（研究室）组织、评查工作人员具体负责的“日常+重点+专项”全覆盖工作体系，明确各主体职责，确保了审判管理工作的有序开展。聚焦审判质效提升，研究制定审判权责清单“1+4+1+1”系列规定、《案件信息与审判数据管理办法》、《“百日攻坚”行动方案》等规章制度，定期组织召开审判执行工作点评会、数据会商会，建立健全节点管理、分类管理和全过程全员服判息诉机制，确保案件从立案到结案的全过程顺畅有序。与此同时，坚持做好收结案调度，强化案件监督管理，积极组织开展庭审观摩活动，常态化组织开展案件评查，进一步提升各审判领域审判质效，切实以审判管理现代化推进审判工作现代化。

第四，坚持“队伍保障”是推动跨区划法院工作现代化的关键。跨区划法院高质量发展，离不开人才支撑和队伍保障。北京四中院始终高度重视人才培养，在干部队伍建设和专业能力提升方面，常态化组织开展干部调整交流工作，实施优秀年轻干部质量提升工程，为高质量发展提供坚实的人才保障。制定完善人才培养发展规划，探索建设“四中知学堂”“四中自学堂”“四中智学堂”等分类培训平台，举办分领域、多层次的教育培训和技能比武活动，有效提升干警的专业素养和履职能力。建立廉政监察员和亲情廉政监督员工作机制，结合正反典型案例开展廉政警示教育，强化监督执纪问责，确保干警干事创业清正廉洁。认真学习贯彻习近平文化思想，建强多元文化阵地，做好关心关爱干警工作，建立健全安全问题“一票否决”机制，健全完善警务相关制度机制，有力提升“三服务”质效。此外，注重强化与高校合作共建，加大先进典型培树宣传，激励全体干警积极向上，营造浓厚干事创业氛围，进一步激发全体干警的工作热情和创造力。

第五，坚持“精品战略”是提升司法效能的抓手。习近平总书记深刻指出“一个案例胜过一打文件”，司法案例在法治建设中具有无法取代的重要作用。北京四中院积极推动司法工作向精品化方向发展，以打造精品案件、精品文书、精品庭审为目标，不断提升司法审判的质量和水平。立足特殊案件管辖与特色职能定位挖掘典型案例，加强对疑难复杂案件的研究和分析，制定《典型案例培育工作方案》，各部门主动加强典型案例选送培育工作，环境污染民事公益诉讼案入选最高人民法院指导性案例，多篇案例获全国法院系统年度优秀案例分析奖项。加强对裁判文书的撰写和审核，提高文书逻辑性、说理性和规范性，使裁判文书成为展示司法公正的重要载体，连续五年组织开展优秀裁判文书评选活动，10余篇文书获评全国法院优秀裁判文书。积极开展庭审规范化建设，组织庭审观摩系列活动，充分发挥优秀庭审在查明事实、认定证据、公正裁判、服判息诉中的示范标杆作用，提升法官驾驭庭审水平，在全国法院“百场优秀庭审”评选活动中斩获佳绩。丰富精品案例转化途径，鼓励法官将精品案例的研究成果转化为法学论文、调研报告等学术成果，推动法学理论发展，充分利用现代媒体手段，将精品案例制作成短视频、漫画等通俗易懂的法治宣传资料，众多案例受到中央及首都各级媒体广泛关注，跨区划法院知名度和影响力显著提高。

十年风华正茂，今朝扬帆起航

站在承上启下的历史关口，书写继往开来的宏伟篇章，面对新时代新征程对跨区划法院工作提出的更高要求，北京四中院将进一步提高政治站位，强化使命担当，立足跨区划法院职能定位和主责主业，紧紧围绕“政治建院、专业立院、人才兴院、改革强院、从严治院、文化铸院”的工作思路，创造性地推动党中央决策部署在司法实践中落地生根，确保跨区划法院工作与新时代同向同行，与党和国家事业同频共振。

一是围绕政治建院，永葆人民法院政治机关鲜明本色。以深入学习贯彻党的二十大和二十届二中、三中全会精神为契机，旗帜鲜明把党的政治建设摆在首位，学深悟透习近平新时代中国特色社会主义思想，准确把握习近平法治思想的丰富内涵和实践要求，切实把思想和行动统一到以习近平同志为核心的党中央决策部署上来。坚持以高水平机关党建为引领，将党建工作融入北京四中院工作的各方面全过程，特别是实现机关党建与重点工作同步提高、相互促进，在国际商事法庭建设、服务“两区”建设和京津冀协同发展等重点工作的开展中，切实以严格公正司法、切实为民履职的实际行动来检验党建工作的实际成效。

二是围绕专业立院，持续推动各业务管辖领域群芳竞艳。全力推进北京国际商事法庭高水平运行，依法公正高效审结涉外商事案件，深入推进涉外商事纠纷多元化解，有效助推北京打造国际商事纠纷解决优选地。依托北京四中院丰富的行政审判实践经验，持续深化府院良性互动，充分发挥行政审判对于法治政府建设的示范效能。持续提升涉互联网案件审判影响力，围绕网络治理深入开展调查研究，总结提炼案件审判规则，为数字经济标杆城市建设提供优质司法服务保障。深化推进环境资源审判“北京实践”，创新公益诉讼案件裁判方法，持续深化区域生态环境协同治理，建立“多元共治”生态保护法治屏障。切实发挥和延伸刑事审判职能，加大对走私类刑事案件审判经验和审判规律的总结，进一步加强与海关、公安、检察院等机关的协商联动，强化对走私刑事案件的审理和宣传。更加注重执行规范化建设，创新执行财产处置方式，深化执行联动机制，着力破解执行难题。

三是围绕人才兴院，着力培养一批高素质、高层次、专家型、复合型审判人才。进一步探索将政治素质、业务素质、职业道德素质融为一体的教育培训机制，深入务实组织开展“四中知学堂”“国商法谈”等特色活动，着力建设完备的梯次化人才队伍。充分发挥“行政审判特色人才高地”的示范引领、辐射带动作用，继续深化与高等院校和科研院所合作培养人才机制，努力推进国际商事审判人才高地建设。着眼未来发展、立足队伍实际、根据干部业绩，开展常态化的人员轮岗调整，最大可能实现人尽其才、才尽其用、用人唯才。以调研联络员工作机制为抓手，定期通报调研工作任务完成情况，切实推动形成人人参与调研、人人主动调研、人人善于调研的浓厚氛围，推动专家型、复合型审判人才不断涌现。

四是围绕改革强院，切实以审判管理现代化促进审判质效全面提升。坚持审判质量优先，进一步调整完善审判权责清单、院庭长监督管理、院庭长办案等相关制度机制，进一步提升评查工作办理制度化、规范化水平，持续强化各审判领域典型案例发掘、培育及发布工作。兼顾审判效率，坚持审判分层管理和精细化管理相结合，持之以恒强化审限监督管理，扩大积案清理成效，切实提高法定审限内结案率，降低延长审限率，缩短审判周期。重视审判效果，持续加大国际商事纠纷一站式多元解纷中心规范化建设力度，加强诉前、诉中全过程调解、和解和释明工作，提升国际商事纠纷“多元调解＋速裁”工作成效。

五是围绕从严治院，努力锻造一支堪当重任、敢打敢拼、清正廉洁、业绩一流的干警队伍。注重创新管理方式方法，教育引导广大干警始终保持锐意进取、敢为人先、迎难而上的奋斗姿态，为全院高质量发展贡献力量。持续夯实严管厚爱的认识基础，切实在全院树立“严是爱、松是害”“推动干部成长进步是厚爱，让干部知规矩、守纪律、不犯错误、不受处分、顺利成长、平安生活同样是厚爱”的理性认知。持之以恒推进全面从严治党、从严治院、从严管理，持续抓好防止干预司法“三个规定”等制度执行，认真开展审务督察、督导检查、案件评查，持续巩固深化政法队伍教育整顿成果。持续完善目标责任制考核机制，强化考核结果运用，进一步激励担当作为，营造风清气正的政治生态。

六是围绕文化铸院，不断提升法院文化软实力和影响力。突出培育审判文化，以审判工作现代化服务保障中国式现代化为目标，不断提升司法审判的质量、效率、效果，争取人民群众更广泛的理解和支持，实现政治效果、社会效果和法律效果相统一。推崇廉洁修身，筑牢拒腐防线，“用身边案身边事警示教育身边人”，切实达到反面典型案例的警示、震慑作用，让“按制度办、按程序办、按职责办”的审判文化在广大干警中形成风气。坚持以文育人，提升法院文化传播力影响力，强化舆论宣传和先进典型宣传，讲好法治故事，全面展现跨区划法院良好形象。

潮平两岸阔，风正一帆悬。十来年，北京四中院坚持服务大局、司法为民、公正司法，不断巩固提升、稳中求进、守正创新，立足跨区划法院职能特点，以全面推进法院工作现代化为目标，奋力推进跨区划法院高质量发展。下一步，我们要在全面总结的基础上，传承发展、开拓创新，进一步激发争创一流的志气，锤炼攻坚克难的作风，凝聚上下一心、心齐劲足的强大合力，坚决扛起跨区划法院工作责任担当，以高度的政治自觉、饱满的精神状态、顽强的斗争意志、科学的工作方法做好做实各项工作，持续巩固和增强全院工作“好的基础、进的态势”，努力推动全院工作展现新气象、开辟新境界、实现新作为。

北京市第四中级人民法院党组书记、院长 單国钧

2024 年 12 月 30 日

目录 CONTENTS

典型案例

经验交流

理论前沿

裁判文书

机制探索

职能延伸

典型案例

仲裁裁决认定刑事犯罪行为合法有效违背社会公共利益

——某集团公司等与李某等申请撤销仲裁裁决案

【案件基本信息】

1. 裁判书字号

北京市第四中级人民法院（2021）京04民特383号

2. 案由

申请撤销仲裁裁决

3. 当事人

申请人：某集团公司等

被申请人：李某、刘某丰

【基本案情】

2011年12月31日，李某（甲方）、刘某丰（乙方）和某集团公司（丙方）、某集团辽宁公司（丁方）签署《股权转让合同》。李某是某矿实际控制人，2008年收购郭某如持有的某矿股权，但该矿储量达不到某集团公司收购标准。李某为完成收购，指使某矿工作人员实行了以造假方法虚构金矿储量的行为，编制虚假储量《补充勘查地质报告》，未经国土资源部门评审备案，导致该金矿虚假储量被李某卖给了某集团公司，造成国家经济损失27 752.85万元。

2017年2月16日，铁岭市中级人民法院作出（2015）铁刑二初字00005号《刑事判决书》。某矿犯单位行贿罪，李某为某矿的实际控制人，犯单位行贿罪，判处有期徒刑2年10个月。涉案相关人员亦均被判刑。

2018年8月22日，某集团公司及其下属辽宁公司依据《股权转让合同》向某仲裁委员会提起仲裁申请，要求确认《股权转让合同》已经解除，李某和刘某丰返还某集团公司支付的合同价款8000万元；赔偿某集团公司及其下属辽宁公司收购某矿股权后投入的生产、探矿等资金2276.425万元。仲裁庭认为，《股权转让合同》的签约过程中尽管存在与交易相关的犯罪行为，但有刑事犯罪行为并不当然意味着与之相关的民事法律行为的效力均归于无效，同时某集团公司及其下属辽宁公司未能提供充分证据证明案件涉及合同的签署完全归责于李某和刘某丰的欺诈行为，或是其他足以导致合同无效的情形所致。并且，某集团公司及其下属辽宁公司第一项仲裁请求意在解除案涉合同，依照我国法律规定，合同解除的前提条件是该合同已依法生效。因此仲裁庭认为《股权转让合同》为有效合同。仲裁庭未支持某集团公司及其下属辽宁公司提出要求解除《股权转让合同》的主张，最终裁决驳回某集团公司及其下属辽宁公司的全部仲裁请求。

此后，某集团公司及其下属辽宁公司向北京市第四中级人民法院申请撤销仲裁裁决，理由：（1）案涉《股权转让合同》的签约目的、签约手段、履行结果均构成对社会公共利益的损害，仲裁庭认可合同效力并驳回某集团公司及其下属辽宁公司的仲裁请求，违背基本法律原则和社会公序良俗，违背社会公共利益。（2）仲裁庭不同意某集团公司及其下属辽宁公司增加的仲裁请求，违反法定程序，导致裁决结果错误。

【案件焦点】

认定以犯罪手段签订的合同有效是否属于违反社会公共利益情形。

【法院裁判要旨】

法院生效裁判认为：第一，关于案涉仲裁程序是否违反法定程序的问题。仲裁庭依据《仲裁规则》第十七条规定认为该项申请提出过迟不予同意，并不属于违反仲裁法规定的仲裁程序或当事人选择的仲裁规则可能影响案件正确裁决的情形。因此，某集团公司及其下属辽宁公司关于仲裁庭不同意其增加仲裁请求属于违反法定程序的理由不能成立。

第二，关于仲裁裁决是否违反社会公共利益的问题。依据相关刑事判决确定的事实，某矿实际的黄金储量仅有278.79千克，但是李某提供的虚假的《补充勘查地质报告》载明，某矿的黄金探明储量为6970.45千克，虚增25倍左右。双方当事人对此均知情，按照虚增的价格进行交易，有违正常的市场交易规则。

双方之所以签订并履行案涉《股权转让合同》，明显系双方行贿受贿的结果。双方行贿受贿的行为，并不仅是为了让李某和刘某丰获取市场交易机会，而是借此合同套取国企的国有资产。《股权转让合同》是双方以恶意串通方式损害国家利益的行为，也符合以合法形式掩盖非法目的的情形。故《股权转让合同》明显成为相关人员骗取国有资产的工具，但是仲裁庭却认定为合法有效，该裁决结果显然违背了我国法律维护社会公平正义的价值取向，也不符合公序良俗，对社会最根本的法律原则构成了危害，亦与社会主义核心价值观相悖，属于违反社会公共利益的情形，因此，案涉裁决应予撤销。

依据《仲裁法》第五十八条第三款、《民事诉讼法》第一百五十七条第一款第九项之规定，裁定撤销某仲裁委员会作出的上述裁决。

【法官后语】

在国内申请撤销仲裁裁决领域，以违反社会公共利益为由撤销仲裁裁决的案件较少，主要原因在于法院对于适用“违反社会公共利益”持较为谨慎谦抑态度。

（一）国内仲裁司法审查的“社会公共利益”

“社会公共利益”主要依据《仲裁法》第五十八条第三款之规定，国内仲裁司法审查案件中民事裁定书对“违背社会公共利益”表述为，仲裁裁决违反我国法律的原本原则、违反社会公序良俗、危害国家及社会公共安全等情形，应涉及不特定多数人的共同利益，为社会公众所享有。国内仲裁司法审查案件的“社会公共利益”有其特殊性，较一般民事案件的社会公共利益或者公序良俗有所不同。基于司法对仲裁的监督，是否违背社会公共利益包括两个层面：其一，对仲裁所涉及基础法律关系进行认定；其二，仲裁裁决作出是否造成对社会建立基本原则和基本价值违反进行认定。

（二）国内仲裁司法审查中仲裁裁决违反社会公共利益的具体认定标准

《仲裁法》第五十八条违反社会公共利益的法律适用需要明确认定标准，法律适用才能更加科学、更加规范化且具有可操作性。

1. 区分标准——利益“公共属性”

在国内仲裁司法审查实践中，社会公共利益的根本在于公共属性，基本内涵是指在特定社会历史条件下，从私人利益中抽象出来能够满足共同体中全部或大多数社会成员的公共需要。公共利益区分于商事仲裁中特定当事人利益、受仲裁当事人利益辐射影响下的特定全体利益等利益范畴。商事仲裁主要涉及民商事主体之间的合同纠纷等财产纠纷，当事人之间的利益及特定群体利益与公共利益区分较为容易，但是不特定多数人利益与国有利益区分有争议。不特定多数人利益不等同于社会公共利益，将人数的多少界定为公共，容易造成对公共利益的误解。

2. 基础法律关系的判断——利益“具体属性”

在仲裁司法审查过程中，具体案情不同细节均会影响是否违背社会公共利益的判断，具体认定标准是援引违背社会公共利益从模糊到确定的必然过程。是否违背社会公共利益认定标准主要包括法律关系认定与仲裁裁决的考量。司法实践中的具体适用，不可避免对仲裁案所涉法律关系、行为性质及仲裁请求进行一级判断，这种判断是接下来进行仲裁裁决认定的必经之路。本案所涉纠纷是因《股权转让合同》引发的，从法律关系的性质和仲裁请求来看，属于普通民事案件。但本案所涉《股权转让合同》确是通过行贿受贿方式签订的，并经过刑事判决文书予以确认。由此，案涉仲裁的基础法律关系的具体情形具有违法属性。

3. 仲裁裁决的穿透式判断——利益“根本属性”

仲裁裁决对法律关系的裁判属于是否违背公共利益的二级判断，司法审查任务在于仲裁裁决如何从具体民商事案件中的当事人利益影响社会公共利益。将特定案件商事仲裁主体的利益到社会公共利益之间建立的逻辑链条，通过穿透式方式判断其是否造成对社会公共利益的违反。判断的标准不仅包括公共属性判断，还包括根本属性判断，即仲裁裁决的执行是否引发最根本的经济、道德、法律利益与法律基本原则。本案中，刑事判决书已经认定涉案合同各方签订者的犯罪行为，仲裁裁决仍然认定《股权转让合同》合法有效，案涉合同本身已成为刑事犯罪工具。案涉合同符合恶意串通损害国家利益情形，符合以合法形式掩盖非法目的情形，仲裁裁决作出有违民法的基本原则。仲裁裁决以肯定民事合同的有效性支持违法犯罪行为，与刑事判决形成鲜明冲突，严重触及我国基本的法律制度。据此，最终判断仲裁裁决违背了社会公共利益，应予以撤销。

编写人：北京市第四中级人民法院 程 宏

对当事人地址缺乏基本审查与核实的仲裁送达属于违反法定程序情形

——某茶叶公司与某投资公司申请撤销仲裁裁决案

【案件基本信息】

1. 裁判书字号

北京市第四中级人民法院（2021）京04民特842号

2. 案由

申请撤销仲裁裁决

3. 当事人

申请人：某茶业公司

被申请人：某投资公司

【基本案情】

2015年，某投资公司与某通讯公司签订《电子产品服务合同》。2018年1月5日，某通讯公司名称变更为某茶业公司，住所地亦由某小区变更为某路八巷，法定代表人由叶某变更为林某。

2018年，某投资公司依据《电子产品服务合同》中仲裁条款的约定，以某通讯公司为仲裁被申请人，向某仲裁委员会申请仲裁。2018年11月16日，仲裁委员会按照某投资公司提供的地址以特快专递方式分别向双方当事人寄送了仲裁相关材料，向某通讯公司某小区地址寄送的相关材料被邮局以“原址查无此人、电话不通”为由退回。仲裁委员会将上述寄送情况告知某投资公司，请某投资公司重新确认某通讯公司的送达地址。2018年12月12日，仲裁委员会收到某投资公司提交的落款日期为2018年12

月10日的"送达地址确认及公证送达申请"。在该申请中，某投资公司确认某通讯公司位于某小区的地址为该公司最后一个为人所知的营业地、注册地、住所地和通讯地址，并要求以公证送达的方式向某通讯公司寄送仲裁文件。根据某投资公司的确认，2018年12月20日，仲裁委员会以公证送达方式重新向某通讯公司寄送了上述被退回的仲裁通知及其附件。此后，本案材料均以公证送达的方式向某通讯公司寄送。

2019年3月21日，仲裁庭开庭进行缺席审理。2019年5月14日，仲裁委员会作出裁决并以公证送达方式将裁决书寄送给某通讯公司。

此后执行期间某茶业公司得知仲裁裁决，遂向法院提出申请，要求撤销上述仲裁裁决。

【案件焦点】

仲裁期间仲裁委员会向某茶业公司的送达行为是否符合仲裁规则相关规定。

【法院裁判要旨】

北京市第四中级人民法院认为：《最高人民法院关于适用〈中华人民共和国仲裁法〉若干问题的解释》第二十条规定，"仲裁法第五十八条规定的'违反法定程序'，是指违反仲裁法规定的仲裁程序和当事人选择的仲裁规则可能影响案件正确裁决的情形"。

本案所适用的是《仲裁规则》第八条关于送达及期限规定，即向一方当事人或其仲裁代理人发送的仲裁文件，如经当面递交收件人或发送至收件人的营业地、注册地、住所地、惯常居住地或通讯地址，或经对方当事人合理查询不能找到上述任一地点，仲裁委员会仲裁院以挂号信或特快专递或能提供投递记录的包括公证送达、委托送达和留置送达在内的其他任何手段投递给收件人最后一个为人所知的营业地、注册地、住所地、惯常居住地或通讯地址，即视为有效送达。

本案中，依据查明的事实，2018年1月5日，某通讯公司名称变更为某茶业公司，住所地由某小区变更为某路八巷，法定代表人由叶某变更为林某。某投资公司于2018年10月23日申请仲裁。某投资公司向仲裁委员会提供了某通讯公司原来位于某小区的旧地址，在仲裁委员会寄送的相关仲裁案件材料被邮局以“原址查无此人、电话不通”为由退回的情况下，某投资公司仍将该地址作为“最后一个为人所知的营业地、注册地、住所地、惯常居住地或通讯地址”，对此仲裁委员会并未进行核实，因此，案涉仲裁的送达程序不符合《仲裁规则》的规定，属于仲裁程序违反法定程序的情形。

按照《最高人民法院关于仲裁司法审查案件报核问题的有关规定》，经报请北京市高级人民法院同意，北京市第四中级人民法院裁定撤销上述裁决。

【法官后语】

《最高人民法院关于适用〈中华人民共和国仲裁法〉若干问题的解释》第二十条规定，“仲裁法第五十八条规定的‘违反法定程序’，是指违反仲裁法规定的仲裁程序和当事人选择的仲裁规则可能影响案件正确裁决的情形”。因此，对于仲裁案件而言，如何理解并执行仲裁规则，直接影响仲裁程序的合法性，至关重要。

仲裁的生命在于公信力。对于仲裁案件而言，如果仲裁庭未经合法、合规送达仲裁通知等文件即作出裁决，由于因此直接导致被申请人丧失向仲裁庭陈述意见的机会，极大可能影响案件正确裁决，对仲裁当事人的程序权益以及实体权益均属于极大侵害。实践中，目前各仲裁机构对于有效送达的认知标准基本已经达成了共识，即仲裁期间应按仲裁当事人自行提供的地址、当事人约定地址进行送达。但是，在当事人未提供送达地址且没有约定送达地址的情况下，仲裁机构应当如何操作，存在不同的理解。有的仲裁机构认为，在此情况下可以直接按照对方当事人提供的“最后一个为人所知的”地址送达，包括当事人的营业地、注册地、住所地、惯常居住地或通讯地址等，特别是对仲裁当事人其他地址未成功送达的情形下，对送达地址的确认应首选合同约定地址、公司工商注册地等。但值得特别注意的是，我国实行的是机构送达制度，送达工作的根本责任在于仲裁机构而非对方当事人。就现实情况而言，大多数仲裁委员会的仲裁规则中会一般性规定“收件人最后一个为人所知地址”的兜底条款，一旦初期送达不成功，往往就会启动拟制送达程序，因此有的仲裁申请人就会恶意利用上述规则，故意隐瞒仲裁被申请人的送达信息，意图通过突袭方式谋取不当利益。当然，也有仲裁申请人疏忽大意，过于相信已经过时的错误信息，错误将已经失效的送达信息提供给仲裁机构。因此，作为送达工作的直接责任人，不能简单相信仲裁申请人提供的对方当事人送达信息，应当在公开信息范围内进行检索，对仲裁被申请人的送达地址进行基础性的审查，履行必要的核实义务，尽最大可能确保对被申请人有效进行送达。比如，在本案中，某茶业公司在2018年年初已经变更公司名称以及登记住所地，相应信息已经完成登记工作，向社会进行了公示，但某投资公司在2018年年底申请仲裁时，并未进行任何查询工作，仍以某茶业公司原先的名称列为仲裁被申请人，并将某茶业公司变更前的登记住所地作为送达地址提供给仲裁机构。特别是，当仲裁机构初始送达失败后，某投资公司仍然未予以重视，继续将无效地址提供给仲裁机构，而仲裁机构也未进行任何审核，简单相信某投资公司提供信息，直接导致仲裁期间所有向某茶业公司的送达工作均属于无效送达，最终导致撤销仲裁裁决的严重后果。

通过本案，可以提炼处理规则，即仲裁送达程序应当符合《仲裁法》及当事人所选择的《仲裁规则》相应规定。当仲裁机构向仲裁被申请人进行送达时，除了可以通过仲裁申请人提供的信息了解仲裁被申请人的送达地址，仲裁机构自身亦应当完成基础性核实工作。如果由于仲裁机构未对仲裁被申请人的送达地址进行基础性审查核实工作，出现无效送达时，应当认定为仲裁程序违反法定程序，人民法院可以因此撤销仲裁裁决或建议仲裁庭重新仲裁。

编写人：北京市第四中级人民法院　王　静

依法及时推进仲裁司法审查
确保大型国企20亿元债权顺利恢复执行

——某集团公司、上海某集团与某投资公司
申请撤销仲裁裁决案

【案件基本信息】

1. 裁判书字号

北京市第四中级人民法院（2020）京04民特136号

2. 案由

申请撤销仲裁裁决

3. 当事人

申请人：某集团公司、上海某集团

被申请人：某投资公司

【基本案情】

2020年2月19日，北京市第四中级人民法院受理了申请人某集团公司、上海某集团与被申请人某投资公司申请撤销仲裁裁决一案。

申请人某集团公司、上海某集团称，请求法院撤销某仲裁委员会作出的某号仲裁裁决。其主张的理由为仲裁裁决存在《仲裁法》第五十八条第一款、第三款规定的应予撤销的情形。被申请人某投资公司则表示不同意上述申请。

申请人某集团公司、上海某集团向法院申请撤销裁裁决前，被申请人某投资公司已经在上海市第二中级人民法院申请执行该仲裁裁决，查封了本案申请人持有的案涉项目公司股权，并即将进行公开拍卖。2020年2月

28日，经对查封股权的价值评估之后，执行法院在公拍网上发布了拍卖公告，该次拍卖截止时间为2020年4月11日。因仲裁司法审查程序的进行，执行程序被迫中止，本应在2020年4月11日截止的股权拍卖，因申请人的撤裁申请处于停滞且不确定的状态。此外，被申请人急需该笔资金偿付另案债务，如不能偿还将面临高额的违约责任损失，甚至可能导致公司日常经营的巨大困境。故被申请人希望法院尽快审理该案，以避免执行财产的减损或流失，给国有企业造成损失。

【案件焦点】

如何依法及时推进仲裁司法审查，确保后续执行顺利开展？

【法院裁判要旨】

北京市第四中级人民法院认为：某集团公司、上海某集团关于仲裁裁决超出仲裁协议范围、仲裁委员会无权管辖、仲裁程序违法、案涉证据存在伪造及隐瞒证据情形、仲裁裁决损害社会公共利益等撤裁理由均不能成立。

北京市第四中级人民法院依照《仲裁法》第五十八条之规定裁定驳回某集团公司、上海某集团的申请。

【法官后语】

法院受理该案时，正处于新冠疫情形势紧张、防控严格的特殊时期。因本案涉及20亿元资产的执行处置，申请人一方又属于外地法人主体，根据疫情期间人民法院线上审理案件的相关要求，法院既要确保司法审查规范高效，又要确保程序合法。对此，承办人多次沟通，采取了以下几方面的做法：

第一，既要最大限度争取案件及时高效处理，又要尊重和保障当事人诉讼权利的行使。案件受理后，合议庭迅速电话联系双方当事人并采用电子送达方式向双方进行送达，同时征询双方是否同意通过北京法院“云法庭”进行线上谈话。申请人一方反复以疫情为由请求给予其重新委托代理人的时间，被申请人一方对于申请人拖延程序进程、故意阻碍案件执行的行为表示不满。合议庭一方面多次督促申请人尽快办理新的委托手续；另一方面耐心做好对被申请人的解释工作，说明确保当事人诉讼权利的必要性。经过与双方耐心沟通，争取申请人委托新的代理人与线上排期开庭工作同步进行。但申请人办理委托手续后，提出不同意线上开庭的意见。对此突发情况，承办人多次与申请人进行沟通，解释疫情期间线上诉讼的优势，并介绍法院保障当事人诉讼权利的具体措施，但申请人坚持不同意进行线上诉讼活动，合议庭只得取消已经预定的线上庭审活动。同时进一步做好被申请人的法律解释和政策解读工作，争取被申请人对法院工作的理解和支持。

第二，在认真做好疫情防控工作的同时，及时稳妥推进线下审判工作的顺利进行。为尽快解决双方的争议，合议庭积极做好线下庭审谈话准备。2020年5月，北京疫情防控等级下调后，北京市高级人民法院及时组织出台疫情防控期间有序扩大线下庭审工作规定，为辖区各级法院及时有序推进线下庭审提供总体指导。北京市第四中级人民法院迅速作出响应，制定有序扩大线下庭审的相应实施办法。合议庭第一时间对该案进行排期组织线下询问，并按照北京市高级人民法院及北京市第四中级人民法院疫情防控期间线下庭审规范的要求，充分做好当事人健康信息核实、突发事件应急处置预案等庭前准备工作。在询问过程中，法院组织双方依法规范有序开展调查及质证，充分听取了双方当事人的意见。

第三，公正高效审结案件，裁判辨法析理促使双方服判息诉，仲裁裁决得以顺利执行。组织双方当事人进行询问后，合议庭立即对该案进行了充分的合议，对仲裁裁决严格依法进行了审查，对于双方争议问题逐项分析研判，并在裁判文书中进行了充分的辨法析理，在组织询问后5日内及时作出裁定并送达双方当事人和执行法院，确保被申请人可以及时向执行法院提出恢复股权拍卖程序的要求。仲裁裁决得以及时恢复执行，20亿元标的额的拍卖财产顺利进入拍卖程序。被申请人在案件审结后给合议庭寄来“优化营商环境、践行公平正义”的锦旗。

编写人：北京市第四中级人民法院　贾丽英

隐名代理中仲裁协议效力的扩展及认定标准

——某县政府与陕西某公司申请确认仲裁协议效力案

【案件基本信息】

1. 裁判书字号

北京市第四中级人民法院（2023）京04民特498号

2. 案由

申请确认仲裁协议效力

3. 当事人

申请人：某县政府

被申请人：陕西某公司

【基本案情】

某县政府于2013年11月13日出具的《关于合作区域1号地块一期工程拆迁安置专项借款担保事项的函》（以下简称《担保函》）载明：鉴于某县政府存在财政短收严重的特殊情况，某县政府希望北京某公司先行借款给某县政府专款用于启动拆迁，北京某公司同意。某县政府指定并授权某体育文化公司作为借款主体与北京某公司指定的下属企业陕西某公司签订借款合同。鉴于某县政府已无任何其他可以提供担保的有效资产，故某县政府恳请将原约定的土地使用权担保改为由县政府提供信用保证，承诺对上述借款本息以县财政担保并在2年内予以偿还。

2014年2月19日，甲方某体育文化公司、乙方陕西某公司、丙方某银行支行签订《委托贷款合同》，约定乙方委托丙方向甲方发放贷款人民币5000万元，专款用于某县新城一期工程启动区范围内的拆迁，担保方式为《担保函》中约定的由县政府提供信用保证。合同争议解决方式条款约定，协议在履行过程中发生争议如果协商不成，提交某仲裁委员会仲裁。

2014 年 2 月 19 日，甲方某体育文化公司、乙方陕西某公司、丙方某银行支行签订《账户资金管理服务协议》，该协议中的争议解决条款约定，因订立、履行该协议所发生的或与该协议有关的一切争议，协商不成的，任何一方可提交某仲裁委员会仲裁。

后陕西某公司依据《委托贷款合同》《账户资金管理服务协议》《担保函》，以某体育文化公司、某县政府为被申请人向某仲裁委员会申请仲裁。某县政府认为，其并非案涉《委托贷款合同》《账户资金管理服务协议》的签约主体，协议中关于仲裁约定的条款不能约束某县政府，且机关法人提供担保的，人民法院应认定担保合同无效。故申请确认某县政府与陕西某公司、某体育文化公司之间就委托贷款事项不存在有效仲裁协议。

【案件焦点】

（1）某县政府在案涉借款合同纠纷中的法律地位是主债务人还是保证人；

（2）仲裁协议效力能否扩张至隐名代理关系中的被代理人。

【法院裁判要旨】

北京市第四中级人民法院认为：本案的争议焦点在于某县政府在案涉借款合同纠纷中的法律地位究竟是主债务人还是保证人。某县政府在《担保函》《综合开发项目第 7 次联席会议备忘录》《综合开发项目第 8 次联席会议备忘录》《综合开发项目第 10 次联席会议备忘录》等文件中，均明确了借款的事实背景和款项用途，其指定并授权平台公司某体育文化公司作为借款主体与陕西某公司签订借款合同，存在隐名代理的可能性较大，故某县政府是主债务人，应直接受《委托贷款合同》《账户资金管理服务协议》的约束并进而接受其中的管辖条款约束。据此，应驳回某县政府的申请。需要指出的是，本案系就申请确认仲裁协议效力的程序性事项中有关隐名代理事实的认定。下一步，涉及仲裁案件实体审查中，有关隐名代理事实的认定，应由仲裁机构就待证事实的存在是否具有高度可能性的标准，认定该隐名代理事实是否存在。

北京市第四中级人民法院依照《仲裁法》第十六条、第二十条之规定裁定驳回某县政府的申请。

【法官后语】

一、仲裁协议效力扩张的理论障碍

一般来说，合同具有相对性，仅对合同的当事人有约束力，不涉及第三方。这一原则是合同制度的基石，保护了未签约第三方免受合同义务的束缚。这一原则在仲裁协议中同样适用，即仲裁协议只对签约的当事人有效。根据《仲裁法》以及传统仲裁理论，仲裁协议应当坚持双方自愿原则和自主选择原则，必须经过当事人签署且必须具有书面形式，以避免导致第三方被迫参与其未选择的争议解决程序，有助于保障仲裁程序的公平性、透明性和可操作性，确保当事人的意思自治权得到尊重，同时提高仲裁作为争议解决机制的合法性和权威性。

二、仲裁协议效力扩张的法理透析

不过，在特定情形下，仲裁协议的适用过程中，其效力不仅限于协议签署方以及协议中明确约定的事项，还可能扩张至其他未签署协议的第三方或涵盖未明确列明的事项。仲裁协议效力的扩张对合同相对性原则的突破，主要是相伴于商业关系的复杂化和公司法的发展，现代仲裁制度在应对复杂商业环境中发展出的一种机制，其法理基础在于对传统合同原则的适度突破和对现实商业关系的认可。通过合理运用仲裁协议效力扩展，可以更有效地解决商业纠纷，但同时也需要防范可能引发的法律风险。

三、隐名代理对协议相对性的突破

隐名代理，是指代理人在进行代理行为时，以自己的名义而非被代理人的名义进行，但实际效果归于被代理人。在隐名代理下，虽然表面上合同由代理人签署，但合同的实际利益和义务由被代理人享有和承担。隐名代理之所以能够突破仲裁协议效力的范围，主要是由于：(1) 权利义务一致性原则要求合同的权利享有者和义务承担者应当一致。(2) 根据表见代理理论，虽然代理行为表面上并未明示代理关系，但第三方有理由相信代理行为是合法有效的，并且信赖该行为，因而仲裁协议效力应当扩展至被代理人。(3) 根据目的性解释原则，法律解释应当符合合同的目的和当事人的真实意思。在隐名代理中，合同的真正目的是实现被代理人的利益和义务，仲裁协议的效力扩展至被代理人是合理的。(4) 根据合同的整体性原则，在隐名代理的情况下，合同中的仲裁协议是合同整体的一部分，如果仲裁协议的效力不扩展至被代理人，就会导致合同整体性被破坏，影响合同的有效履行。

四、仲裁司法审查中对隐名代理的认定标准

在审判实务中，如何从表面证据中识别隐名代理关系？法院在审查隐名代理时，通常采用“高度可能性”的证明标准，即隐名代理的事实是否具有高度的可能性。需要通过实质性证据，如合同履行中的实际行为、文件记录和双方当事人的陈述，证明隐名代理的存在。不过，根据《仲裁法》的规定，法院有权审查仲裁协议的效力，但通常仅限于形式审查，不涉及实体审查。因此，申请确认仲裁协议效力属于程序性事项，应降低证明标准，在当事人有证据证明存在隐名代理的可能性超过51%的情况下，就可以初步认定存在隐名代理，突破合同相对性原则，扩大仲裁协议效力的范围，被代理人要受合同的约束进而接受其中管辖条款的约束。但是，需要在裁判文书中特别提示，有关隐名代理事实是否存在，应在后续的实体审查中应以高度可能性标准进行认定。

编写人：北京市第四中级人民法院　贾　毅　周孟伟

仲裁文书出现文字错误经补正是否属于超裁

——某食品公司与某化工公司申请撤销仲裁裁决案

【案件基本信息】

1. 裁判书字号

北京市第四中级人民法院（2022）京04民特503号

2. 案由

申请撤销仲裁裁决

3. 当事人

申请人：某食品公司

被申请人：某化工公司

【基本案情】

某仲裁委员会受理了某食品公司与某化工公司产品供应合同争议仲裁案。仲裁期间某化工公司提出反仲裁请求：（1）某食品公司向某化工公司支付《产品供应合同（AP拥有设备）》项下某食品公司应付未付的氮气费用及设备租金共计779 122.51元；（2）某食品公司向某化工公司支付上述氮气费用自逾期之日起至实际支付日止，以每笔氮气费用为基数，按每月1%的复利计算的逾期付款利息（暂计至2021年6月4日为134 588.62元）……

2022年1月14日，某仲裁委员会作出××号裁决：“……（三）某食品公司向某化工公司支付上述欠款人民币779 122.51元的逾期支付利息，自逾期之日起至实际支付日止，按每月1%的复利计算（暂计至2021年6月4日为人民币134 588.62元）；……”

2022年8月3日，某仲裁委员会作出第××-1号《裁决书更正》，载明××号裁决存在打印和书写错误，根据《仲裁规则》第五十三条的规定，将××号裁决第53页裁决项第三项中“申请人（某食品公司）向被申请人（某化工公司）支付上述欠款779 122.51元的逾期支付利息……”更正为“申请人（某食品公司）向被申请人（某化工公司）支付上述欠付氮气费用591 088.29元的逾期支付利息”，并载明“本更正构成第××号《裁决书》的组成部分”。该《裁决书更正》已向双方送达。

某食品公司请求裁定撤销某仲裁委员会第××号裁决书（以下简称××号裁决），主张某化工公司对关键证据的隐瞒导致了仲裁庭未关注到案涉设备的安全隐患，在此基础上作出了某食品公司更换设备与某化工公司的违约行为之间不存在因果关系的错误认定，影响了仲裁庭的公正裁决，且仲裁裁决内容超过某化工公司的反请求范围。

【案件焦点】

（1）关于涉案裁决是否构成超裁；

（2）关于某化工公司是否隐瞒足以影响公正裁决的证据。

【法院裁判要旨】

依据案件中执行的仲裁规则，仲裁庭可以在裁决书发出后自行用书面形式对文字或者计算错误等事项进行更正。本案中，某化工公司第二项仲裁反请求的整体表述，除了确定以氮气费用为基数外，还就要求支付的逾期利息表述为“按照每月1%的复利计算的逾期付款利息”。涉案裁决的第三项裁决事项为“某食品公司向某化工公司支付上述欠款人民币779 122.51元的逾期支付利息，自逾期之日起至实际支付日止，按每月1%的复利计算”，该裁决事项要求某食品公司支付的逾期利息同样为按每月1%的复利计算，特别是暂计至2021年6月4日的利息为134 588.62元，亦与第二项仲裁反请求中要求一致。134 588.62元逾期利息显然应该是以591 088.29元为基数计算得出的，若以779 122.51元为基数，计算出的暂计至2021年6月4日的利息应高于134 588.62元。故涉案裁决第三项裁决事项属于文字性错误，仲裁庭以打印和书写错误为由自行予以更正，并无不妥。某食品公司于××号裁决作出之后，已向某化工公司支付了逾期付款利息，是以欠付的氮气费用591 088.29元为基数计算得出。故某食品公司在履行裁决事项过程中，并未因涉案裁决出现的文字性问题影响其实际利益。

关于设备租金支付复利问题，依据仲裁协议约定，因该合同产生的未能解决的争议应通过仲裁方式解决，而涉案裁决内容属于合同产生的争议，故未超出仲裁协议约定范围。

某食品公司主张某化工公司在仲裁程序中隐瞒证据，但未向法庭证实其曾在仲裁过程中要求某化工公司出示或者请求仲裁庭责令提交上述证据，故其该项主张缺乏依据，不予采信。

北京市第四中级人民法院依照《仲裁法》第五十八条、第六十条之规定裁定驳回某食品公司的申请。

【法官后语】

一、超裁的性质

商事仲裁因其自治性、民间性、高效性、契约性等特质而颇受商事交易当事人的关注。仲裁对纠纷案件的管辖源于法律和当事人的双重授权，仲裁裁决缺乏当事人意愿这一合法性基础就构成“超裁”。是否“超裁”是仲裁裁决司法审查的重要事项之一，尽管其是以当事人意思自治为核心的一种争议解决方式，但有关国家的司法干预是仲裁裁决能够得到履行的应然后盾，是否“超裁”就成为仲裁裁决司法审查的重要事项之一，也是导致仲裁裁决被撤销的法定原因之一。仲裁裁决一旦被认定构成超裁，将直接面临着被裁定撤销、重新仲裁、不予执行或不予承认的结果，从而影响案件纠纷的解决进程。

根据《最高人民法院关于人民法院办理仲裁裁决执行案件若干问题的规定》第十三条的规定，超裁包括三种情形。第一种情形是仲裁裁决超出法定范围。该情形实质上是仲裁协议关于超出法定可仲裁范围的约定无效。第二种情形是仲裁裁决超出约定范围。第三种情形是仲裁裁决超出请求范围，即仲裁裁决超出了仲裁请求的范围。如果当事人有证据证明裁决的事项不属于仲裁协议的范围，可以向仲裁委员会所在地的中级人民法院申请撤销裁决来维护自身的合法权益。

二、裁决书书写错误

《仲裁法》第五十六条规定，“对裁决书中的文字、计算错误或者仲裁庭已经裁决但在裁决书中遗漏的事项，仲裁庭应当补正；当事人自收到裁决书之日起三十日内，可以请求仲裁庭补正”。本条是关于裁决书内容出现错误如何处理的规定。仲裁裁决作出后，仲裁庭和仲裁员的权力即告终结，但仲裁庭仍保留有某些权力。这些权力主要是指对裁决书中的文字、计算错误或者仲裁庭已经裁决但在裁决书中遗漏的事项，仲裁庭应当补正，这也是仲裁庭的义务。对裁决书中的文字、计算错误或者仲裁庭已经裁决但在裁决书中遗漏的事项，当事人也可以请求仲裁庭补正，请求期限为自当事人收到裁决书之日起30日内。仲裁庭进行补正后，应以书面形式通知双方当事人。在本案中，申请人主张的仲裁裁决文书超裁，经过审查，实际为属于文字性错误，仲裁庭以打印和书写错误为由自行予以更正，并无不妥。某食品公司于××号裁决作出之后，已向某化工公司支付了逾期付款利息，逾期付款利息系以欠付的氮气费用591 088.29元为基数计算得出。故某食品公司在履行裁决事项过程中，并未因涉案裁决出现的文字性问题影响其实际利益。因此某食品公司提出的撤裁理由缺乏依据，不予采信。

三、是否隐瞒足以影响公正裁决的证据问题

在我国仲裁裁决的司法审查中，隐瞒足以影响公正裁决的证据与伪造证据作为程序审查的两项例外，构成了撤销仲裁裁决以及不予执行仲裁裁决的事由。仲裁庭据以作出仲裁裁决的事实及证据是双方当事人当庭及庭后确认无异议的事实及证据，而非申请人主张真实性存疑的证据。因此，当事人应当就主张向法庭出示或者请求仲裁庭责令提交上述证据，如果没有，那么法院则不能予以采信。

编写人：北京市第四中级人民法院 贾 毅 周孟伟

仲裁司法审查中认定当事人伪造足以影响公正裁决的证据的审查标准

——某1公司管理人等与某会计师事务所申请撤销仲裁裁决案

【案件基本信息】

1. 裁判书字号

北京市第四中级人民法院（2023）京04民特1067号

2. 案由

申请撤销仲裁裁决

3. 当事人

申请人：某1公司管理人、某2公司管理人、某3公司管理人

被申请人：某会计师事务所（特殊普通合伙）

【基本案情】

2023年1月28日，某会计师事务所根据其与某1公司管理人、某2公司管理人、某3公司管理人签订的《审计委托合同》中的仲裁条款向某仲裁委员会提起仲裁。

据查明事实，2019年5月13日，北京市朝阳区人民法院分别作出民事裁定，受理某1公司、某2公司、某3公司破产重整申请；2019年，上述三家公司管理人作为受托人，某会计师事务所作为委托方，签署《审计委托合同》。某会计师事务所负责法院已经裁定进入重整和计划进入重整程序的三家公司截至法院裁定受理破产重整申请之日的整体资产、负债及财产状况进行审计并出具审计报告。某会计师事务所在仲裁阶段所提交欠款确认函，用以证明被审计单位应向某会计师事务所《审计委托合同》项

下款项 1 040 350 元。仲裁庭结合仲裁当事人的证据与表述认为，某 1 公司管理人、某 2 公司管理人、某 3 公司管理人已向某会计师事务所支付款项 1 040 350 元。人民法院查明《欠款确认函》的形成过程：某会计师事务所确认其于 2022 年 8 月 24 日将《欠款确认函》发快递交给某 1 公司，某 1 公司董事长胡某勤于 2022 年 12 月将《欠款确认函》签署后发回。据查明，2022 年 8 月 12 日，北京市朝阳区人民法院作出民事裁定，裁定终止某 1 公司、某 2 公司、某 3 公司重整破产，宣告破产。

某仲裁委员会于 2023 年 7 月 17 日作出某号裁决书，裁决内容为某 1 公司管理人、某 2 公司管理人、某 3 公司管理人向某会计师事务所支付欠款及利息。

某 1 公司管理人、某 2 公司管理人、某 3 公司管理人向北京市第四中级人民法院申请撤销上述仲裁裁决，撤裁主张为本案裁决所依据的核心证据系利益相关方通过相互串通伪造形成，证据的审查与采用严重违反了《仲裁规则》。仲裁程序中针对是否支付审计费用的争议焦点，某会计师事务所出示证据《欠款确认函》，内容为某会计师事务所向审计企业发函要求确认欠付审计费用，某 1 公司原法定代表人胡某勤在落款处签字确认（未加盖公章），仲裁庭依据上述证据，认定某会计师事务所主张属实，直接采信某会计师事务所证据作出了最终判定，涉案裁决书系基于错误的仲裁程序和依据伪造的证据作出，具有无法补正的重大瑕疵，请求法院予以撤销。

【案件焦点】

案涉仲裁裁决所依据的核心证据《欠款确认函》是否系伪造。

【法院裁判要旨】

北京市第四中级人民法院经审查认为：破产企业进入破产程序后被管理人接管，原法定代表人的代表身份丧失，破产企业被管理人接管，由管理人行使经营管理权、财产处置权等权利。

案涉《欠款确认函》系仲裁案认定案件基本事实的主要证据，该证据形成于管理人接管破产企业后，破产企业原法定代表人确认的债务金额不能代表破产企业的真实意思表示，因此《欠款确认函》内容不真实，该证据属于虚假证据范畴。某会计师事务所明知企业已进入破产程序，仍向破产企业原法定代表人发送《欠款确认函》，在仲裁案件审理期间未就该证据的形成过程向仲裁庭如实陈述，具有伪造证据的主观故意。人民法院认为某号裁决违反《仲裁法》第五十八条第一款第四项规定。

依照《仲裁法》第六十一条之规定，人民法院裁定中止撤销程序，并通知某仲裁委员会重新仲裁。某仲裁委员会决定重新仲裁，人民法院依照《仲裁法》第六十一条、《最高人民法院关于适用〈中华人民共和国仲裁法〉若干问题的解释》第二十二条之规定，终结撤销程序。

【法官后语】

证据是能够证明案件真实性的客观事实，是仲裁庭查明案件真实情况、分清是非、确定双方当事人的责任界限，并作出仲裁裁决的依据。当事人必须向仲裁庭提供真实的证据。如果当事人提供了伪造的证据，必定会影响仲裁庭对案件事实作出正确判断，使仲裁裁决的基础失去真实性，从而影响仲裁裁决的公正性与准确性，损害一方当事人合法权益。根据《仲裁法》第五十八条第一款第四项的规定，当事人提出证据证明裁决所依据的证据是伪造的，人民法院应当撤销该仲裁裁决。

人民法院对仲裁的监督总体倾向于程序审查，对于涉及仲裁案件实体认定部分，特别是关于仲裁庭对于仲裁当事人证据的采信与认定，属于仲裁庭自由裁量权范围，不属于人民法院仲裁司法审查范畴。人民法院在审查裁决所依据的证据是否伪造，应当采用什么认定标准？在司法监督仲裁的实体审查与程序审查中遵循怎样的界限？一般司法实践中，人民法院对于审查伪造证据还会具体参照适用《最高人民法院关于人民法院办理仲裁裁决执行案件若干问题的规定》第十五条①规定，但特别是第三项“该证据经查明确属通过捏造、变造、提供虚假证据等非法方式形成或者获取”在司法实践中如何认定是有困难的。

---

① 《最高人民法院关于人民法院办理仲裁裁决执行案件若干问题的规定》第十五条规定：“符合下列条件的，人民法院应当认定为民事诉讼法第二百三十七条第二款第四项规定的“裁决所根据的证据是伪造的”情形：（一）该证据已被仲裁裁决采信；（二）该证据属于认定案件基本事实的主要证据；（三）该证据经查明确属通过捏造、变造、提供虚假证据等非法方式形成或者获取，违反证据的客观性、关联性、合法性要求。”

本案在审查当事人是否构成伪造证据，应厘清两组关系：

其一，人民法院认定当事人是否伪造证据与不干涉仲裁庭自由裁量权之间具有审理界限，应在仲裁司法审查中注意是否出现新证据。

本案中，依据某1公司管理人、某2公司管理人、某3公司管理人所述原法定代表人胡某勤签字确认的《欠款确认函》系某会计师事务所的利益关联方通过相互串通而作出的虚假证明，某会计师事务所答辩称《欠款确认函》在仲裁庭审过程中经过双方举证质证，且某1公司管理人、某2公司管理人、某3公司管理人在仲裁程序中认可《欠款确认函》的真实性。人民法院仲裁司法审查监督中，一般情形下，对于当事人在仲裁庭中认可证据真实性，而后在撤裁程序中又以伪造证据为由提出的，人民法院一般不予支持，且考虑到仲裁庭已经充分注意到仲裁当事人主张及对证据意见，对于仲裁庭对证据认定应属自由裁量权范畴，人民法院不予干涉。但在本案中，人民法院经审查出现了新证据，即人民法院注意到《欠款确认函》形成过程这一事实，在审查询问的过程中，某会计师事务所陈述《欠款确认函》是在某1公司管理人、某2公司管理人、某3公司管理人进入破产程序后，由集团原负责人胡某勤签署的。人民法院在掌握新的事实后，认为本案确有存在伪造证据的极高可能性。

其二，人民法院认定伪造证据不仅限于“证据形式审查”，还需注重“证据实体审查”。

人民法院因当事人伪造证据撤销仲裁裁决的，主要基于所涉证据从形式上审查伪造，如合同上所载公司签章或者自然人签字经司法鉴定系伪造。但是本案中审查伪造证据的突破点在于，人民法院已经不限于对证据形式审查，均已扩张到证据的实体审查范围。依据《企业破产法》第二十五条管理人职责的规定及最高人民法院相关案例①及裁判观点，破产企业原法定代表人确认的债务金额不能代表破产企业的真实意思表示。在人民法院司法审查过程中，某会计师事务所与某集团原法定代表人之间的函件往来等均确认，某会计师事务所明知集团已经具有破产管理人的基础上，

① 参见最高人民法院民事判决书，(2019) 最高法民申3514号。

仍向原法定代表人沟通确认，具备伪造证据的故意，并非过失形成证据。结合以上两点，人民法院在仲裁司法审查过程中涉及伪造证据事项，人民法院发现存在证据伪造的高度嫌疑时，应对证据实体内容及当事人伪造的故意进行充分审查认定。

编写人：北京市第四中级人民法院　王　静　程　宏

预先拟定单方变更合同格式条款未明确约定变更内容及于争议管辖条款，单方公告变更的争议解决条款不成立

——陶某与某证券公司确认仲裁协议效力案

【案件基本信息】

1. 裁判书字号

北京市第四中级人民法院（2021）京04民特188号

2. 案由

确认仲裁协议效力

3. 当事人

申请人：陶某

被申请人：某证券公司

【基本案情】

陶某申请称：请求确认某证券公司于2020年6月30日单方面发出的关于变更管辖的公告“将争议解决方式统一为某仲裁委员会”的条款无效，对陶某等申请人不产生效力。

事实与理由：申请人（甲方）与某证券公司（乙方）于2017年3月签署《融资融券业务合同书》，其中第十八章“法律适用与争议解决”第九十五条“争议处理”约定，本合同执行中如发生争议，由双方友好协商解决。协商不成的，双方同意采取以下第二种方式解决。第二种方式为向乙方所在地人民法院提起诉讼。2020年6月30日，某证券公司于其官网发布“关于《融资融券交易风险揭示书》、《融资融券业务合同书》条款

变更的公告”，其中第八条内容为，将争议解决方式统一为某仲裁委员会仲裁。后某证券公司依据公告中变更的争议解决方式，向某仲裁委员会提起仲裁，严重损害申请人合法权益。申请人认为，双方有明确书面管辖约定的，应该从其约定，商事仲裁须由争议双方达成明确的书面协议。本案中双方明确约定的争议解决方式为向某证券公司所在地法院提起诉讼，而非向某仲裁委员会提起仲裁，某证券公司以公告的方式随意变更涉及双方重大权利义务事项的合同内容及条款，严重侵害申请人的程序及实体权益。按照《仲裁法》第十七条、第十八条及《最高人民法院关于适用〈中华人民共和国仲裁法〉若干问题的解释》的规定，请求法院确认某证券公司以在官网公告方式单方面变更争议解决方式的条款对申请人不产生效力。

某证券公司称，不同意申请人的申请。

具体理由如下：

（1）本案双方签订《融资融券业务合同书》，约定某证券公司可通过公告方式变更合同，申请人对变更有权提出异议并解除合同。2020 年 6 月 30 日，某证券公司依约以公告方式将争议解决条款变更为某仲裁委员会管辖后，申请人对此未提出任何异议，因此双方已就仲裁条款达成一致，且该条款已经生效。

2017 年 3 月，本案双方签订了《融资融券业务合同书》（以下简称《合同（签订版）》），其第八十条第三款明确约定：“除以上情形外，本合同如需修改或增补，例如乙方因自身业务规则调整等，乙方将修改或增补的内容在乙方网站或乙方营业场所以公告形式通知甲方，自公告中确定的生效之日起生效，双方无须再签署相关补充协议。甲方可对以上修改或增补内容在生效之日前向乙方书面提出异议，双方协商不一致的，应立即了结所有融资融券交易，解除本合同。”

2020 年 6 月 30 日，某证券公司依据合同约定在公司网站上发布了变更合同条款的公告，变更并形成了《融资融券业务合同书》（以下简称《合同（2020 年版）》），其第九十六条约定因本合同引起的争议由某仲裁委员会管辖。根据变更公告，合同变更将于首只注册制创业板股票上市之日起正式生效，通过公开报道可知，首批 18 只注册制创业板股票于 2020 年 8 月 24 日成功上市，申请人在长达近两个月的时间内从未对此次合同变更内容提出过任何异议。由此可见，本案双方已经就仲裁条款达成一致，某证券公司并未单方变更合同条款，且该仲裁条款已于 2020 年 8 月 24 日正式生效。

此外，需要特别说明的是，由于融资融券业务所涉投资者众多，证券公司变更合同内容时，与投资者逐一签署补充协议的效率极低，因此在融资融券业务合同中约定证券公司以公告方式变更合同，保留投资者提出异议和解约的权利，是融资融券业务中的交易惯例，目前市场上基本是采用这种方式变更合同条款。

（2）《合同（2020 年版）》中的仲裁条款不存在《仲裁法》第十七条、第十八条及其司法解释所规定的任何无效事由。

根据《仲裁法》第十七条、第十八条及《最高人民法院关于适用〈中华人民共和国仲裁法〉若干问题的解释》第五条至第七条的规定，仲裁协议无效的法定事由包括以下四种：①约定的仲裁事项超出法律规定的仲裁范围；②无民事行为能力人或者限制民事行为能力人订立的仲裁协议；③一方采取胁迫手段，迫使对方订立仲裁协议；④仲裁机构选定不明确或者同时约定仲裁与诉讼。

本案中，双方订立的仲裁条款根本不存在前述任何一项无效事由，且申请人亦未就存在无效事由提供任何证据予以证明。因此申请人要求人民法院根据前述条款确认本案仲裁条款无效，不存在任何事实和法律基础。

（3）《合同（签订版）》约定了投资者不同意合同变更时提出异议和解约的权利，且在签约时某证券公司已向申请人就合同内容进行了详细讲解，申请人对于合同条款是明知且理解的，某证券公司未侵犯其任何权益。

如上所述，根据《合同（签订版）》第八十条第三款的约定，合同变更自公告中确定的生效之日起生效，投资者有权在生效之日前书面提出异议，双方不能协商一致的，投资者有权了结全部交易并解除合同。由此可见，虽然合同约定某证券公司可以变更合同内容，但是亦给予了申请人提出异议和解除合同的权利。本案中，申请人从未就合同变更事宜提出异议，亦未解除合同，足以说明其已同意合同变更。

此外，在双方签约之时，某证券公司的客户经理就向申请人详细讲解了案涉合同的条款，申请人在《融资融券交易风险揭示书》中已经对此进行了确认，在某证券公司对申请人的电话回访中，申请人也明确表示客户经理已经对两融业务合同书、两融交易风险提示书进行过详细的讲解。由此可见，申请人签约时对于合同条款都是明知并理解的，根本不存在某证券公司侵犯其权益的情况。

（4）申请人提起仲裁协议无效的理由是双方不存在仲裁协议，仲裁法律中没有规定双方不存在仲裁协议的处理，申请人应当在仲裁的管辖权异议中提起。证券公司都会以公告方式变更合同，投资者有异议可以协商，协商不成可以解约，这是行业惯例。

法院经审理查明：2017 年 3 月 22 日，陶某（甲方）和某证券公司（乙方）签订《合同（签订版）》，约定双方因融资融券行为而形成债权债务关系。第八十条“合同变更条款”约定，“……（二）前项所述法律、行政法规、规章、规范性文件及规则被修订，本合同相关条款与其中规定存在差异，乙方认为应进行修订的，有关内容将由乙方在其营业场所或网站以公告方式通知甲方，相关修订和变更自公告中确定的生效之日起生效，双方无须再签署相关补充协议。（三）除以上情形外，本合同如需修改或增补，例如乙方因自身业务规则调整等，乙方将修改或增补的内容在乙方网站或乙方营业场所以公告形式通知甲方，自公告中确定的生效之日起生效，双方无须再签署相关补充协议。甲方可对以上修改或增补内容在生效之日前向乙方书面提出异议，双方协商不一致的，应立即了结所有融资融券交易，解除本合同”。第九十五条“争议处理条款”约定，“本合同执行中如发生争议，由双方友好协商解决。协商解决不成的，双方同意采取以下第二种方式解决：……（二）向乙方住所地人民法院提起诉讼”。

2020 年 6 月 30 日，某证券公司在其官网上发布关于《融资融券交易风险揭示书》《融资融券业务合同书》条款变更的公告，公告变更前述合同的部分内容，包括将《合同（签订版）》变更争议管辖条款为“将争议解决方式统一为某仲裁委员会”。

【案件焦点】

被申请人单方公告变更争议解决方式行为是否有效。

【法院裁判要旨】

北京市第四中级人民法院认为：仲裁协议是否成立有效是决定仲裁机构取得仲裁权而排除法院管辖的依据。本案中，陶某主张某证券公司单方以公告方式变更纠纷解决方式的条款无效，实质是指仲裁协议未成立，而仲裁协议成立问题亦属于确认仲裁协议效力的审查范围。

本案中，双方争议的焦点在于某证券公司能否依据《合同（签订版）》第八十条的约定变更纠纷解决方式条款。具体分析如下：

第一，《合同（签订版）》第八十条系某证券公司一方提供的格式条款。按照法律规定，对格式条款的理解发生争议的，应当按照通常理解予以解释。对格式条款有两种以上解释的，应当作出不利于提供格式条款一方的解释。本案中，《合同（签订版）》第八十条约定某证券公司有权变更合同的情形包括“本合同如需修改或增补，例如乙方因自身业务规则调整等”，从条文的字面意思来看，某证券公司可以调整的合同范围侧重于自身业务规则，未明确包含争议解决条款。

第二，《合同（签订版）》第八十条对合同的变更主体、要约和承诺的作出方式、合同生效条件均进行特殊规定，上述规定使某证券公司在合同地位上已处于优势。仲裁协议有排除诉讼管辖的效力，争议解决条款与当事人利益密切相关，且具有独立性。因此争议解决条款的变更应当由双方当事人专门协商，达成一致意见为准；或者双方对争议解决条款的变更方式作出了明确约定，即合同一方可以以公告的形式进行变更。在合同未明确约定争议解决条款变更方式的情况下，有必要给予相对方倾斜性的保护，即作出不利于格式条款提供方一方的解释。

第三，从实际操作层面来看，某证券公司提供了对陶某办理两融业务进行回访的录音，但是内容并未涉及争议解决方式的变更问题。既然某证券公司可以对投资方一一进行电话回访，也应当有条件和能力就争议解决条款的变更和投资方一一进行协商。某证券公司称通过公告方式变更合同内容系商业惯例，但是此处的“合同内容”应有一定的范围限制，从具体内容来看，包括法律、行政法规、规章、规范性文件及规则被修订的情形，或者某证券公司自身业务规则调整的情形等，并不包括具有相对独立性的“争议解决条款”。此外，某证券公司亦未能提供证据证明其通过公告方式变更“争议解决条款”属于商业惯例。

综上，鉴于双方当事人签订《合同（签订版）》时，均没有“请求仲裁的意思表示”，且《合同（签订版）》也未明确相关合同变更条款适用于“争议解决方式”条款，因此，某证券公司在合同履行过程中以单方公告的方式对合同实体权利义务的变更，其效力并不及于合同中的争议解决条款。某证券公司即使在公告中表达了单方的仲裁意愿，也不足以形成合同争议解决条款变更的双方合意。概言之，法院认为某证券公司与陶某之间在《合同（签订版）》项下未达成仲裁合意，双方当事人之间不存在仲裁协议。

按照《最高人民法院关于仲裁司法审查案件报核问题的有关规定》，法院就本案仲裁协议不成立的意见向北京市高级人民法院进行了报核，北京市高级人民法院按照规定向最高人民法院进行了报核。最高人民法院审核后作出《关于陶某申请确认仲裁协议效力一案的复函》，同意本案仲裁条款不成立的处理意见。

【法官后语】

依法维护合同的稳定性、保障金融交易安全是打造法治化营商环境的重要内容。在金融消费活动中金融机构面向不特定投资者，为提高金融活动效率往往适用统一制式的合同条款，并通过公告方式调整其业务规则或其他权利义务条款。目前法律针对金融消费中金融机构信息披露缺乏系统规定，行业内部亦没有具体的细节要求，《中国人民银行金融消费者权益保护实施办法》第十七条规定：“银行、支付机构对金融产品和服务进行信息披露时，应当使用有利于金融消费者接受、理解的方式。对利率、费用、收益及风险等与金融消费者切身利益相关的重要信息，应当根据金融产品或者服务的复杂程度及风险等级，对其中关键的专业术语进行解释说明，并以适当方式供金融消费者确认其已接收完整信息。”法院考虑到金融消费活动特点，同时关注到中小投资者在金融消费行为中的弱势地位，在合同提供方单方公告变更合同条款，而未就争议解决条款单独进行变更说明时，作出不利于提供该格式合同一方的解释。明确了一般“合同变更权条款”不适用于“争议解决方式”条款，金融公司通过单方公告方式对合同进行变更，其效力不及于争议解决条款。

本案不仅保护了金融投资者的合法权益，更对金融机构产生规范和指引作用，提示金融机构在订立金融合同时应当充分向金融投资者履行适当性义务，确保投资者能够在充分了解相关金融产品以及相关法律风险的基础上作出自主决定。

编写人：北京市第四中级人民法院　王　静　程　宏

境外仲裁机构以我国内地为仲裁地作出的仲裁裁决为内国裁决

——某机械公司与某科技公司申请撤销仲裁裁决案

【案件基本信息】

1. 裁判书字号

北京市第四中级人民法院（2021）京04民特726号

2. 案由

申请撤销仲裁裁决

3. 当事人

申请人：某机械公司

被申请人：某科技公司

【基本案情】

2009年5月27日，某机械公司与某科技公司签订《CPR1000核电蒸发器U型管购货合同》（以下简称涉案合同），该合同中仲裁条款约定，因合同引起的任何争议应交由国际商会国际仲裁院（以下简称ICC仲裁院）根据其仲裁规则由1个或多个指定仲裁人员作出最终裁决，仲裁地为中国北京。2019年4月，某机械公司依据涉案合同中的仲裁条款，以某科技公司为仲裁被申请人，向ICC仲裁院提起仲裁，ICC仲裁院予以受理。在该案中，某科技公司提起了仲裁反请求。仲裁期间，仲裁员曾就争议程序安排及处理作出《第1号程序令》《第1号程序时间表》《第3号程序令》《第4号程序令》等，准予了某科技公司延期60天提交证人证言，并在嗣后驳回了某机械公司关于延长两周提交回复证人证言时间的申请及逾期提交的额外文件披露申请。

2021 年 2 月 26 日，ICC 仲裁院就该案作出 24375/PTA 号裁决书。2021 年 9 月，某机械公司以涉案仲裁裁决仲裁程序违法为由，向北京市第四中级人民法院申请撤销该裁决，理由为：（1）独任仲裁员和某科技公司违反《第 1 号程序令》和《第 1 号程序时间表》，仲裁庭允许某科技公司以证人证言的名义逾期提交新证据，未给予某机械公司足够的机会对此充分质证，拒绝了某机械公司针对对方新证据提出的紧急文件披露申请，导致某机械公司未能享受同等机会对某科技公司的反请求进行回应，严重影响了某机械公司的程序权益；（2）独任仲裁员在处理程序问题时区别对待双方当事人，允许某科技公司延期两个月提交第一轮证人证言，却拒绝了某机械公司延期两周提交第二轮证人证言的请求，不合理地拒绝了某机械公司的紧急文件披露请求，有失中立性和公正性，严重违反了《国际商会仲裁规则》；（3）独任仲裁员与某科技公司的律师存在私人朋友关系，多次参加同一会议，且为某科技公司律师参与撰写的书籍发表书评，独任仲裁员在仲裁期间未履行披露义务。

某科技公司对某机械公司的主张不予认可，其提交仲裁庭审笔录，证明某机械公司在仲裁庭审即将结束前发言，称"本案仲裁程序系按照规则进行，显示了国际仲裁的最佳实践"；某科技公司另提交邮件及声明，证明仲裁结束后半年左右，《亚洲争议评论》邀请仲裁员撰写书评，某科技公司代理人并未参与该过程，只是事后应《亚洲争议评论》的要求，给《亚洲争议评论》提供了一本赠阅本。

【案件焦点】

（1）如何判断确定仲裁裁决国籍属性的标准；

（2）在对仲裁程序问题予以审查时，法院能否适用仲裁庭选择适用或当事人一致认可（包括当事人双方选择或者一致引用）的国际商事仲裁实践中通行的"软法"规则。

【法院裁判要旨】

北京市第四中级人民法院认为：涉案仲裁裁决并不存在程序违法情形，具体理由为：

首先，涉案仲裁裁决并不存在某机械公司主张的程序违法情形。某科技公司在证人证言部分附随提交证言所依据的证据材料，符合《第 1 号程序令》《第 1 号程序时间表》及双方接受指导的《国际律师协会国际仲裁取证规则》（以下简称《IBA 取证规则》）的规定；当事人提出的文件披露申请，是否有准予的关联性和必要性，需对案件实体问题进行审查后予以认定，此属于仲裁庭的裁量权范围，不属于撤销仲裁裁决的司法审查范围；从《第 3 号程序令》的内容可以看出，独任仲裁员乃根据瑞典彼时新冠肺炎疫情的情况以及因此对某科技公司证人证言的影响，准予某科技公司延期 60 天以提交其证人证言及采取后续程序步骤的申请，该 60 天的延期亦同样会对某机械公司产生效力，不存在仲裁庭无正当事由随意准予某科技公司的延期申请或者同一条件下差别对待双方当事人的情形。某科技公司的延期申请与某机械公司的紧急文件披露申请，本就不属于面临同一的或类似的具体场景或情况而引发的申请，以仲裁庭对二者的处理情况来进行比较不具有实际意义，不能以此证明仲裁员对双方区别对待，在同一或者类似条件下适用不同标准，况且，某科技公司的申请是在程序令确定的期限内提出，某机械公司的申请则系逾期提出，仲裁庭驳回其申请，不存在对双方当事人适用双重标准情形。

其次，现有证据不能证明独任仲裁员与某科技公司的仲裁代理人存在私人朋友关系。双方当事人在申请与答辩中，均引用了《国际律师协会国际仲裁利益冲突指引》（以下简称《IBA 利益冲突指引》），说明双方当事人均认可参照该指引的规定来判断本案中仲裁员是否存在应当披露而未披露的情形，独任仲裁员与某科技公司的仲裁代理人曾参与同一会议、研讨会或讲座，系该指引中的绿色清单范围内的事项，不属于仲裁员需要披露的事项范围；某科技公司提交的邮件及声明，证明独任仲裁员系应《亚洲争议评论》有关工作人员的邀请，撰写书评，且该行为系发生在涉案仲裁裁决作出之后，与仲裁程序是否违法无关。

最后，某机械公司对于其主张的多项程序违法事项所指向的具体情形，在仲裁期间已知或者应知，但均未提出过异议，且向仲裁庭明确表示涉案仲裁程序系按规则进行，根据《国际商会仲裁规则》有关“放弃异议权”的规定及“禁反言”原则，其现在主张仲裁案件审理期间的相应情形构成仲裁程序违法，不应予以支持。

北京市第四中级人民法院依照《仲裁法》第七十条、《民事诉讼法》第二百八十一条之规定裁定驳回某机械公司的申请。

【法官后语】

境外仲裁机构以我国内地为仲裁地所作的仲裁裁决，无论开庭地是否在中国内地，均属于我国涉外仲裁裁决，我国法院有权对此类案件行使司法审查权。对涉外仲裁裁决案件的程序合法性进行审查时，除适用我国关于仲裁程序的法律规定外，应当尊重并适用当事人选择的国际商事仲裁领域的“软法”；虽然仲裁庭或当事人在仲裁中未适用某国际商事仲裁“软法”，但各方当事人在仲裁司法审查期间对仲裁程序的合法性发表意见时，一致引用该“软法”的内容，可视为双方当事人均同意将该“软法”作为审查对应仲裁程序是否合法的依据之一。评价仲裁员是否有失中立性和公正性，不能脱离案件本身的具体场景或者背景，仲裁员对不属于同一的或相似的具体场景或背景下的两项申请作出不同处理，申请人据此认为仲裁员对双方实施双重标准，该主张不应予以支持。

本案系我国首例申请撤销境外仲裁机构以我国内地为仲裁地作出的仲裁裁决案件，也是确认国际商事仲裁领域中的“软法”在我国仲裁司法审查中地位的首案，在我国仲裁司法审查领域具有重要指引意义。本案认可了“国际商会国际仲裁院以北京为仲裁地的仲裁条款效力”，且在2021年12月最高人民法院发布《全国法院涉外商事海事审判工作座谈会会议纪要》后首次再度明确“仲裁地”作为判断确定仲裁裁决国籍属性的标准。在对仲裁程序问题予以审查时，本案首次明确，法院可以适用仲裁庭选择适用或当事人一致认可（包括当事人双方选择或者一致引用）的《国际律师协会国际仲裁取证规则》《国际律师协会国际仲裁利益冲突指引》等国际商事仲裁实践中通行的“软法”规则。本案的妥善裁判，充分体现了我国司法对标国际规则，对国际仲裁保持开明和支持的立场，展示了我国仲裁友好型司法环境形象；体现了人民法院以涉外审判工作主动服务国家“一带一路”、首都“四个中心”功能定位和“两区”建设的高度责任感；

作为典型案例，本案对于营造国际一流营商环境，增强我国作为仲裁地和投资地的吸引力，鼓励和支持境外争议解决机构在境内设立业务机构，助力我国国际仲裁中心建设，并推动更高水平对外开放，具有重要的意义。

编写人：北京市第四中级人民法院　于颖颖

仲裁司法审查申请人滥用审查申请权拖延诉讼和仲裁进程的，不应准予其撤回申请

——某彩印公司与某基金申请确认仲裁协议效力案

【案件基本信息】

1. 裁判书字号

北京市第四中级人民法院（2021）京04民特116号

2. 案由

申请确认仲裁协议效力

3. 当事人

申请人：某彩印公司

被申请人：某基金

【基本案情】

某彩印公司与某基金提交的《可转股投融资协议》显示，2016年4月7日，某基金与某彩印公司、闫某某、卫辉市某薄膜有限公司（现名为河南某新材料股份有限公司）、卫辉市某包装材料有限公司（现名为河南某新材料有限公司）签订了《可转股投融资协议》，该协议第九条“争议解决”约定，凡因执行该协议所发生的或与本协议有关的一切争议，各方应首先通过友好协商解决，如果协商不能解决，应提交至某仲裁委员会在北京根据其仲裁规则进行仲裁。

本案于2021年1月22日立案后，法院采用电话、短信方式通知双方当事人于2021年2月4日进行谈话。某彩印公司未按通知时间上线参加谈话，亦在该通知谈话时间不接听法院电话。之后，法院向当事人寄送2021

年2月9日上午9时30分参加谈话的传票，并短信通知上线参加谈话的时间、地点。法院于2021年2月8日一早联系邮政部门，投递员表示其电话联系某彩印公司收件人，收件人称其不在，要求投递员于2021年2月9日下午投递，法院安排的第二次谈话亦未能如期进行。法院随后第三次传票通知双方当事人，定于2021年2月24日组织谈话，某彩印公司于2021年2月18日签收了传票。某彩印公司于2021年2月20日向法院寄出撤回请求确认仲裁协议效力一案的申请。

另外，2020年8月，某基金以某彩印公司、河南某新材料股份有限公司、河南某新材料有限公司及闫某某为仲裁被申请人，向某仲裁委员会提起仲裁。某仲裁委员会受理该案后，2020年11月，河南某新材料股份有限公司以某基金为被申请人，向法院提出确认《可转股投融资协议》中仲裁条款无效的申请。其主要理由为，该仲裁条款是某基金时任管理人某（北京）投资管理有限公司采取胁迫手段，迫使河南某新材料股份有限公司签订。在审理该案过程中，2020年12月17日，法院通知双方当事人线上询问，并以电子送达方式向河南某新材料股份有限公司送达出庭传票，告知其法院于2020年12月18日通过网络线上询问，河南某新材料股份有限公司一方收到该传票，其后称己方原因无法参加线上询问。故该次询问因河南某新材料股份有限公司原因未能进行。2020年12月24日，法院再次以电子送达出庭传票的方式通知双方当事人于2020年12月28日线上询问，河南某新材料股份有限公司收到传票后未表示不同意，但是法院组织询问当日收到河南某新材料股份有限公司的书面声明称其不具备网络开庭条件，不同意线上询问，未参加法院组织的谈话，该案按河南某新材料股份有限公司撤回申请处理。

因河南某新材料股份有限公司、某彩印公司先后提起确认仲裁协议效力申请，某仲裁委员会中止了仲裁案的审理，该仲裁案目前尚未开庭。

综合某彩印公司及与其存在关联关系的河南某新材料股份有限公司的上述行为，为避免当事人滥用诉讼权利，对某彩印公司撤回请求确认仲裁协议效力一案的申请，法院裁定不予准许。同时，告知其如期进行谈话，但某彩印公司并未准时到庭参加谈话，亦在该时间段内不接听法院电话，某基金如期到庭接受询问。针对某彩印公司提交的确认仲裁协议效力申请书及相关证据材料，某基金进行了答辩和质证，法院结合双方当事人提交的申请书、答辩意见及相关的证据材料，对某基金进行了询问。

【案件焦点】

本案是否应当准许申请人撤回其申请。

【法院裁判要旨】

北京市第四中级人民法院认为：民事诉讼应当遵循诚实信用原则，综合某彩印公司及与其存在关联关系的河南某新材料股份有限公司的上述行为，为避免当事人滥用诉讼权利，法院对某彩印公司撤回申请确认仲裁协议效力一案的申请不予准许。

某彩印公司称《可转股投融资协议》中的仲裁条款系某基金时任管理人某（北京）投资管理有限公司采取胁迫手段迫使某彩印公司签订的，但并未就此提供充分证据予以证明，法院不予采信。《可转股投融资协议》中的仲裁条款符合《仲裁法》第十六条的规定，且不存在《仲裁法》第十七条、第十八条规定的无效情形，应为有效。

综上，某彩印公司申请确认仲裁协议无效的理由不能成立，法院不予支持。另外，当事人行使自己的民事权利和诉讼权利应当遵循诚实信用原则，法院对某彩印公司以各种理由拖延诉讼的行为，予以批评，其当引以为戒，诚信诉讼。

北京市第四中级人民法院依照《仲裁法》第十六条、第二十条之规定裁定驳回某彩印公司的申请。

【法官后语】

在仲裁司法审查案件中，在法院作出裁定前，申请人申请撤回申请的，法院应当如何处理，《仲裁法》和《最高人民法院关于适用〈中华人民共和国仲裁法〉若干问题的解释》（以下简称《仲裁法解释》）中并未作出规定。2018 年 1 月 1 日起施行的《最高人民法院关于审理仲裁司法审查案件若干问题的规定》（以下简称《仲裁司法审查规定》）第十九条规定，人民法院受理仲裁司法审查案件后，作出裁定前，申请人请求撤回申请的，裁定准许。在司法实践中，上述规定衍生出的争议在于，法院作出裁定前，当事人申请撤回审查申请的，法院是否应一律准予，这也是本案面临的问题。

关于仲裁司法审查程序的性质，立法并无明确的界定，理论界也存在争议。此类案件虽然不在《民事诉讼法》规定的特别程序案件范围中，但《民事案件案由规定》将仲裁协议效力确认案件、申请撤销仲裁裁决案件归入“非讼程序案件案由”中，因此，在司法实践中，普遍认为仲裁司法审查程序亦属于特别程序案件，由此可见，对于程序性规定，若《仲裁法》《仲裁法解释》未予规定的，可以参考《民事诉讼法》的相关规定。《仲裁司法审查规定》开篇规定，“为正确审理仲裁司法审查案件，依法保护各方当事人合法权益，根据《中华人民共和国民事诉讼法》《中华人民共和国仲裁法》等法律规定，结合审判实践，制定本规定”，从此规定的依据表述亦可推出，仲裁司法审查规定及其他规定未予明确的，可以适用《民事诉讼法》的相关规定。

《民事诉讼法》第十三条规定，民事诉讼应当遵循诚信原则。当事人有权在法律规定的范围内处分自己的民事权利和诉讼权利。诚信原则作为基本原则，要求当事人行使民事权利和诉讼权利时秉持诚实善意的原则，不得滥用权利，侵害他人利益和社会公共利益。仲裁司法审查程序的参与主体亦当遵循该规定。诚信原则与禁止权利滥用原则属于一体两面。虽然提起仲裁协议效力确认申请是法律赋予仲裁协议的有关当事人的法定权利，但从此案查明的事实来看，某彩印公司经法院多次联系、催促，并无意参加询问程序，解决仲裁协议效力的争议问题，而是不断以各种方式、理由推脱，拖延询问程序的进行，在法院向其送达传票成功后，才提出撤回申请，而在此之前，其关联公司在所提起的审查案件中，亦有类似推脱情形。仲裁案件也因为这两起仲裁协议效力确认案件，先后两次中止。因法律对申请人撤回申请后再次提起申请的权利并未作出禁止性规定，如果某彩印公司及其关联公司在仲裁开庭前再次提起仲裁协议效力确认申请，势必将导致仲裁程序再次中止，拖延了仲裁案件的审理。河南某新材料股份有限公司的此举，给对方当事人带来诉累，浪费了司法资源，影响了仲裁的效率，增加了对方当事人的时间成本，损害了对方当事人的合法权益，其所为已超出了合理行权的边界，有悖诚信原则，构成了权利的滥用，与法律赋予当事人仲裁司法审查申请权利的初衷和目的背道而驰。

况且，《民事诉讼法》第一百四十八条规定，宣判前，原告申请撤诉的，是否准许，由人民法院裁定。人民法院裁定不准许撤诉的，原告经传票传唤，无正当理由拒不到庭的，可以缺席判决。从该条规定可以看出，虽然撤诉属于原告的处分权，但该处分权的行使必须符合法律规定，当出现违法情形时，人民法院将不予准予。在仲裁司法审查案件中，申请人撤回申请的，对于案件本身存在违法情形或者申请人撤回申请可能侵害到他人合法利益和社会公共利益等情形，人民法院不应准予，进而就案件进行缺席询问并及时作出裁定，以便仲裁案件能够及早恢复审理或予以撤销，充分体现法院对仲裁支持和监督的作用，保障和促进仲裁在多元化纠纷解决机制中积极发挥作用。

综上，从体系解释、目的解释等视角来审视本案，法院均不应准予申请人的撤回申请，并及时就案涉仲裁协议效力作出裁定。当然，从社会学解释方法的角度来看，本案裁决亦可取得良好效果。在仲裁司法审查中，若准予类似情形的当事人可以撤回申请，将起到负面的示范效应，无异于变相鼓励当事人滥用审查申请权，拖延司法审查及仲裁的进程，致使维护当事人合法利益与保障仲裁高效审理的目标的天平失衡，仲裁司法审查程序设立的初衷落空。本案裁定的作出及公布，可以警示当事人行使权利时秉持诚信原则，减少类似情形的发生，合法维护自己的合法权益，保障仲裁的及时审理与执行。

编写人：北京市第四中级人民法院　于颖颖

仲裁程序中止的裁量权限度属于仲裁司法审查范畴

——某集团公司诉张某等申请撤销仲裁裁决案

【案件基本信息】

1. 裁判书字号

北京市第四中级人民法院（2020）京04民特183号

2. 案由

申请撤销仲裁裁决

3. 当事人

申请人：某集团公司

被申请人：张某、高某、王某、付某

【基本案情】

某公司于2008年注册成立，原股东为高某、王某、张某和付某。2012年8月29日，股权转让方（甲方）高某、王某与股权受让方（乙方）某集团公司、股东（丙方）张某、付某签订《吉林市某经贸有限公司股权转让合同》（以下简称《股权转让合同》）。该合同第十九条约定，因履行本合同所发生的或与本合同有关的一切争议，争议各方友好协商解决；如未能协商解决，任何一方均有权将该等争议提交位于北京的某仲裁委员会按照其现行有效的仲裁规则进行仲裁。

2014年7月3日，高某、王某、张某、付某向某仲裁委员会申请仲裁，认为某集团公司在全面接管某公司、行使控制权后，未按照《股权转让合同》约定在2013年12月31日前完成勘探义务，未按约定善意和正确行使控制权，导致某堡两个探矿权因未延续而灭失，使某公司的股权价值严重减损。其仲裁请求为请求裁决某集团公司违约并赔偿因其违约而给高某、王某、张某、付某造成的损失，裁决某集团公司承担评估费、律师费及全部仲裁费用。某仲裁委员会依据高某、王某、张某、付某的上述申请以及《股权转让合同》中的仲裁条款受理了各方之间的争议仲裁案，各方当事人均委托代理人参加庭审。仲裁庭认为，本案源于双方当事人签订的《股权转让合同》，要判断高某、王某、张某、付某的仲裁请求是否成立，关键在于某集团公司是否有维护和延续探矿权的义务。合同签署后某堡两个探矿权的灭失及其责任归属，以及某集团公司是否存在违约情形等问题。

仲裁庭经审理认为，某集团公司实际受让并掌控了某公司，某集团公司应以某公司的名义按时办理矿权延续登记手续。但由于其未依据国家规定办理延续登记手续，某堡两个探矿权的勘查许可证有效期在2014年1月11日废止。某集团公司在涉案合同签署后，未履行其合同的主体义务，涉案探矿权的灭失完全系某集团公司的责任，致使《股权转让合同》第七条第二款的先决条件已不复存在，应当对给高某、王某、张某、付某带来的损失承担责任。

仲裁程序中，某集团公司分别于2019年6月17日、2019年7月9日和2019年12月19日向仲裁庭提出中止审理申请。2020年1月17日，仲裁庭决定仲裁程序不予中止，并于2020年2月27日作出裁决：某集团公司向高某、王某、张某、付某支付赔偿金、鉴定费、律师费等。驳回高某、王某、张某、付某的其他仲裁请求。

经查明，某公司拥有某堡的探矿权勘查许可证有效期为2011年1月11日至2014年1月11日。因某公司办理某堡矿权延续的手续未在30日前提交，吉林省国土资源厅未予办理延续登记，并于2018年1月2日对两宗探矿权作出过期废止公告。2018年3月，某公司向自然资源部提出行政复议申请，申请撤销吉林省国土资源厅作出的上述废止公告。2018年6月4日，自然资源部作出《行政复议通知书》，行政复议中止。本案审查过程中，自然资源部于2020年5月12日作出《行政复议决定书》，撤销吉林省自然资源厅作出的公告中涉及两宗探矿权废止内容，责令其对该两宗探矿权延续依法作出处理。吉林省自然资源厅于2020年7月1日向某公司作出《颁发矿产资源勘查许可证通知》，对某堡予以登记，颁发勘查许可证。同日，吉林省自然资源厅向某公司颁发了某堡的《矿产资源勘查许可证》。权证号与初始设立登记时一致，有效期为2020年7月1日至2025年7月1日。

某集团公司向法院申请撤销某仲裁委员会于2020年2月27日作出的某号裁决书。某集团公司认为仲裁程序违反法定程序。本案中存在需要中止仲裁程序的情形，仲裁庭认为探矿权的灭失与本案有直接关系，且根据仲裁规则，本条也存在需要中止仲裁程序的情形。自然资源部于2018年3月受理某公司就两宗探矿权废止提起的行政复议，此情况下，仲裁庭应中止仲裁程序，等待行政复议结果。

【案件焦点】

仲裁庭未中止仲裁程序是否违反法定程序。

【法院裁判要旨】

北京第四中级人民法院认为：关于某集团公司主张的仲裁程序违反法定程序。依据《最高人民法院关于适用〈中华人民共和国仲裁法〉若干问题的解释》第二十条的规定，《仲裁法》第五十八条规定的“违反法定程序”，是指违反《仲裁法》规定的仲裁程序和当事人选择的仲裁规则可能影响案件正确裁决的情形。根据《仲裁规则》第四十五条第一项的规定，当事人请求中止仲裁程序，或出现其他需要中止仲裁程序的情形的，仲裁程序可以中止。据此，本案仲裁庭有权决定是否中止仲裁程序，但该决定应当以尽量不影响案件正确裁决为限。

本案中，高某、王某、张某、付某提起仲裁依据的主要事实为案涉两个探矿权因未延续而灭失，仲裁庭亦以某集团公司未履行合同义务导致探矿权灭失为由支持了高某、王某、张某、付某的请求。仲裁过程中，某公司就吉林省自然资源厅发布的涉及探矿权废止的公告已向自然资源部申请行政复议，在复议决定作出之前，探矿权是否灭失、高某等四人是否因此产生损失等事实处于不确定状态，且可能对仲裁裁决产生实质影响，某集团公司以此为由多次向仲裁庭申请中止审理并提交相应证据。仲裁裁决作出后，自然资源部作出《行政复议决定书》，撤销了吉林省自然资源厅作出的公告中涉及两宗探矿权废止的内容，吉林省自然资源厅也向某公司颁发了新的《矿产资源勘查许可证》。由此，高某、王某、张某、付某所主张和仲裁裁决所依据的探矿权灭失的基础事实已经发生变化，案涉仲裁程序因未予中止影响了对案件最终的正确裁决，构成《最高人民法院关于适用〈中华人民共和国仲裁法〉若干问题的解释》第二十条“违反法定程序”的情形。某仲裁委员会作出的某号裁决应予撤销。

经报最高人民法院审核批准，法院最终裁定撤销某仲裁委员会某号裁决。

【法官后语】

仲裁庭决定仲裁程序中止的自由裁量权应具有界限。根据《仲裁规则》第四十五条第一项的规定，仲裁庭有权决定是否中止仲裁程序，但该决定应当以尽量不影响案件正确裁决为限。高某、王某、张某、付某提起仲裁依据的主要事实为案涉两个探矿权因未延续而灭失，仲裁庭亦以某集团公司未履行合同义务导致探矿权灭失为由支持了高某、王某、张某、付某的请求。仲裁过程中，某公司就吉林省自然资源厅发布的涉及探矿权废止的公告已向自然资源部申请行政复议，在复议决定作出之前，探矿权是否灭失、高某等四人是否因此产生损失等事实处于不确定状态，且可能对仲裁裁决产生实质影响，某集团公司以此为由多次向仲裁庭申请中止审理并提交相应证据，但仲裁庭未予中止仲裁程序。仲裁裁决作出后，自然资源部作出《行政复议决定书》，撤销了吉林省自然资源厅作出的公告中涉及两宗探矿权废止的内容，吉林省自然资源厅也向某公司颁发了新的《矿产资源勘查许可证》。由此，高某、王某、张某、付某所主张和仲裁裁决所依据的探矿权灭失的基础事实已经发生变化，案涉仲裁程序因未予中止影响了对案件最终的正确裁决，本案最终以涉案仲裁程序符合《仲裁法》第五十八条规定的违反法定程序，影响案件公正裁决为由撤销仲裁裁决，并提供了仲裁司法审查一定的示范效应。

一般来说，人民法院对于仲裁规则赋予仲裁庭的自由裁量权限范围内的事项，不予审查。但仲裁庭的自由裁量权行使应存在一定的边界，需要受到合理标准的限制。本案仲裁裁决作出后，其依据的法律事实由当时的未确定状态转为确定状态，裁决的事实基础发生逆转，而仲裁庭完全可以通过程序中止等待基础事实最终确定但未予中止，有悖于仲裁规则中关于仲裁程序中止的设立初衷。仲裁司法审查中，若依据仲裁法和仲裁规则的规定认可仲裁庭的自由裁量权，仲裁裁决明显不公正。故本案依据法律规定的应有之义，确定了仲裁程序自由裁量的边界，应以程序决定不实质影响案件的公正裁决为限。此案对仲裁机构具有警示作用，仲裁庭应作出准确判断，以决定是否中止仲裁程序，并完善仲裁程序中止的详细规则。

编写人：北京市第四中级人民法院　郭　奕　程　宏

未在合同中签字盖章的第三方不受合同仲裁条款的约束

——某集团公司等与某律师事务所申请撤销仲裁裁决案

【案件基本信息】

1. 裁判书字号

北京市第四中级人民法院（2018）京04民特84号

2. 案由

申请撤销仲裁裁决

3. 当事人

申请人：某集团公司、数码公司、信息公司、水环保公司、印刷公司、廊坊数码公司、廊坊水环保公司、水务公司

被申请人：某律师事务所

【基本案情】

某集团公司与某律师事务所于2015年9月8日签订《委托代理合同》，某集团公司委托某律师事务所代理某集团公司旗下数码公司、信息公司、水环保公司、印刷公司、廊坊数码公司、廊坊水环保公司、水务公司等公司的诉讼案件。此后，某律师事务所又与某集团公司、数码公司、信息公司、水环保公司、印刷公司于2015年12月24日签订《委托代理合同之补充协议》，对合同内容进一步予以补充。此后因律师代理费事宜双方发生争议，某律师事务所申请仲裁。某仲裁机构受理上述案件后，某集团公司、数码公司、信息公司、水环保公司、印刷公司曾书面提出异议，主张数码公司、信息公司、水环保公司、印刷公司并非涉案《委托代理合

同》的当事人，未与某律师事务所达成仲裁协议，仲裁庭对该部分争议没有管辖权。但仲裁庭未采纳上述异议意见。此后，经审理，仲裁庭作出裁决，由某集团公司等仲裁被申请人向某律师事务所承担给付责任。此后某集团公司等以仲裁机构没有管辖权、裁决违反法定程序等理由申请撤销该裁决。

【案件焦点】

（1）仲裁委员会对某律师事务所与数码公司、信息公司、水环保公司、印刷公司之间争议是否具有管辖权；

（2）仲裁期间是否存在程序违法事项。

【法院裁判要旨】

涉案《委托代理合同》系由某集团公司与某律师事务所签订，依据《委托代理合同》相应争议解决条款，双方之间发生争议提交某仲裁委员会解决，对此各方均没有异议。但是，数码公司、信息公司、水环保公司、印刷公司、廊坊数码公司、廊坊水环保公司、水务公司并非《委托代理合同》签约方，是否受到上述《委托代理合同》中仲裁条款之约束，有必要结合其他事实进一步进行审查。《委托代理合同》内容为某集团公司就其下属公司涉及的诉讼案件委托某律师事务所进行代理，属于利他合同（第三人利益合同），但基本合同权利义务仍形成于某集团公司与某律师事务所之间。《委托代理合同》履行期间，数码公司、信息公司、水环保公司、印刷公司曾与某律师事务所签订《委托代理合同之补充协议》，并曾向某律师事务所发出《解除委托代理通知书》，上述证据可以佐证数码公司、信息公司、水环保公司、印刷公司实质性加入《委托代理合同》中，因此数码公司、信息公司、水环保公司、印刷公司亦应接受《委托代理合同》中仲裁条款的约束。但是，廊坊数码公司、廊坊水环保公司、水务公司并未与某律师事务所以任何形式签订合同，其在《委托代理合同》中仅是受益第三方，不受该合同及其仲裁条款的约束。法院注意到，廊坊数码公司、廊坊水环保公司、水务公司确实曾经向某律师事务所出具过授权委托书，但该行为应理解为廊坊数码公司、廊坊水环保公司、水务公司配合某律师事务所履行其在《委托代理合同》项下合同义务所办理的手续，仅能证明廊坊数码公司、廊坊水环保公司、水务公司知道且不反对《委托代理合同》，不能由此推断廊坊数码公司、廊坊水环保公司、水务公司因此而加入《委托代理合同》并接受该合同中约定的仲裁条款。某律师事务所亦未能提交其他证据证明其与廊坊数码公司、廊坊水环保公司、水务公司之间存在仲裁协议，据此，法院认为应当认定某律师事务所与廊坊数码公司、廊坊水环保公司、水务公司之间不存在仲裁协议。此外，法院还认定某律师事务所仅要求廊坊数码公司、廊坊水环保公司、水务公司承担部分请求额的连带给付责任，且未要求廊坊数码公司、廊坊水环保公司、水务公司承担仲裁费用，但裁决结果却要求廊坊数码公司、廊坊水环保公司、水务公司对全部律师费给付款项承担连带责任，超出了某律师事务所的仲裁请求数额；且该仲裁裁决还要求廊坊数码公司、廊坊水环保公司、水务公司一并承担仲裁费用，裁决结果明显超出了某律师事务所仲裁请求的数额及范围。经报请上级人民法院审核批准，北京市第四中级人民法院最终裁定撤销了涉案仲裁裁决。

【法官后语】

本案主要涉及两项仲裁司法监督事由，即“当事人之间不具有仲裁协议”以及“超裁”，分别对应《仲裁法》第五十八条第一款第一项及第二项。

仲裁是当事人意思自治原则在纠纷解决领域的体现，当事人之间具有发生纠纷提交仲裁解决的共同意思表示是启动仲裁程序的逻辑基础，否则仲裁机构对于案件不享有管辖权。本案中涉及多方当事人，其中一部分仲裁被申请人未与仲裁申请人订立仲裁协议，仲裁委员会错误判断其管辖权，对无明确意思表示选择仲裁的被申请人进行仲裁，构成撤销仲裁裁决的法定事由。

业界公认“超裁”构成撤销仲裁裁决的事由，但实践中对于如何理解“超裁”存在不同意见。一般认为，仲裁裁决涉及法律禁止仲裁事项、仲裁协议未涉及事项以及仲裁申请人未提交仲裁裁决事项会构成超裁，但是仲裁裁决数额超出仲裁申请人请求数额是否构成超裁，存在不同理解。一种意见认为，裁决项不得超出仲裁申请人的请求数额及范围；另一种意见则认为，仲裁庭有权根据案件实际情况作出裁决，法院对此不应当进行审查。本案即涉及上述事项，仲裁申请人对于部分仲裁被申请人仅主张了较低的请求数额，但仲裁裁决该部分仲裁被申请人承担了较高数额的给付责任。本案中，法院最终认定上述情形构成超裁，并依据《民事诉讼法》（2017年修正）第二百三十七条第二款第二项规定撤销仲裁裁决，为类似争议起到了指引作用。

此外，因涉案仲裁裁决中超裁部分与其他裁决事项不可分，故法院裁定撤销了全部仲裁裁决。上述情况也提醒相关仲裁从业人员，在处理仲裁案件时应当更为严谨。

编写人：北京市第四中级人民法院　崔智瑜

未采取合理方式进行送达的构成仲裁程序违法

——某纺织公司与某贸易公司等申请撤销仲裁裁决案

【案件基本信息】

1. 裁判书字号

北京市第四中级人民法院（2017）京04民特30号

2. 案由

申请撤销仲裁裁决

3. 当事人

申请人：某纺织公司

被申请人：某贸易公司、某1公司、某2公司

【基本案情】

某贸易公司与某1公司、某2公司、某纺织公司曾于2014年7月15日签订《还款协议》，并约定发生争议提交某仲裁委员会。协议履行期间，某贸易公司于2016年6月提出仲裁申请，某仲裁委员会予以受理。某仲裁委员会向某纺织公司等仲裁被申请人寄送仲裁通知，但未收到被申请人的反馈。此后某仲裁委员会采用邮寄平信并同步进行公证的方式向某纺织公司送达了后续仲裁文件，并于2016年11月29日缺席进行了审理，于2017年2月14日作出裁决。

裁决作出后，某纺织公司以未收到仲裁通知等理由向北京市第四中级人民法院申请撤销仲裁裁决。法院查明，某纺织公司于2017年1月9日实际收到某仲裁委员会于2016年7月28日寄出的仲裁通知、《仲裁规则》、《仲裁员名册》、仲裁申请书及附件（特快专递），于2017年4月21日同时收到某仲裁委员会于2016年11月1日寄出的组庭通知及附件（平信）、

某仲裁委员会于2016年11月1日寄出的开庭通知（平信）、某仲裁委员会于2016年12月20日寄出的某贸易公司庭后提交的补充材料等文件（平信）、某仲裁委员会于2017年2月16日寄出的裁决书（平信）。

【案件焦点】

仲裁送达行为是否构成程序违法。

【法院裁判要旨】

案件中所适用的《仲裁规则》第八条第三项实际规定了三种送达方式：（1）直接送达（“经当面递交收件人”）；（2）邮寄送达（“发送至收件人的营业地、注册地、住所地、惯常居住地或通讯地址”，此处“发送至”应解释为收件人实际收到）；（3）推定送达（“经对方当事人合理查询不能找到上述任一地点，仲裁委员会仲裁院以挂号信或特快专递或能提供投递记录的包括公证送达、委托送达和留置送达在内的其他任何手段投递给收件人最后一个为人所知的营业地、注册地、住所地、惯常居住地或通讯地址”）。对于《仲裁规则》中上述规定之理解，应以相关仲裁文件能够有效到达当事人为基本前提，只有在实际送达存在困难时，才能以其他方式推定送达作为补充。本案中即便不考虑事后证明的特快专递可以实际送达某纺织公司这一因素，在邮政公司明确表示可以通过邮政航空信进行送达的情况下，某仲裁委员会未尝试采取相应邮寄方式，而是直接断定该地址“无法送达”进而对后续仲裁文件采取“视为送达”，不符合《仲裁规则》关于送达之相关规定。而且，即便适用“视为送达”之规则，亦应以最大可能送达收件人之善良方式进行，《仲裁规则》既然规定当事人“应当收到”某仲裁委员会发送的材料之次日起计算相关期限，那么预留合理的送达在途时间自然为题中应有之义。本案实际情况是对于开庭通知预留的送达在途时间不足以完成正常送达工作，应当推定相应送达工作不符合《仲裁规则》规定的首次开庭提前20天通知当事人的程序要求。因涉案仲裁期间送达工作出现程序错误，导致某纺织公司在仲裁过程中由于不属于其负责的原因未能陈述意见，因此裁决应予撤销。经报请上级法院审核批准，北京市第四中级人民法院最终裁定撤销了仲裁裁决。

【法官后语】

本案中主要争议事项发生在仲裁送达环节。送达工作是仲裁程序推进的基础，关系到后续所有仲裁环节。仲裁机构是否能够有效向当事人进行送达，特别是能否准确适用推定送达（拟制送达）制度，既影响仲裁效率与仲裁质量，也是仲裁司法监督案件中常见争议事项。一般认为，仲裁程序中的送达，应当依照当事人选择适用的仲裁规则或当事人特殊约定（如有）来进行。具体到本案中，仲裁机构未能严格执行其仲裁规则，在不能确定通过邮寄方式可以向仲裁被申请人进行有效送达的情况下即适用了推定送达方式，且在送达开庭通知的时候未预留合理在途时间，导致仲裁被申请人某纺织公司在仲裁过程中由于不属于其负责的原因未能陈述意见，限制了当事人陈述事实、进行申辩等一系列权利，因此相应仲裁裁决被法院撤销。同时，法院通过本案提出了一项解释性原则，即应当以“最大可能送达收件人之善良方式进行”送达，有效指引仲裁机构今后如何开展送达工作。

此外，值得注意的是，本案中由于仲裁机构送达程序出现错误，同时构成两项撤裁事由，即《民事诉讼法》（2017 年修正）第二百七十四条[①]第一款第二项“被申请人没有得到指定仲裁员或者进行仲裁程序的通知，或者由于其他不属于被申请人负责的原因未能陈述意见的”以及该款第三项“仲裁庭的组成或者仲裁的程序与仲裁规则不符的”。换言之，人民法院有权依据上述任一法律规范裁定撤销涉案仲裁裁决。但是，鉴于本案中申请人某纺织公司仅以“没有接到开庭通知，未能陈述意见”为由申请撤销仲裁裁决，北京市第四中级人民法院亦仅引用《民事诉讼法》第二百七十四条第一款第二项之规定作出裁定，体现了仲裁监督案件中“有限监督、支持仲裁，非社会公共利益事项不作主动审查”的基本原则。

编写人：北京市第四中级人民法院　崔智瑜

① 现对应 2023 年修正《民事诉讼法》第二百九十一条。

仲裁送达违反适当通知原则的认定

——某果品公司与某仓储公司申请撤销仲裁裁决案

【案件基本信息】

1. 裁判书字号

北京市第四中级人民法院（2021）京04民特988号之一

2. 案由

申请撤销仲裁裁决

3. 当事人

申请人：某果品公司

被申请人：某仓储公司

【基本案情】

2017年7月19日，某仓储公司（甲方）与某果品公司（乙方）签订《房屋租赁合同》，合同中约定乙方的地址为上海浦江永南路×号×楼或乙方书面通知的其他地址。合同中约定一方的主要办公地点发生变更时，应按上述约定的方式以书面形式通知另一方。合作期间，2020年2月27日至2020年3月2日某果品公司与某仓储公司微信对接的员工为彭某，此后转为王某。2020年5月6日，某仓储公司的员工先是微信向彭某询问王某的电话，彭某未回复，其后某仓储公司的员工要求彭某发送某果品公司的地址，彭某微信发送的地址为上海市闵行区万通×室（以下简称万通×室）。2020年5月29日，某仓储公司通过微信将果品公司存在的问题发给彭某，彭某语音回复其已离职，让某仓储公司与王某联系。王某于2020年5月29日向某仓储公司的微信回复中表示，彭某已经离职。2020年9月30日，某果品公司的住所地由合同约定地址变更为上海市张杨路××××

号（以下简称张杨路××××号），某果品公司并未将该住所地变更情况书面通知某仓储公司。

某仓储公司于2020年9月22日向某仲裁委员会申请仲裁。2020年10月20日，仲裁委员会以EMS方式向某果品公司寄送了相应的仲裁材料，收件地址为合同约定地址，被邮局以“收件人迁移新址不明”为由退回。2021年1月、3月，仲裁委员会以EMS方式向某果品公司寄送相应的仲裁材料，收件地址为万通×室，邮件查询记录显示，函件为他人代收。2021年6月至8月，仲裁委员会向该地址寄送的函件显示为虹桥驿站或他人代收。2021年4月16日，仲裁庭开庭，某果品公司并未到庭，仲裁庭对该案进行了缺席审理。2021年9月17日，仲裁庭作出裁决。此后某果品公司以未收到仲裁通知为由申请撤销仲裁裁决。

【案件焦点】

仲裁申请人以及仲裁委员会未进行基础性查询的情况下，以其认为的“最后一个为人所知的地址”进行送达，是否构成程序错误。

【法院裁判要旨】

法院查明，仲裁委员会于2020年10月20日向某果品公司寄送函件时，该公司的注册地已变更至张杨路××××号，注册地系企业法人公开的联系地址，在当事人有明确的注册地且不存在向该地址投递无果的情形下，对方当事人自行从互联网查询的有关报道中所记载的地址不属于“收件人最后一个为人所知的营业地、注册地、住所地、惯常居住地或通讯地址”的范围。彭某虽曾向某仓储公司员工发送了万通×室的地址，但从双方的微信对话记录来看，从2020年3月2日起，某果品公司与某仓储公司对接联络的人员已由王某负责，某仓储公司在提起仲裁前即2020年5月29日已被告知彭某离职，双方之间的《房屋租赁合同》亦明确约定变更有效送达地址需以书面方式，因此，彭某所告知的地址不能视为某果品公司自行提供的地址。万通×的地址既非某果品公司自行提供的地址、当事人约定的地址，又非该公司最后一个为人所知的联系地址，签收信息中显示的“×前台桌子上”“虹桥驿站”“办公室”等不能视为仲裁庭对当事人进行了有效送达。仲裁庭送达程序违法，致使某果品公司因未能得到进行仲裁程序的通知未能陈述意见，影响案件的公正裁决，案涉仲裁裁决应予撤销。该案经北京市第四中级人民法院通知，仲裁机构同意重新进行仲裁，北京市第四中级人民法院遂依法终结仲裁司法审查程序。

【法官后语】

仲裁作为民间性的纠纷解决机制，与民事诉讼存在较大的区别，体现在送达方式上，民事诉讼更着眼于送达的规范性，《民事诉讼法》第七章第二节专门规定了送达。仲裁送达更侧重于送达的效率，送达形式和方式灵活多样，《仲裁法》第二十五条仅规定了仲裁送达的文件范围，对于具体的送达方式、送达地址等并未涉及，《最高人民法院关于人民法院办理仲裁裁决执行案件若干问题的规定》第十四条第二款中规定，“仲裁庭按照仲裁法或仲裁规则以及当事人约定的方式送达仲裁法律文书，当事人主张不符合民事诉讼法有关送达规定的，人民法院不予支持”。由此，仲裁送达主要依据《仲裁法》、仲裁规则及当事人约定。总体而言，仲裁送达地址可以分别分为当事人自行提供地址、双方约定地址、相对方提供的当事人特定范围地址及最后为人所知地址，其中，最后为人所知地址须经相对方合理查询其他地址无果后方予以确认，其间当事人应尽到合理查询义务，如查询企业备案登记信息档案、走访住所地等。在审查最后为人所知地址的送达是否适当时，并不苛求受送达人实际收到了仲裁通知材料，只要仲裁送达符合仲裁规则的规定，且申请人秉持最大善意原则提供地址，已尽到了合理查询义务，即便受送达人事实上未收到仲裁文件，也不影响仲裁送达适当的认定。但若当事人未尽到合理查询义务，则有可能导致仲裁送达违反适当通知原则，构成程序违法。本案中当事人有公开的注册地，仲裁庭在未经向上述地址送达仲裁材料且无果的情形下，径行向对方当事人自行查询的相对方地址送达，该送达违反适当通知原则，由此导致当事人因未收到仲裁通知而未能参加仲裁的，构成仲裁违反法定程序，仲裁裁决应予撤销。

编写人：北京市第四中级人民法院　于颖颖

以虚假合同获取裁决书的情形构成重新仲裁的理由

——霍某与某科技公司申请撤销仲裁裁决案

【案件基本信息】

1. 裁判书字号

北京市第四中级人民法院（2021）京04民特375号

2. 案由

申请撤销仲裁裁决

3. 当事人

申请人：霍某

被申请人：某科技公司

【基本案情】

某仲裁委员会根据某科技公司提交的仲裁申请，于2019年8月5日受理了该公司与霍某等主体之间争议仲裁案。

裁决作出后，霍某向北京市第四中级人民法院申请撤销仲裁裁决，其主张的理由为对该案所涉协议以及仲裁案件均不知情，其从未签署过与该案相关的任何协议，亦未委托他人代为参加仲裁程序。

根据仲裁案件卷宗显示，涉案协议由一位刘某女士与某科技公司对接，但霍某不认识刘某，从未委托过刘某或其他任何人处理协议事项，因此相应协议是伪造的。仲裁期间霍某亦未收到仲裁通知，不知道有仲裁案件，未委托任何人参与仲裁，仲裁期间有人冒充霍某的名义向仲裁庭提交书面答辩意见，霍某不予认可。

【案件焦点】

（1）仲裁委员会送达工作是否存在程序错误；

（2）本案中是否存在伪造证据情形。

【法院裁判要旨】

围绕本案争议事项，法院组织当事人进行了询问，特别是重点询问了合同签订细节等问题。根据案件中显示的情形，初步判断有人冒用霍某的名字签订了案涉协议。法院遂进一步向仲裁机构去函询问：（1）向霍某的送达情况；（2）仲裁程序中霍某书面答辩状的提交人是否为其本人，是否有合法授权；（3）仲裁庭是否审查了案涉合同的原件；（4）该案是否有虚假仲裁的可能。仲裁委员会针对法院的问题进行了回复，但从回函看仍无法准确认定霍某对仲裁案涉合同具有真实意思表示，且代表霍某向仲裁委员会邮寄答辩意见的人员身份不明。

在核实上述事实的基础上，经致函询问，仲裁委员会回函表示仲裁庭同意对案件重新进行仲裁，并启动了重新仲裁程序。法院遂依法终结审查。

【法官后语】

对于持虚假合同进行仲裁，仲裁委员会审查确实具有一定难度。就本案所涉仲裁案而言，仲裁申请人某科技公司缔约期间始终未见到过霍某，一直与所谓的“中间人”对接，通过中间人签订合同。本案仲裁期间曾有人以霍某名义向仲裁委员会提交书面答辩意见，但不能确切核实该人的身份，不能确定相应“答辩意见”能否代表霍某的真实意思表示。因此不能排除有人在签订合同时冒用了霍某的身份，在仲裁案件中会将错就错继续冒用霍某名义，以避免该人自己成为真正的责任主体。在一方不知情，代表另一方抗辩的知情人不如实陈述的情况下，导致仲裁庭难以分辨合同的伪造情节。因此，对于背对背签订的合同，仲裁机构尤其要认真询问合同签订过程的一些细节问题，警惕双方背对背签订合同时的一方不是真实存在的合同主体，甚至双方均不是真实存在的主体。合同如因居间人介绍而达成，合同双方应该相互见面，如果相互不认识、不谋面，居间人在居间过程中如有其他不正当的目的，就有可能在传递合同中动手脚。如果一方是真实主体，其到争议解决机构提出诉求，居间人还可能制造对方应诉的假象。因此，仲裁机构在审查合同签订过程需要从时间、地点等细节上着手。虽然仲裁机构没有发现合同签订的问题，但有抗辩意见，到了撤裁阶段通过审查，发现合同确实对一方是不真实的，合同双方根本无任何合意，仲裁机构正视错误，通过主动回应法院的重裁建议也是及时纠错的方式，这种方式显然较之通过报核方式撤裁更理想。既起到了纠正错误裁决的效果，也避免了对仲裁机构的声誉产生不良影响。毕竟，良好的声誉和充分的信任是仲裁机构得以长久生存、不断壮大的基础。

编写人：北京市第四中级人民法院　朱秋菱

债权债务受让人无从得知原合同存在仲裁协议的，仲裁协议对受让人不具有约束力[1]

——李某与北京某物业公司申请确认仲裁协议效力案

【案件基本信息】

1. 裁判书字号

北京市第四中级人民法院（2021）京 04 民特 747 号

2. 案由

申请确认仲裁协议效力

3. 当事人

申请人：李某

被申请人：北京某物业公司

【基本案情】

2009 年 9 月 11 日，李某（乙方）与案外人（甲方）北京某投资管理有限责任公司签订《房屋转让合同》，李某受让了 X 号房。该合同的第十五节第 3 款规定，甲方负责监督物业管理企业按照物业服务合同的约定提供物业服务；第十九节约定，本合同在履行过程中发生的争议，由双方当事人协商解决，协商不成，按照下列第 2 种方式解决：1. 提交 X 仲裁委员会仲裁；2. 依法向转让房屋所在地的人民法院起诉。《房屋转让合同》的附件五《临时管理规约》的第三部分第一条中约定，业主委托物业服务企业提供前期物业服务合同约定之外的特约服务的，其中费用由双方当事人

① 本案例已作为案例库备选案例上报。

另行约定；第四部分第一条约定，业主、物业使用人、开发建设单位、物业服务企业违反本规约约定的，受侵害当事人可以申请仲裁，也可以向人民法院提起诉讼。

北京某物业公司原名称为北京某大北物业管理有限公司，2008 年 12 月 17 日变更为现名称。北京某投资管理有限责任公司作为开发建设单位、北京某物业公司作为物业服务企业于 2010 年 3 月 8 日签订《北京市前期物业服务合同》，合同第二十七条约定合同履行过程中发生争议的，双方可以通过友好协商或者向物业所在地物业纠纷人民调解委员会申请调解的方式解决；不愿协商、调解或者协商、调解不成的，可以向北京仲裁委员会申请仲裁。北京某投资管理有限责任公司作为开发建设单位、北京某物业公司作为物业服务企业分别于 2013 年 6 月 28 日、2015 年 1 月 5 日、2016 年 12 月 23 日签订《前期物业委托合同》，其中第二十八条（第二十九条）规定合同履行过程中发生争议的，双方可以通过友好协商或者向物业所在地物业纠纷人民调解委员会申请调解的方式解决；不愿协商、调解或者协商、调解不成的，可以向北京仲裁委员会申请仲裁。

北京仲裁委员会依据上述 2010 年 3 月 8 日的《北京市前期物业服务合同》、2013 年 6 月 28 日的《前期物业委托合同》、2015 年 1 月 5 日的《前期物业委托合同》、2016 年 12 月 23 日的《前期物业委托合同》的仲裁条款，于 2021 年 9 月 1 日受理李某与北京某物业公司之间的争议仲裁案，仲裁案编号为（2021）京仲案字第 X 号。截至本案立案之日，仲裁案尚未开庭。

法院审查过程中，北京某物业公司认可其未将与开发建设方北京某投资管理有限责任公司签订的上述《北京市前期物业服务合同》《前期物业委托合同》提供给李某。

【案件焦点】

债权债务受让人无从得知原合同存在仲裁协议的，仲裁协议对受让人是否有约束力。

【法院裁判要旨】

合法有效的仲裁协议是当事人之间达成的以仲裁方式解决争端的合

意，也是仲裁机构行使管辖权的前提和依据。依据合同相对性原则，仲裁协议一般只对协议签订方有效，对于合同外第三方不具有约束力。商事活动中，交易行为往往伴随着债权债务关系的转让。债权债务关系的转让可以在一定程度上突破仲裁协议的相对性，原仲裁协议的效力可扩张至债权债务的受让一方。但是，如当事人之间存在另有约定、在受让债权债务时受让人明确反对、不知有单独仲裁协议的情况，则原合同约定的仲裁协议的效力不能扩张至债权债务的受让一方。

北京市第四中级人民法院依照《仲裁法》第十六条、第二十条之规定裁定被申请人北京某物业公司向北京仲裁委员会提起的仲裁案依据的《北京市前期物业服务合同》《前期物业委托合同》中的仲裁条款对申请人李某不产生法律约束力。

【法官后语】

仲裁协议是争议得以提交仲裁解决的前提和基础。当事人之间是否存在仲裁协议，此问题直接影响到双方的纠纷解决方式，属于在仲裁之前需要解决的先决问题。因此，合法有效的仲裁协议是当事人之间达成的以仲裁方式解决争端的合意，也是仲裁机构行使管辖权的前提和依据。

依据合同相对性原则，仲裁协议一般只对协议签订方有效，对于合同外第三方不具有约束力，需要当事人达成《仲裁法》第十六条第一款规定的仲裁协议或仲裁条款，或者以其他方式在纠纷发生前或者纠纷发生后达成请求仲裁的合议。但是，在商事活动中，交易行为往往伴随着债权债务关系的转让。债权债务关系的转让可以在一定程度上突破仲裁协议的相对性，原仲裁协议的效力可扩张至债权债务的受让一方。

不过，这种扩张是有限制的。根据《最高人民法院关于适用〈中华人民共和国仲裁法〉若干问题的解释》第九条的规定，债权债务全部或者部分转让的，仲裁协议对受让人有效，但当事人另有约定、在受让债权债务时受让人明确反对或者不知有单独仲裁协议的除外。也就是说，在当事人另有约定、受让人明确反对或者受让人不知有单独的仲裁协议这 3 种情形下，债权债务关系的转让不能突破仲裁协议的相对性，仲裁协议的效力不能及于债权债务的受让人。

本案中，《民法典》第九百三十九条所规定的建设单位作为合同当事人签订的前期物业服务合同对业主具有法律约束力，源于其他业主对房地产建设单位所签订的前期物业服务合同的概括承受，即建设单位同物业买受人签订房产买卖合同时，包含了双方之间转让前期物业服务合同的合意，业主因购买房产，概括受让前期物业服务合同的权利义务。但是，之所以认定涉案仲裁协议对合同债权债务受让人李某不产生约束力，就是基于李某作为买受人，虽然知晓并接受了北京某物业公司提供的物业服务，但其无从知晓涉案合同中仲裁条款的存在。

具体来说，李某与开发建设单位签订房屋转让合同在先，北京某物业公司与开发建设单位签订物业服务合同在后，在房屋转让合同签订之时，北京某物业公司提起涉案仲裁的仲裁条款尚不存在。且北京某物业公司也没有提供证据证明自身或者开发建设单位曾向李某提供或者出示过涉案的物业服务合同，因此，李某根本无从知晓在后签订的物业服务合同中存在仲裁条款的约定。根据《最高人民法院关于适用〈中华人民共和国仲裁法〉若干问题的解释》第九条的规定，李某与北京某物业公司之间没有请求仲裁的合意，记载于物业服务合同中的仲裁条款对李某也没有约束力。

编写人：北京市第四中级人民法院　郭　奕　周孟伟

经验交流

仲裁是国际通行的纠纷解决方式，也是我国社会治理体系中多元化纠纷解决机制建设的重要组成部分。世界范围内的法治发达国家，司法机关对于仲裁行为一般均秉持积极支持、有限干预的理念，仅在有限范围内进行监督。与此同时，法院在对仲裁活动进行司法审查期间，对于发现的问题也会进行纠正，通过司法审查规范仲裁机构的具体仲裁行为，提升仲裁公信力。

北京市第四中级人民法院自集中受理北京地区仲裁司法审查案件以来，积极发挥仲裁司法审查对仲裁高质量发展的规范引导和价值引领作用，树立支持和监督并重的司法理念，努力营造仲裁友好司法环境。北京市第四中级人民法院始终坚持充分尊重当事人意思自治、有限被动审查、慎重适用社会公共利益规则等原则，依法妥善审理仲裁司法审查案件，有效维护仲裁独立性与专业性，为提高仲裁公信力，助力仲裁成为多元化纠纷解决机制的重要一环贡献司法力量。

2022 年和 2023 年，北京市第四中级人民法院就国内商事仲裁司法审查工作先后发表两个年度报告，分别就案件审理期间发现的问题以及典型案例向社会进行发布，相应报告在业界产生重要影响。

北京四中院国内商事仲裁司法审查年度报告
（2019—2021）

仲裁是我国多元纠纷解决机制和社会治理体系的重要组成部分，也是市场化、法治化、国际化营商环境的要素之一。仲裁的健康发展，离不开司法支持与监督。人民法院仲裁司法审查工作是仲裁司法监督的重要形式。党的十八届四中全会指出，要“完善仲裁制度，提高仲裁公信力”。党的十九大和十九届历次全会精神和习近平法治思想，对推进国家治理体系和治理能力现代化，统筹推进国内法治与涉外法治，建设更高水平开放型经济新体制提出了新的要求，为我国仲裁司法审查工作指明了方向。为推动仲裁司法审查案件专业化审判，服务首都营商环境建设，根据2018年2月2日北京市高级人民法院发布的《关于北京市第四中级人民法院案件管辖的规定》，由北京市第四中级人民法院（以下简称北京四中院）集中管辖北京仲裁司法审查案件。自集中管辖北京仲裁司法审查案件以来，北京四中院坚持以习近平新时代中国特色社会主义思想为指导，深入贯彻习近平法治思想，聚焦商事纠纷多元化解决机制建设，不断规范仲裁司法审查，统一司法审查标准，促进仲裁制度的完善和仲裁公信力的提升，助力打造更加友好的仲裁法治环境，共同为服务北京“两区”建设、优化首都营商环境贡献力量。

一、北京四中院国内商事仲裁司法审查的总体情况

（一）收案数量呈现大幅增长态势

据统计，法院自2019年4月1日至2021年12月31日共收案2192件。2019年4月1日至12月31日收案468件，包括申请撤销仲裁裁决案件

313 件，申请确认仲裁协议效力案件 155 件。2020 年全年收案 756 件，包括申请撤销仲裁裁决案件 508 件，申请确认仲裁协议效力案件 248 件。收案总量较 2019 年同期同比增长 25.6%。2021 年全年收案 968 件，包括申请撤销仲裁裁决案件 662 件，申请确认仲裁协议效力案件 306 件。收案总量较 2020 年全年同比增长 28%。（见图 2.1、图 2.2）

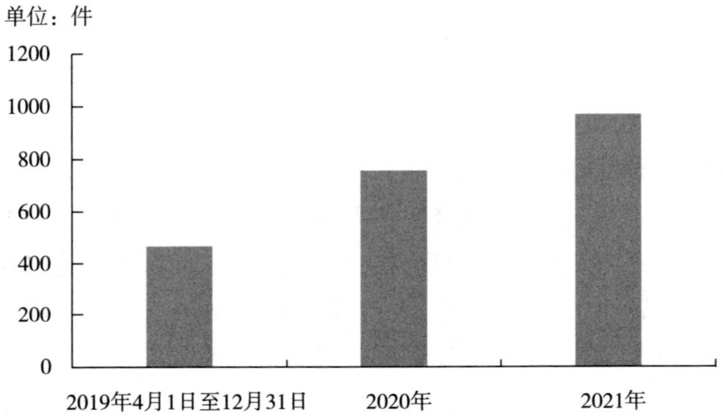

图 2.1　仲裁司法审查案件收案数

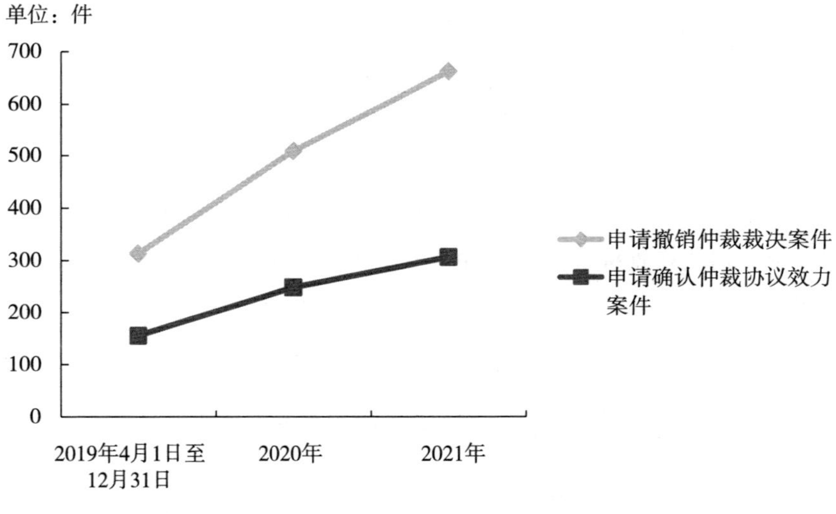

图 2.2　申请撤销仲裁裁决案件与申请确认仲裁协议效力案件

（二）当事人申请事由呈现多样化

当事人申请撤销仲裁裁决案件申请事由基本全覆盖《仲裁法》第五十八条规定的撤裁事由，包括双方没有仲裁协议、超出仲裁协议范围、违反法定程序、隐瞒足以影响公正裁决的证据、伪造证据、违背社会公共利益，还包括与案涉争议有关的实体问题。其中申请人提出仲裁程序违反法定程序、质疑仲裁实体问题占比最高，申请人提出对方隐瞒足以影响公正裁决的证据、伪造证据占比次之。申请确认仲裁协议效力案件的申请事由主要包括仲裁协议无效，仲裁协议不成立，仲裁机构约定不明，约定的管辖条款属于可仲裁可诉讼条款，仲裁协议对当事人不发生法律约束力等。（见图 2. 3、图 2. 4）

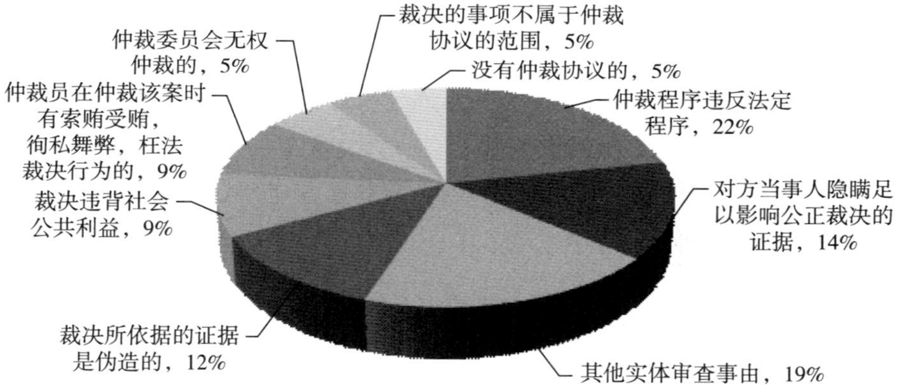

图 2. 3　申请撤销仲裁裁决案件申请事由占比

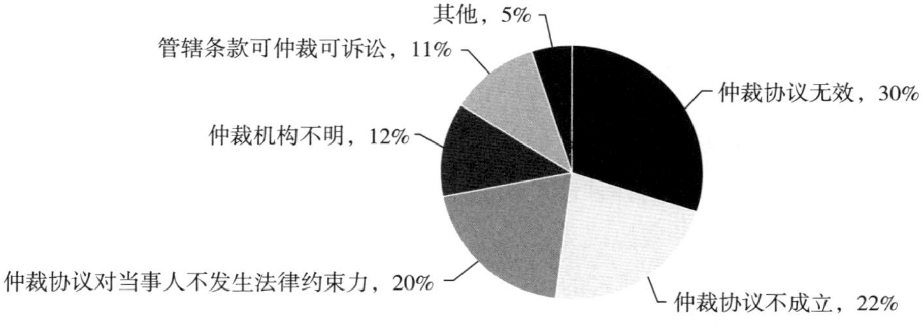

图 2. 4　申请仲裁协议效力案件申请事由占比

（三）有效司法监督的基础上保持尊重和支持仲裁的立场

2019 年 4 月 1 日至 2021 年 12 月 31 日共结案 2039 件，经审查裁定驳回当事人申请共 1699 件，占比 83.30%；立案后发现不符合受理条件的，裁定驳回当事人申请共 17 件，占比 0.83%；当事人撤回申请或按撤诉处理共 305 件，占比 15%；裁定仲裁庭重新仲裁 11 件，占比 0.54%；裁定撤销仲裁裁决共 4 件，占比 0.19%，裁定确认仲裁协议无效共 3 件，占比 0.14%。（见表 2.1、图 2.5）

表 2.1　2019—2021 年仲裁司法审查案件结案方式及数量

单位：件

年份	驳回当事人申请	撤诉或按撤诉处理	立案后发现不予受理	撤销仲裁裁决	确认仲裁协议无效	仲裁庭重新仲裁
2019	381	81	3	0	0	0
2020	601	132	8	2	2	3
2021	717	92	6	2	1	8

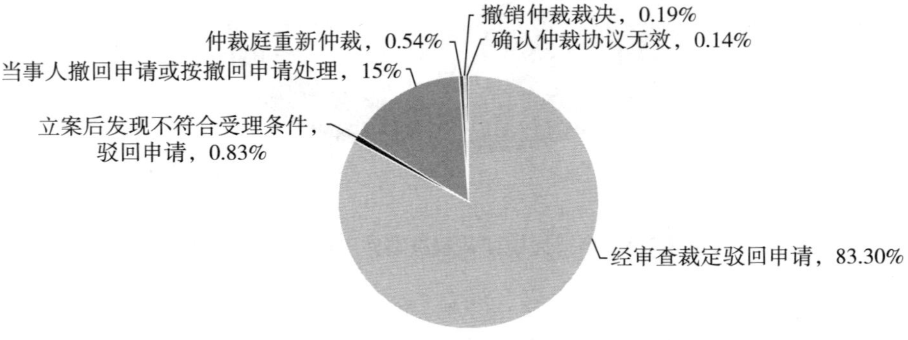

图 2.5　结案方式

仲裁司法审查尊重当事人的仲裁意愿，秉持有利于认定仲裁协议有效的原则，支持当事人选择仲裁解决纠纷。2020 年最终确认仲裁协议无效共 2 件，2021 年确认仲裁协议无效共 1 件。申请撤销仲裁裁决案件严格按照《仲裁法》第五十八条规定的事由审查，遵循司法审查的法定性。2020 年撤销仲裁裁决案件共 2 件，2021 年撤销仲裁裁决案件共 2 件。（见图 2.6、图 2.7）

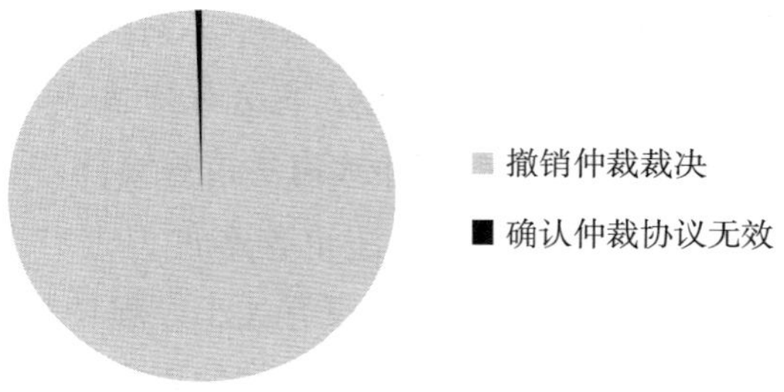

图 2.6 2020 年裁判仲裁协议无效、撤销仲裁裁决

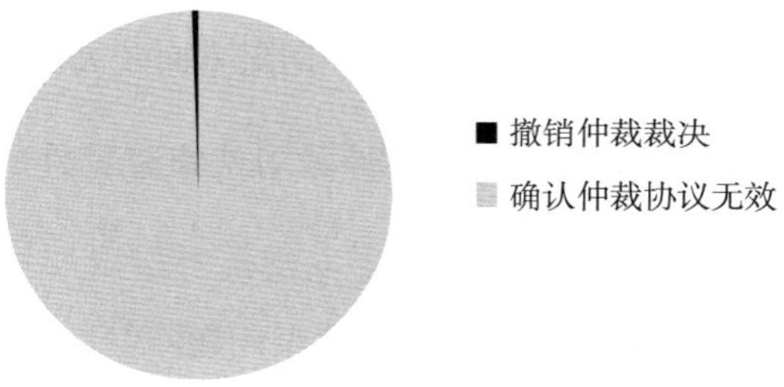

图 2.7 2021 年仲裁协议无效、撤裁占比

（四）积极探索较灵活的处理方式

仲裁司法审查程序中积极探索灵活的处理方式。例如，人民法院审理撤销仲裁裁决案件中发现仲裁程序存在问题，首先积极与相关的仲裁机构沟通，考虑建议仲裁庭重新仲裁，给予仲裁庭弥补程序缺陷的机会，纠正裁决错误，高效解决纠纷。

审理申请确认仲裁协议案件中，确有发现仲裁机构约定不明等事项，人民法院审判职能与双方当事人加强沟通，引导双方重新达成仲裁协议或诉讼条款，节约时间成本，从根本上解决了双方当事人管辖约定不明的难题。

（五）公正高效审结案件，大幅压缩办案周期

依据《仲裁法》第六十条的规定，人民法院审理仲裁司法审查案件期限为 2 个月。司法实践中，法院审结撤销仲裁裁决案件平均用时 45 日，审结申请确认仲裁协议效力案件平均用时 40 日。法院高效审结申请确认仲裁协议效力案件、申请撤销仲裁裁决案件，促进推动加快仲裁审理程序、仲

裁执行程序，有利于当事人及时解决纠纷，优化营商环境改善。

（六）进一步规范办案程序，充分保障当事人诉讼权利

《最高人民法院关于审理仲裁司法审查案件若干问题的规定》第十一条规定，人民法院审查仲裁司法审查案件，应当组成合议庭并询问当事人。目前，相关法律、司法解释没有关于办理仲裁司法审查案件程序的进一步规定，法院审理仲裁司法审查案件的程序采用承办法官询问、合议庭法官审查的形式，为保证审查程序规范化，借鉴第一审普通程序的程序流程。承办法官进行法庭调查、举证质证、法庭辩论、最后陈述等，但由于此类案件审限仅有 2 个月，在举证期限方面较灵活。

二、北京四中院国内商事仲裁司法审查案件的审查思路与裁判标准

（一）申请确认仲裁协议效力案件

1. 人民法院裁定不予受理的典型问题

（1）仲裁机构已对仲裁协议效力作出决定。依据《仲裁法》第二十条第二款、《最高人民法院关于确认仲裁协议效力几个问题的批复》（法释〔1998〕27 号）第三条、《最高人民法院关于适用〈中华人民共和国仲裁法〉若干问题的解释》第十三条的规定，人民法院受理当事人申请确认仲裁协议效力案件应满足以下条件：一是应在仲裁庭首次开庭前提出异议；二是仲裁机构未作出决定。仲裁机构行使自裁管辖权处理方式包括：仲裁机构直接作出决定书；因案件涉及仲裁案件的实体审理问题，仲裁机构授权仲裁庭对仲裁协议效力异议问题和实体问题一并处理。

审判实践典型问题的处理思路：一是依据上述法律规定，仲裁机构已针对当事人申请对仲裁协议效力问题作出决定书，当事人又向人民法院提出申请确认仲裁协议效力，人民法院不予受理。二是仲裁机构对当事人提出的管辖异议问题未作出任何处理，人民法院应对当事人提出的申请确认仲裁协议效力案件予以受理。

（2）已生效的裁判文书对仲裁协议效力作出认定。审判实践典型问题的处理思路：申请确认仲裁协议效力案件中，经审查，他案已生效的裁判文书涉及本案仲裁协议效力的认定，人民法院对于同一仲裁协议的效力不

宜重复认定，故该类案件不符合受理条件，人民法院不予受理。

（3）当事人在民事诉讼中以存在仲裁协议为由提出管辖权异议。审判实践典型问题的处理思路：民事诉讼中的被告以有书面仲裁协议为由对法院受理民事案件提出异议的，该法院有权对仲裁协议的效力进行审查认定。当事人向人民法院申请就同一仲裁协议确认效力的，人民法院不予受理。

2. 人民法院确认仲裁协议无效的典型问题

在申请确认仲裁协议无效案件中，当事人提出申请，不仅包括申请确认仲裁协议无效，还包括双方之间不存在仲裁协议、仲裁协议对其不发生法律效力等。

依据2021年12月31日《全国法院涉外商事海事审判工作座谈会会议纪要》第九十条的规定，当事人之间就仲裁协议是否成立、生效、失效以及是否约束特定当事人等产生争议，当事人申请人民法院予以确认，人民法院应当作为申请确认仲裁协议效力案予以受理，并针对当事人的请求作出裁定。目前在司法实践中，裁判观点亦认为双方之间仲裁协议是否成立、失效、仲裁协议是否对特定当事人具有约束力，影响纠纷的解决方式，属于需要解决的先决问题，上述争议争议属于广义的申请确认仲裁协议无效的争议。

审判实践典型问题的处理思路：一方当事人以双方未签订合同，从而未签订仲裁协议为由申请仲裁协议无效。人民法院应予以受理，依据《仲裁法》第十九条第一款、《最高人民法院关于适用〈中华人民共和国仲裁法〉若干问题的解释》第十条第二款的规定，仲裁条款具有独立性。人民法院在申请确认仲裁协议效力案中不审查合同是否成立，但需审查双方当事人是否具有将争议提交仲裁机构解决的合意。如当事人提交的证据不足以证明双方就仲裁协议达成合意，人民法院由此判定仲裁协议未成立。

（二）申请撤销仲裁裁决案件

1. “双方有无仲裁协议”争议中典型问题

（1）仲裁协议的法定权利承继人是否受到仲裁协议的约束。审判实践中典型问题处理思路：一是申请人以其与仲裁协议的继承人不存在仲裁协议为由主张撤销仲裁裁决。依据《最高人民法院关于适用〈中华人民共和国仲裁法〉若干问题的解释》第八条的规定，当事人订立仲裁协议后合并、分立的，仲裁协议对其权利义务的继受人有效。当事人订立仲裁协议后死亡的，仲裁协议对承继其仲裁事项的权利义务的继承人有效，当事人订立仲裁协议时另有约定的除外。故申请人主张其与仲裁协议的继承人不存在仲裁协议为由撤销仲裁裁决的，人民法院不予支持。

二是申请人以与保险公司之间不存在仲裁协议为由主张撤销仲裁裁决。被保险人与事故责任方事前签订合同并达成仲裁协议，保险事故发生后，保险公司经理赔获得保险代位求偿权，保险公司有权向事故责任方追偿，被保险人和事故责任方签订的仲裁协议对取得代位求偿权的保险公司是否有约束力。审判实践典型问题的处理思路：保险代位求偿权是法定债权转让，依据《最高人民法院关于适用〈中华人民共和国仲裁法〉若干问题的解释》第九条的规定，债权债务全部或者部分转让的，仲裁协议对受让人有效，但当事人另有约定、在受让债权债务时受让人明确反对或者不知有单独仲裁协议的除外。保险公司作为债权受让方，被保险人和事故责任方达成的仲裁协议，对保险公司具有约束力。申请人以与保险公司之间不存在仲裁协议为由撤销仲裁裁决的，人民法院不予支持。

（2）担保合同是否受主合同的仲裁协议管辖。审判实践中的典型问题处理思路：担保人以与债权人不存在仲裁协议为由主张撤销仲裁裁决，主合同中约定仲裁条款，担保合同中未明确约定仲裁条款。关于担保合同是否受到主合同仲裁条款的约束，人民法院应当分情形进行处理：

一是债务人以自身的财产提供担保或担保人是主合同的签订主体，主合同中约定仲裁条款，担保合同没有约定仲裁条款，也没有明确约定适用主合同中的仲裁条款的，除当事人明确约定排除主合同的仲裁条款适用外，可以认为主合同的仲裁条款对担保合同亦有约束力。担保人以担保合同不存在仲裁协议为由撤销仲裁裁决，人民法院不予支持。

二是第三人以自身财产为主合同提供担保或担保人并非主合同的签订主体，主合同中约定仲裁条款，担保合同未约定仲裁条款，担保合同中没有明确约定受主合同仲裁条款约束的，不能认定主合同的仲裁条款对担保合同当然具有约束力，担保人以担保合同不存在仲裁协议为由撤销仲裁裁决的，人民法院应予以支持。

（3）是否承认当事人默认接受仲裁条款管辖。审判实践典型问题的处理思路：一方当事人以“双方之间没有仲裁协议”为由主张撤销仲裁裁决，但经法院审理查明，该方当事人参加了仲裁程序，或者经仲裁庭有效送达收到仲裁通知书，但并未提出仲裁管辖异议，人民法院对其主张不予支持。

仲裁协议是当事人接受仲裁管辖的基石，人民法院应对双方是否存在仲裁协议进行司法审查。一方面，从实体角度审查，当事人之间是否存在有效仲裁协议的事实依据；另一方面，从程序角度审查，依据《最高人民法院关于适用〈中华人民共和国仲裁法〉若干问题的解释》第二十七条第一款的规定，当事人在仲裁程序中未对仲裁协议的效力提出异议，在仲裁裁决作出后以仲裁协议无效为由主张撤销仲裁裁决或者提出不予执行抗辩的，人民法院不予支持。仲裁规则也有默认承认仲裁管辖的规定，如《北京仲裁委员会仲裁规则》第六条中规定，当事人对仲裁协议的存在、效力或者仲裁案件的管辖权有异议，可以向北京仲裁委员会提出管辖权异议。管辖权异议应当在首次开庭前以书面形式提出，当事人约定书面审理的，应当在首次答辩期限届满前以书面形式提出。当事人未依照上述规定提出管辖权异议的，视为承认北京仲裁委员会对仲裁案件的管辖权。法院既从实体角度审查判断双方之间有无仲裁协议，又从程序角度审查当事人是否默认承认仲裁管辖。

2. “仲裁委员会无权仲裁”争议中的典型问题

（1）双方之间的协议是否为行政协议。审判实践典型问题的处理思路：部分申请人向法院主张《土地开发补偿协议》《国有土地使用权转让协议》等类似争议系行政争议，部分申请人主张协议主体为行政机关，涉案争议系行政争议，仲裁庭无权管辖。因《仲裁法》第三条第二项规定，下列纠纷不能仲裁：依法应当由行政机关处理的行政争议。如果双方当事人之间的争议属于行政争议，仲裁庭无权管辖。人民法院在仲裁司法审查过程中，需要对行政协议和民事合同进行区分认定，行政协议与民事合同最大的区别在于，行政机关以公权力行使者的身份与相对人订立合同，本质上并不是一种市场交易行为，仍然是一种行政权行使方式。《最高人民法院关于审理行政协议案件若干问题的规定》第一条、第二条明确行政协议的内涵和范围，行政协议包括四个要素：一是主体要素，一方当事人为行政机关；二是目的要素，必须为实现行政管理或者公共服务目标；三是内容要素，协议内容必须具有行政法上的权利义务内容；四是意思要素，即协议双方当事人必须协议一致。人民法院根据上述要素分析，对案涉协议的性质作出区分判断，进而判断仲裁庭是否有权审理涉案争议。

（2）当事人进入破产程序后，仲裁庭是否有权管辖。审判实践典型问题处理思路：申请人以一方进入破产程序，应由破产法院管辖，仲裁庭无权管辖为由，向法院主张撤销仲裁裁决。依据《企业破产法》第二十一条的规定，人民法院受理破产申请后，有关债务人的民事诉讼，只能向受理破产申请的人民法院提起。但受理破产申请的法院集中管辖并不能排除双方之间关于仲裁管辖的约定，仲裁庭有权依据仲裁协议进行仲裁。

3. “仲裁庭违反法定程序”存在的典型问题

（1）仲裁庭是否重复仲裁，违反一事不再理原则。申请人以仲裁庭重复仲裁、违反一事不再理原则，违反法定程序为由申请撤销仲裁裁决。从法院受理的国内申请撤销仲裁裁决案来看，人民法院参照民事诉讼“一事不再理”基本原理，围绕仲裁申请人的申请，审查前后两次仲裁是否相同的当事人、是否同一仲裁标的，是否同一仲裁请求，是否发生新的事实，并不干涉仲裁案件的实体审理，通过初步司法审查判断仲裁庭是否重复仲裁，从而违反法定程序。

（2）送达程序中是否违反法定程序。《北京仲裁委员会仲裁规则》《中国国际经济贸易仲裁委员会仲裁规则》关于送达程序均规定如果向仲裁被申请人送达不成功，则以被送达人最后一个为人所知的地址进行送达，即视为有效送达。但是，在法院的审查过程中，部分案件存在送达瑕疵：其一，仲裁庭向仲裁被申请人的一个地址进行送达，送达未成功后进行公证送达即完成送达工作，并没有完成对被送达人最后一个为人所知的地址进行确认。其二，仲裁申请人向仲裁庭所提供的联系方式和地址并非被送达人的有效地址，有的甚至是仲裁申请人己方的地址、联系方式，邮件签收后仲裁庭即认定完成送达工作。

（3）仲裁程序中涉及“刑民交叉”问题。人民法院受理的国内撤销仲裁裁决案件中，部分涉众型理财纠纷案件在仲裁审理过程中涉及刑事问题，仲裁庭未能移送公安机关，而径行按照民事争议处理方式作出仲裁裁决。就民事诉讼案件而言，民事案件涉刑移送审理的主要依据为《最高人民法院关于在审理经济纠纷案件中涉及经济犯罪嫌疑若干问题的规定》第十一条规定，经审理认为不属经济纠纷案件而有经济犯罪嫌疑的，应驳回起诉，将有关材料移送公安机关或者检察机关。但是《仲裁法》和仲裁规则中并未规定纠纷涉及刑事因素，仲裁庭可以将案件移送公安机关处理。另外，仲裁规则只对仲裁程序中止作出原则性规定，并没有明确涉及刑事案件应该中止审理。依据现有的法定审查程序，对于仲裁庭审理涉刑因素的仲裁案未中止审理并移送公安机关，人民法院并不能作出仲裁庭违反法定程序的认定。

三、关于进一步推动仲裁高质量发展的主要建议

（一）对仲裁机构的建议

人民法院依法对仲裁程序进行司法监督，发现仲裁部分程序瑕疵以及需要完善规则之处，虽然最后经审查决定未能达到撤销仲裁裁决的程度，但秉持着促进仲裁健康发展的态度，建议对于程序瑕疵进行修正，完善优化仲裁规则。

1. 建议仲裁规则明确规定仲裁程序涉及刑事案件应中止并移送公安机关或者检察机关

一是关于中止审理的情形进一步明确，如果刑事案件查明和审理结果涉及仲裁案件的事实认定，应中止审理。二是严格仲裁程序向公安机关的移送程序，明晰符合移送条件的标准，审慎处理当事人合意提交仲裁管辖与仲裁庭因涉刑因素移交管辖权之间的关系。法律和仲裁规则规定的涉刑中止移送程序是法院在法定权限内行使司法审查权的基础。

2. 建议规范送达程序

当事人以送达程序违反法定程序提出撤销仲裁裁决的频率高，经人民

法院审查，仲裁庭的送达程序存在诸多瑕疵问题，建议仲裁庭能够规范送达程序，对被送达人最后一个为人所知的地址确定有充分的说明，对于申请人提供的被申请人的地址和联系方式作出审查，规范公证送达的方式，不能简单将公证送达作为有效送达的手段。

3. 建议规范仲裁员披露规则

仲裁规则对于仲裁员应当披露事项进一步予以明确，仲裁员采用审慎的态度严格执行披露程序。

4. 建议规范审限规则

依据仲裁规则，仲裁庭应当自组庭之日起 4 个月作出裁决，有特殊情况需要延长的，经秘书长批准，可以适当延长。司法实践中当事人对于仲裁案件超出审理期限、延长审限不规范等问题质疑较多，建议《仲裁规则》增加延长审限的具体情形，仲裁庭规范延长审限操作，并及时有效告知仲裁当事人，减少因审限无限期延长引发的争端。

（二）对当事人的建议

1. 当事人应当谨慎签订仲裁协议，了解相关的仲裁规则、仲裁程序

人民法院在仲裁司法审查过程中，部分当事人表示对仲裁协议、仲裁裁决的质疑，希望法院能够对仲裁实体问题进行监督审查，分析其根本原因，部分当事人对于仲裁程序、仲裁规则缺乏清晰的法律认识。人民法院特别提醒当事人在谨慎签订仲裁协议时，避免因自身对仲裁规则及仲裁程序认识不到位从而签订仲裁协议，违反己方的选择争议解决方式的本意，从而请求确认仲裁协议无效、撤销仲裁裁决。

2. 当事人在合同中明确签订送达地址和联系方式

人民法院仲裁司法审查中，送达程序出现问题的主要原因在于仲裁申请方提供的地址与仲裁被申请方认可的地址出现不一致，双方事先明确约定送达地址、联系方式，能够保证己方在发生争议后，及时收到仲裁机构的通知，及时参加到仲裁程序中并保护程序权利不受损。

3. 避免滥用仲裁司法审查程序

人民法院在审查过程中，发现以下现象：部分申请人立案后不配合法院审理程序，故意拖延时间；部分当事人对同一仲裁裁决重复提出撤销仲

裁裁决申请，不同当事人对同一仲裁协议提出确认仲裁协议申请等。针对上述恶意情形，人民法院分别采取不予再次立案、加快审查程序、在文书中予以批评教育、发送司法建议甚至罚款等方式予以规制，引导当事人正当行使权利。

（三）对社会公众的提示

1. 正确认识仲裁司法审查程序

人民法院仲裁司法审查并非仲裁庭的二审或者再审程序，主要依据《仲裁法》第五十八条的规定进行审查，当事人因质疑仲裁裁决的实体审理应审慎启动司法审查程序。

2. 有效防范恶意启动仲裁司法审查程序

恶意启动仲裁司法审查程序企图延缓仲裁程序、拖延仲裁执行程序的行为，浪费司法资源，破坏社会诚信建设和营商环境，对于恶意启动撤销仲裁裁决程序、申请确认仲裁协议效力程序的当事人，人民法院将会加强恶意启动仲裁司法审查程序的识别，并采取有效措施进行规制。

北京四中院2022年度国内仲裁司法审查案件年度报告

仲裁是我国多元化纠纷解决机制和社会治理体系的重要组成部分。北京市第四中级人民法院（以下简称北京四中院）自集中受理北京地区仲裁司法审查案件以来，坚持以习近平新时代中国特色社会主义思想为指导，深入贯彻习近平法治思想，围绕党的十八届四中全会提出的“完善仲裁制度，提高仲裁公信力”的目标，致力发挥仲裁司法审查对仲裁高质量发展的规范引导和价值引领作用，为仲裁事业蓬勃发展提供良好司法保障。

2022年度，北京四中院在审理仲裁司法审查案件中，以依法监督、支持仲裁为原则，充分尊重民商事主体选择仲裁方式解决合同争议的本意，实现司法与仲裁良性互动，助力打造北京国际商事争端解决优选地，积极服务和融入首都经济社会新发展格局；以专业化审判促进案件高质效审理，紧贴数字经济时代产生的新情况、新问题，及时总结审判经验、统一裁判标准、明确法律适用，妥善处理一批触及社会热点问题的新类型案件，推动完善仲裁司法审查制度发展；积极探索促进多元解纷方式，凝聚法院跨部门合力，灵活运用示范性裁判、诉前化解指引、立案协调等方式，消解近千案件，有效节省群众解纷成本；以公正审理为基础，提炼总结社会公众关心关注的仲裁法律问题、热点问题，采用多种形式延伸司法服务，创新开拓司法为民途径，为加快法治中国首善之区和北京国际仲裁中心建设努力贡献司法智慧和司法方案。

一、北京四中院国内仲裁司法审查案件的总体情况

2022年，法院新收国内仲裁司法审查案件938件，收案数量继续保持

高位，总体呈现持续增长趋势。其中：新收申请撤销仲裁裁决案件549件，占比58.5%，同比下降10个百分点；新收申请确认仲裁协议效力案件389件，占比41.5%，同比上升10个百分点。

2022年，法院共审结国内仲裁司法审查案件869件，其中：审结撤销仲裁裁决案件562件，占比64.7%；审结确认仲裁协议效力案件307件，占比35.3%。

全年收、结案总数与2021年度基本持平。

（一）申请撤销仲裁裁决案件审理情况

1. 规范司法审查标准，坚持依法审查和司法有限监督原则

法院在办案中始终坚持依法审查和司法对仲裁有限监督原则，在《仲裁法》第五十八条规定的可撤销裁决范围内，依照当事人申请事由及案件事实依法审查，不主动扩大审查范围。充分尊重仲裁庭对涉案事实查明、说理论证、程序决定等事项的自由裁量权，对不属于法律规定的撤裁事由明确不予支持，依法保护各方当事人合法权益。

审判发现，部分当事人对仲裁司法审查程序缺乏清晰认识，期待人民法院在此程序中对仲裁案件进行实体审查。主要理由包括对仲裁庭举证责任分配、证据的采信、事实认定以及裁决结果等持有异议，反映出当事人对仲裁司法审查程序认识不充分，对仲裁“一裁终局”的特点了解不足。

2. 撤裁率保持较低水平，显示出北京仲裁裁决质量整体水平较高

2022年，法院共审结申请撤销仲裁裁决案件562件，其中撤销仲裁裁决的有7件。

法院尊重仲裁的特点和规律，统一裁判尺度，遵守向上级法院报核制度，保障正确审理案件。整体而言，北京地区各仲裁机构的仲裁规则及配套执行细则较为完善，从仲裁案件的受理、仲裁文件的送达、开庭审理程序等形成了规范化、精细化、具有自身特色的规则体系。仲裁员在各自专业领域素质过硬，具备良好职业操守和道德规范。仲裁文书制作规范，仲裁程序时间节点记录清楚，裁决说理部分条理清晰，有较好的法学理论水平。

3. 支持仲裁庭重新仲裁，体现司法对仲裁的监督和仲裁对司法监督的尊重

2022 年，法院审结 562 件申请撤销仲裁裁决案件，其中以重新仲裁结案的有 7 件。

对于仲裁程序存在问题，但可以通过重新仲裁予以弥补的，法院支持仲裁庭通过自行重裁弥补程序瑕疵。通过建议仲裁庭重新仲裁，解决仲裁“瑕疵”。既尊重了当事人选择仲裁的意愿，又体现了仲裁庭对司法监督的尊重与理解，实现提升解纷效率，维护仲裁公信力的良好效果。

（二）申请确认仲裁协议效力案件的审理情况

1. 申请确认仲裁协议效力类型进一步扩大

2022 年，法院新收确认仲裁协议效力案件 389 件，申请事由从之前单纯确认仲裁协议有效或无效，进一步扩大到仲裁协议是否成立、生效、失效以及是否约束特定当事人等多种情形。

2. 严格依照法律法规对仲裁协议效力进行解释认定，促进多元纠纷解决机制发展

2022 年，法院共审结确认仲裁协议效力案件 307 件，除网络消费确认仲裁协议效力案件外，确认仲裁协议无效或不成立的有 16 件。

法院尊重当事人仲裁意愿，秉持有利于仲裁协议有效的原则，对仲裁协议依法进行解释评价，保证当事人在选择仲裁时的意思自治得以实现，保障仲裁机构依法享有纠纷管辖权。对有瑕疵的仲裁协议，按照双方本意、利于协议有效的原则作出认定，并帮助当事人达成补充协议。对确无协商可能的，高效完成报核程序，帮助当事人尽快进入实体解纷流程。对双方当事人要求进行案件实体争议调解的，为双方提供“一站式”调解引导。

3. 涉网络消费合同案件数量大幅增长，凸显消费者仲裁维权新问题

此类案件的申请人多为通过互联网购买教育服务的学员，他们中的大多数人对仲裁了解不多，发生纠纷后对仲裁协议抵触情绪强烈。被申请人是通过网络提供线上培训服务的经营者。审理中发现，该类案件的仲裁协议多约定在网络经营者一方提供的电子合同中，部分经营者在电子合同中

就仲裁条款未给予消费者足够提示。有的网络经营者出于便利自身应诉的目的，事先拟定服务协议并选择北京仲裁机构解决争议。受线上交易及格式条款特点限制，消费者与经营者协商的空间较小。

对此，法院在注重维护仲裁契约性的同时，更注重保护消费者合法权益，致力于建立平衡保护规则。仲裁条款是格式合同中与合同相对方有重大利害关系的条款，对具有格式条款特征的仲裁协议，格式合同提供方未就仲裁条款以引起相对方注意的文字、符号、字体等特别标示的方式提醒消费者注意的，法院依法认定该仲裁协议不成立。同时，法院与相关仲裁委就消费者权益保护建立有效沟通协商机制，经法院调解促成双方达成新的争议管辖协议或经法院调解实质化解争议后，申请人撤回申请共44件，取得良好的治理效果。

二、北京四中院办理国内仲裁司法审查案件的主要经验和做法

（一）深化多措并举助力矛盾化解，充分发挥人民法院司法裁判指引功能

法院对2022年受理的涉网络教育确认仲裁协议效力案件进行调研。一方面，明确了购买网络教育培训服务的自然人具有消费者属性，最大限度保障消费者的合法权益；另一方面，逐步统一此类合同仲裁条款效力认定的裁判规则，促成近千件纠纷以非诉方式化解。同时，法院还建立诉讼指引台账，将机构名称、裁判结果、解纷指引逐项列明，并提供有效裁定，保证当事人立案“最多跑一次”。对持同一企业相同仲裁协议的当事人，指引当事人到相应法院或仲裁机构立案，打通当事人解纷“绿色通道”。经工作，教育机构提供的合同范本趋于规范，消费者对仲裁解纷的接受度、了解度也越来越高，形成了“解决一案，治理一片，信任更深”的社会治理效果。

（二）拓展审判职能外延，促进仲裁机制建设和仲裁公信力提升

法院立足仲裁司法审查职责，秉承支持与监督并重、规范与引导结合的仲裁司法审查理念，积极延伸审判职能。2022年度共向各仲裁机构发送司法建议3份，针对司法审查过程中发现的仲裁程序适用、裁决尺度统一、

仲裁员行为规范等问题提出意见建议 9 条。各仲裁机构积极与法院沟通反馈意见，通过修改送达规则、强化仲裁员培训和案件规范处理等方式积极回应，有效促进了仲裁质量的提升。

（三）积极开展普法宣传，提升仲裁司法审查的透明度和可预期性

法院努力满足人民群众司法新需求，传播司法正能量，为人民群众提供优质可读的法律产品。深度挖掘仲裁司法审查典型案例，就仲裁司法审查案件案件申请费、审查方式、法律依据、终局程序、生效流程、保密公开、违法惩戒等群众关心问题进行详细说明。通过电台直播、发布普法文章、制作普法短视频等方式将办案过程中发现的生活盲点、法律要点转化为“可视、可听、可读、可懂”的法律公开课。

（四）加强与仲裁机构良性沟通，助力构建多元解纷机制

法院重视加强与仲裁机构的良性沟通，与北京仲裁委员会、中国国际经济贸易仲裁委员会建立多元解纷机制。对当事人提出的仲裁程序性问题，需要向仲裁庭调查事实、核实信息、调取卷宗等，通过发函、电话、公邮等方式向仲裁机构进行查明。对案件事实、法律关系疑难复杂的案件，既听取当事人的意见陈述，也接收仲裁庭的说明意见，保障法律正确适用。

（五）聚焦体制机制创新，开通司法为民快车道

2022 年，法院克服疫情不利影响，采用多种措施持续提高仲裁司法审查案件审判质效，通过全流程线上办案，彰显现代司法效率。坚持调解先行裁判断后、创新审判流程等方式，努力使纠纷尽快进入实体审理及执行程序，帮助当事人进入解纷“快车道”。

居家办公期间利用云法庭开庭 150 余件案件，全部诉讼材料均通过微信、邮箱、企业账号等当事人接受、认可的方式完成电子送达。全年案件 100% 按照审限规定完成审理。审判团队抓紧前端研判，对具有典型性、双方矛盾缓和、法律适用明确的案件，在双方当事人同意的情况下优先适用调解，让办案跑出加速度，全年通过调解撤诉结案 127 件，收到当事人锦旗、感谢信 10 余次。

三、进一步推动仲裁高质量发展的建议与提示

（一）对仲裁机构的建议与提示

1. 注重提升仲裁服务基层社会治理的能力水平

随着经济社会的发展，选择仲裁解决纠纷的人越来越多，对仲裁提出更高的要求。仲裁机构应更加充分发挥自身优势，确立服务社会治理、妥善解决纠纷的工作目标。加强“涉众”“涉刑”案件管理和裁决尺度统一，对涉及人数多、范围广的涉众型案件承担起社会责任，提高群体性案件化解力度，做好当事人的释法说理工作，真正实现“妥善解决纠纷”的目标。

2. 不断完善仲裁程序规则

进一步规范仲裁员选任及管理，提高仲裁员行为规范度，完善仲裁员信息披露机制，严格办案规范。完善仲裁送达规则，规范送达程序。加强仲裁员培训管理，统一裁决尺度。

3. 加强虚假仲裁识别应对

仲裁机构和仲裁庭在仲裁程序各环节均应加强对虚假仲裁的识别与应对。在案件受理阶段对当事人进行警示，说明虚假仲裁的法律后果；裁决过程中要充分考虑我国法律的基本制度、社会和经济生活的基本价值取向，克服对证据真实性等判断的局限性，审慎认定案件事实，维护仲裁公信力。

（二）对仲裁当事人的建议与提示

1. 积极参与仲裁，充分行使自身权利

仲裁解纷十分依赖当事人自身积极行使权利。同时，由于仲裁具有“一裁终局”的程序特点，因当事人自身原因而权利丧失后救济途径有限。因此，当事人应充分重视举证、质证、发表意见等各项程序、实体权利的行使。各种程序性权利应在仲裁中及时提出。对未及时提出并全程参与仲裁的，视为当事人以主动行为接受并对相应程序无异议。

2. 恪守诚信原则，尊重仲裁裁决

仲裁是我国法定解纷方式，仲裁裁决书一经生效即产生法律强制力。

当事人在选择仲裁解纷后应当尊重仲裁机构完整的仲裁权，尊重仲裁庭关于程序选择、事实认定、法律适用、实体权利义务和争议事项裁决的决定，承担选择仲裁解决纠纷的后果，做到诚信仲裁。

3. 依法行使权利，杜绝虚假行为

严禁以各种方式虚假诉讼、拖延执行。对存在虚假诉讼、拖延仲裁执行的，法院将根据案件的具体情况采取不予立案、发送司法建议、司法惩戒等方式予以规制，引导当事人依法正确行使权利。

（三）对社会公众的建议与提示

1. 加强对相关法律规定的学习，充分认识仲裁与诉讼的不同特点

特别注意仲裁“一裁终局”的程序特点，司法无权对仲裁庭自由裁量权范围内的事项进行审查、置评，仲裁司法审查程序不是解决对仲裁裁决不满的“后悔药”。

2. 明确仲裁协议的内容，避免纠纷发生时引发歧义

合同订立后当事人即受其约束，因此在签订合同时应当审慎、全面审查合同内容。仲裁协议是仲裁机构受理案件的前提，合同各方应以书面的方式明确约定纠纷解决方式，具体的仲裁规则、仲裁地点等，使仲裁协议更具完整性。在实践中，存在极个别商家试图通过格式条款排除消费者通过诉讼来解决消费争议的权利，或通过单方面公告将解决方式由原合同中的诉讼变更为仲裁等情况。自然人主体在订立合同时需更加注意。

3. 综合考虑商事活动各具体情况，厘清多方主体法律关系

一般情况下，仲裁协议只对协议签字方有效，但未在仲裁协议签字的当事人也有可能受到仲裁协议的约束，如债权转让的受让者、法定继承人等。此外，还需注意要求合同相关方及时披露和告知仲裁协议情况，避免不知情的情况下“被签订”。

4. 保存好商事谈判、履行、终止的相关材料

在民事交易中，双方的交易行为通过一系列签署的合同文本予以确定，但合同谈判、履行、终止的相关材料，包括微信、电子邮件等能够反映双方磋商及履行的过程，对于当事人在庭审中证明自己的“真实意思表示”有着重要作用，应当妥善保留。

理论前沿

仲裁是当事人接受由中立第三方民间机构或个人通过和平理性方式对争议纠纷予以评判的纠纷解决方式。与通过国家强制机关解决纠纷的诉讼制度不同，仲裁以其自身所固有的自主性、灵活性、高效性、保密性等特质，在诸多争议解决途径中享有一席之地。仲裁司法审查制度的重要价值，在于对仲裁者公正行使权利予以适当监督，保障仲裁制度合理运行。如何在尊重仲裁客观规律、尊重仲裁与诉讼的差异性的基础上构建逻辑自洽、体系完备的仲裁司法审查规则，是我国仲裁制度进一步发展必须面对和解决的重要问题。

北京市第四中级人民法院在仲裁裁决司法审查实践中遵循制度构建的基本原理，立足基本法理和制度体系协调自洽的要求，就数字经济时代出现的涉网络消费合同确仲新类型案件深入开展调研。此外，在《仲裁法》修改期间，对于裁决救济制度是否需要保留现行“双轨制”等热点问题，北京市第四中级人民法院的一线工作人员也进行了探讨。

关于网络消费合同中仲裁协议效力认定问题的调研报告

郭　奕[*]　王　静[**]　秦　晋[***]
邱治朝[****]　周孟伟[*****]　程　宏[******]

随着大数据、5G、ChatGPT 等新兴技术的发展，互联网逐渐实现了全球覆盖，互联网平台的利用率和普及率更是节节攀升，网络消费者群体壮大，网络消费种类繁多，数字经济推动得如火如荼，线上交易并订立相关网络消费合同已成为常见的商业模式。在新事物的发展过程中，难免会伴随着问题，如网络消费合同引发的纠纷近年来呈增多趋势。申请确认仲裁协议效力案件解决的是合同纠纷管辖问题，相关裁判结果直接关系争议解决的路径。网络消费合同所涉及的合同金额往往不大，而仲裁机构收取的仲裁费用相对诉讼费用又普遍较高，因此大多数消费者会因仲裁费用高昂且路途遥远等原因，对合同中约定的仲裁条款持有异议，在就合同纠纷提起实体争议前不得不选择先向法院申请确认仲裁协议无效。消费者提出的申请理由主要为网络经营者在签约前后未就争议管辖事项对其进行充分提示，导致纠纷发生后才意识到此条款存在。与网络消费相关的确仲案件具有专属性双重特点，人民法院在审理这类案件时一方面要坚持以依法监

* 郭奕，北京市第四中级人民法院刑庭庭长。
** 王静，北京市第四中级人民法院综合审判庭法官。
*** 秦晋，北京市第四中级人民法院综合审判庭法官助理。
**** 邱治朝，北京市第四中级人民法院审判管理办公室法（研究室）法官助理。
***** 周孟伟，北京市第四中级人民法院综合审判庭法官助理。
****** 程宏，北京市第四中级人民法院综合审判庭法官助理。

督、支持仲裁为原则，充分尊重民商事主体选择仲裁方式解决合同争议的本意；另一方面要充分体现司法人民性，依法保护在网络消费活动中相对弱势地位的消费者合法权益。由于我国立法目前尚未就网络消费合同中仲裁协议的效力问题作出专门规定，相关司法实践中对此类合同所涉仲裁协议效力认定的审判理念及裁判规则均存在较大差异。基于立法上对该问题的不完备，司法实践裁判不统一的现状，为了建立兼顾司法支持仲裁的基本理念，依法维护消费者权益的价值取向，发挥示范性裁判的价值导向功能的新型裁判理念，促进数字经济时代网络消费活动健康有序发展，尽快形成对网络消费合同中仲裁协议效力审查认定的统一标准具有重要的实践意义。本课题通过统计近三年来网络消费合同仲裁协议效力认定案件数据，在此基础上，调研组总结出目前立法、司法实践、行政监管、社会影响层面存在的问题，综合分析后提出相关立法、行政管理建议，并重点对司法实践中对这类合同涉及格式条款的裁判理念、法律适用、事实认定等提出规范性意见。

一、涉网络消费合同确认仲裁协议效力案件概况

（一）样本案件基本情况

1. 案件数量

课题组依托中国裁判文书网，收集到2016年至2023年全国各级人民法院审理的网络消费合同案件中，涉及对网络消费合同仲裁协议效力作出认定的案件共431件，以此作为样本进行分析。① 从地域分布来看，对比北京、上海、广东、其他地区法院审结的案件数量可知，上述地区法院分别审结301件、14件、33件、83件，其中北京市第四中级人民法院（以下简称北京四中院）审结的涉网络教育培训申请确认仲裁协议效力案件255件。（见图3.1）

① 本报告依托中国裁判文书网平台，统计时间范围为2016年1月1日至2023年7月24日，识别口径为：裁定书中出现“申请确认仲裁协议效力”与“网络、电子签名、网签、金融服务、网络教育培训、借贷、借款、网络购物、网络买卖、网络服务”任一关键词的涉网络消费合同申请确认仲裁协议效力案件，文书类型涵盖判决书、裁定书，审级涵盖一审、二审、再审。

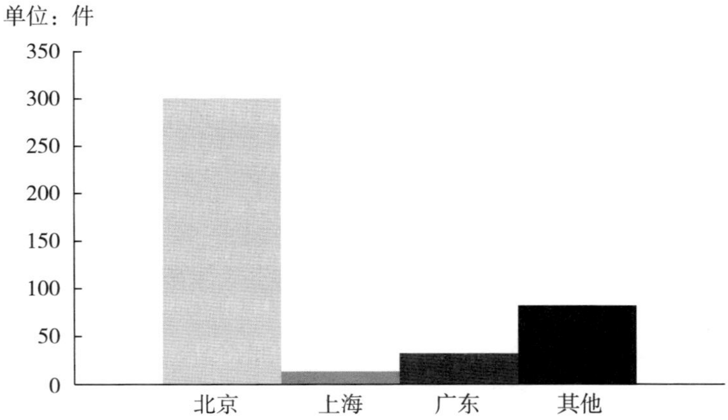

图 3.1　案件分布数量

2. 北京四中院受理网络消费合同确仲案件基本情况

2020 年 1 月 1 日至 2023 年 7 月，北京四中院共受理申请确认国内仲裁协议效力案件 1300 件，结案 1223 件，其中驳回申请（确认仲裁协议有效）1140 件，经报核后确认无效/不成立 61 件。其中，涉“网络教育培训”的确仲案件收案 293 件，占确仲案件总数的 23%，结案 255 件，其中确认仲裁协议不成立/无效 43 件。

3. 样本案件主要类型

从合同内容来看，随着数字经济的快速发展，交易方式增多使网上商业交流频繁，网络消费形式不断丰富，涉网络消费合同具体所涉及领域行业极多。课题组根据所收集案件样本发现涉网络消费合同中，主要类型可以分为网络服务合同、网络买卖合同、网络金融消费合同，三类合同分别审结 337 件、57 件、37 件。（见图 3.2）

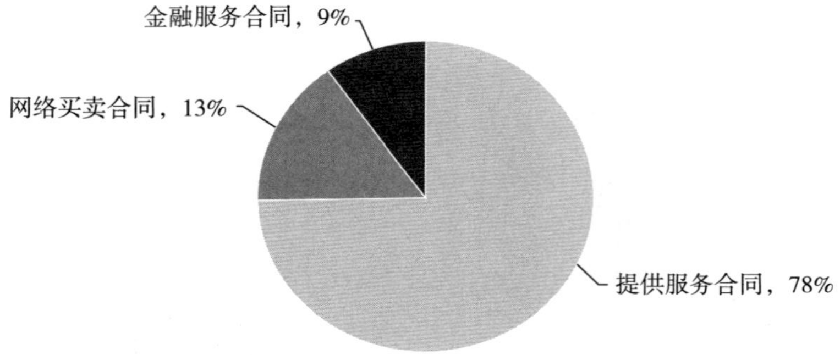

图 3.2　网络消费合同数据统计

从审判程序来看，课题组对所收集的案件样本进行分析，主要在以下两种诉讼程序中涉及对仲裁协议的效力进行认定：（1）在申请确认仲裁协议效力特别程序案件中对仲裁协议效力进行认定；（2）在民事诉讼管辖权异议程序中对仲裁协议效力进行认定。样本案件中，其中适用特别程序审理案件数为 357 件，适用管辖权异议程序审理案件数为 74 件。

4. 当事人主张仲裁协议无效的主要理由

根据对样本案件进行分析，当事人无论在特别程序案件还是在管辖权异议程序中，针对仲裁协议效力主张无效的理由有以下几种：（1）直接引用《最高人民法院关于适用〈中华人民共和国民事诉讼法〉的解释》（以下简称《民诉法解释》）第三十一条规定申请确认仲裁协议无效，有 10 件；（2）引用《消费者权益保护法》第二十六条规定申请确认仲裁协议无效，有 2 件；（3）从实体法角度引用有关格式条款规定申请确认仲裁协议无效，其中认为未尽到提示说明义务的有 264 件，法院审理后认为具备格式条款无效情形的有 102 件；（4）认为涉案合同本身无效，有 5 件；（5）认为仲裁协议不成立，有 56 件。（见图 3.3）

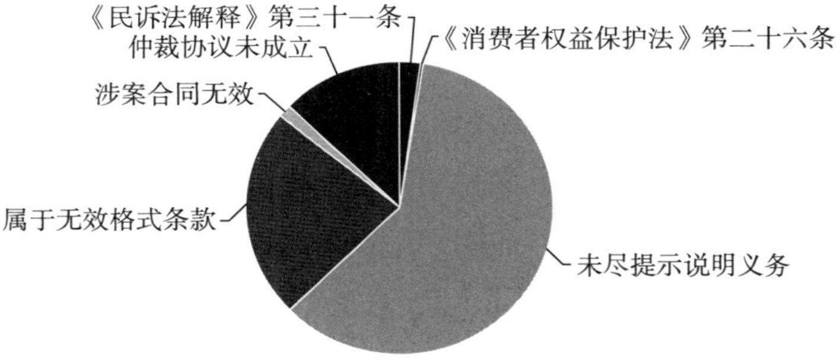

图 3.3 申请理由

5. 法院对仲裁协议效力裁判的基本情况

样本案件中，法院裁定仲裁协议有效案件共 351 件，主要理由如下：(1) 仲裁协议依法成立且不具备法定无效情形，有 142 件；(2) 仲裁协议虽属格式条款但不具备法定无效情形，有 194 件；(3) 仲裁协议是格式条款但提供方已尽提示或说明义务，有 201 件；(4) 当事人未在开庭前提出异议，有 1 件；(5) 仲裁协议属于非格式条款，有 8 件。（注：此处数据总和大于样本量，因为具体案件存在多个申请理由）（见图 3.4）

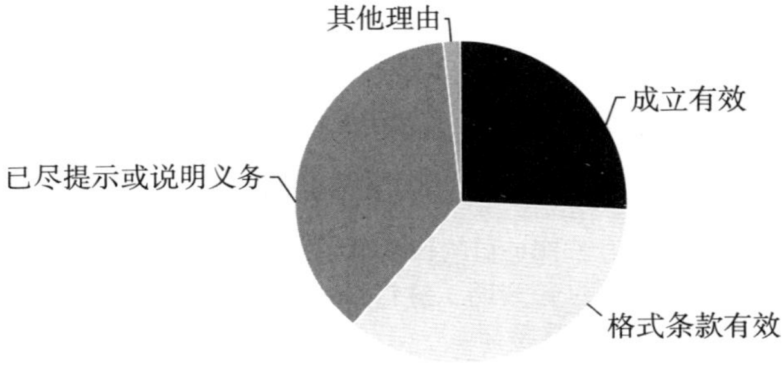

图 3.4 仲裁协议有效

法院对仲裁协议效力作出否定性认定的案件有 96 件，其中在申请确认仲裁协议效力特别程序案件中确认无效 43 件，在管辖权异议程序中对仲裁协议效力作出否定性评价 53 件。

确认无效的主要理由：一是仲裁协议缺少法定要件不成立，有 22 件；二是作为格式条款的仲裁协议没有尽到提示或者说明义务，有 69 件；三是

认为管辖协议无效，有 5 件。（见图 3.5）

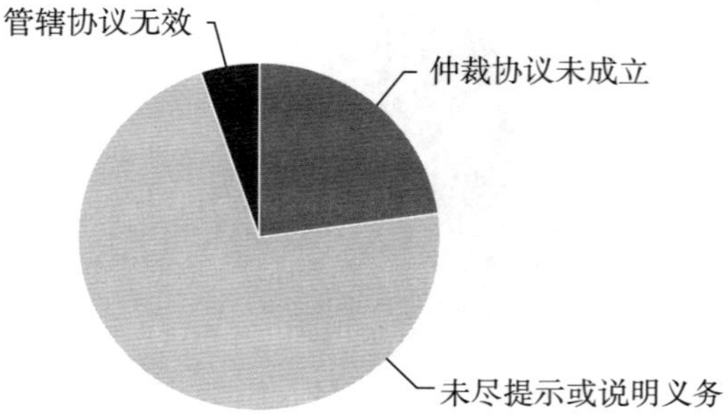

图 3.5　仲裁协议无效

6. 几种典型的案件类型

对经审理确认仲裁条款有效和确认仲裁条款不成立/无效的案件，总结出具有典型意义，能体现基本裁判思路的四种类型案件。具体情况如下：

（1）经审理确认仲裁协议有效案件类型

表 3.1　类型一：非格式条款（订立过程具有可协商性）

仲裁协议内容	因签订或履行本合同产生的争议由北京仲裁委员会仲裁解决。
合同订立方式	双方线上达成购课的意向后，教育机构向学员提供制式合同文本，学员线下阅读合同后再签字确认。
提示说明	仅仲裁条款标题处以黑体字提示注意。
主要裁判理由	1. 仲裁条款标题处以黑体字提示注意； 2. 合同订立过程表明，签订涉案合同经过双方协商，涉案仲裁条款不符合格式条款特征。
审理结果	驳回申请人申请确认仲裁协议无效的申请（仲裁协议有效）。

表 3.2　类型二：格式条款（尽到提示说明义务）

仲裁协议内容	因本合同引起的或与本合同有关的任何争议，均提请北京仲裁委员会，按照其仲裁规则进行仲裁。仲裁裁决是终局的，对双方均有约束力。
合同订立方式	网签电子合同。

续表

提示说明	1. 仲裁条款进行了字体加粗并添加了下划线。 2. 合同首部载明：您在申请账户开通点击同意前，应当认真阅读协议，请您务必审慎阅读、充分理解协议中相关条款内容，其中包括：（1）与您约定免除或限制责任的条款；（2）其他以粗体下划线标识的重要条款…… 3. 学员在支付款项前会收到关于合同内容的弹窗提示，合同阅读界面有八秒左右的强制阅读时间，读秒后才可以关闭合同阅读界面进行支付。
主要裁判理由	仲裁条款以字体加粗并添加下划线的方式履行了提示义务。 申请人作为完全民事行为能力人，自愿通过手机注册成为某网学员，并签字确认了仲裁条款。 申请人并未提交充分证据证明其签署仲裁条款时存在被胁迫或违背其真实意思表示的情形。
审理结果	驳回申请人申请确认仲裁协议无效的申请（仲裁协议有效）。

（2）经审理确认仲裁协议无效/不成立案件类型

表 3.3　类型一：格式合同（未尽到提示说明）

仲裁协议内容	任何一方对本协议的内容或履行有争议的，双方应协商解决。协商不成任何一方均有权向北京仲裁委员会申请仲裁解决。
合同订立方式	通过“法大大”App 签订电子合同《报名协议》。
提示说明	《报名协议》系由某公司提供的网签合同，其中的仲裁条款以普通字体印刷，形式上亦未以加粗加黑等显著形式予以提醒注意。
主要裁判理由	《报名协议》具有事先拟好、反复使用以及在订立合同时未与对方协商的特点，因此该合同属于格式合同； 争议解决条款是合同的主要条款，应属于与当事人有重大利害关系的条款，作为该协议制定方的某公司应向合同相对方履行提示或者说明的义务，某公司未提交证据证明其对仲裁条款向相对人尽到合理提示及说明义务。
审理结果	确认仲裁协议不成立。

表 3.4　类型二：提供格式条款一方对可协商性负有举证责任

仲裁协议内容	“争议处理”约定：……双方发生争议时，可以协商解决，协商不成的，可请求消费者协会或相关行业协会调解，或向有关行政部门投诉，或者双方一致同意选择以下第二种方式（单选）解决：1. 依法向人民法院提起诉讼。2. 依法提请北京仲裁委员会按照其仲裁规则进行仲裁。
合同订立方式	网签电子合同。
提示说明	仲裁条款未通过加粗字体、添加下划线等方式进行提示说明。
主要裁判理由	案涉仲裁条款系某公司预先拟定好，面向不特定人重复使用的合同条款，具有事先拟好并反复使用的特点，且某公司未提交证据证明就该条款内容与对方进行过协商，因此，案涉仲裁条款符合法律规定的格式条款的特征，应认定为格式条款； 争议解决条款是合同的主要条款，应属于与当事人有重大利害关系的条款，作为该协议制定方的某公司应向合同相对方履行提示或者说明的义务，某公司未将《培训服务合同》中的仲裁条款以加粗字体等合理方式提醒对方注意，致使合同相对方没有注意或理解该仲裁条款。某公司也未提交证据证明其对仲裁条款向相对人尽到合理提示及说明义务。
审理结果	确认仲裁协议不成立。

（二）人民法院审理网络消费合同仲裁协议的逻辑梳理

调研组对样本案件裁判思路进行梳理，法院审查网络消费合同格式仲裁条款基本遵循以下裁判思路。

1. 审查仲裁条款是否为格式条款——形式要件

样本案件中，法院对网络消费合同中仲裁协议是否为格式条款，主要有以下两种裁判观点：一种观点认为，仲裁条款属于格式条款，应结合案件事实进一步审查提供合同一方是否尽到提示说明义务。另一种观点认为，应先综合考虑缔约过程、合同订立方式和内容（是否手写、可选择等）因素认定仲裁条款是否属于格式条款，在此基础上再按照格式条款或非格式条款的标准进行判断。

2. 审查格式仲裁条款的效力

仲裁条款被认定为格式条款，法院对格式仲裁条款效力作出评判的法律依据主要为《仲裁法》第十七条及《民法典》第四百九十六条、第四百九十七条关于格式条款的规定。大多数法院认为格式仲裁条款的约定不能视为免除或减轻其责任、加重对方责任，排除或限制对方的主要权利，格式仲裁条款并不会因为《民法典》第四百九十七条第二项、第三项当然无效。在管辖权异议程序中，有的法院直接引用《民诉法解释》第三十一条中有对经营者提供格式条款合理提示义务的规定，“经营者使用格式条款与消费者订立管辖协议，未采取合理方式提请消费者注意，消费者主张管辖协议无效的，人民法院应予支持”。

法院的重点审查对象是“经营者是否尽到合理提示义务”。关于“提示说明”的举证责任分配以及证明标准，多数法院认为提供格式条款一方应当对已尽合理提示及说明义务承担举证责任。具体到审核标准上，法院采用相对严格的审查标准，认为网络经营者既是格式合同的提供者，又是平台的管理者，居于较为优势的地位，网络页面受其控制，还存在易于修改和添加等特殊性。因此格式仲裁条款在文字、字体（如大小、粗细）、符号、特别标识、背景颜色、位置上的显著不同只是最基本的要求，是格式仲裁条款有效的必要不充分条件。基于网签合同签订方式的特殊性，法院还认为经营者对于包含格式仲裁条款的协议的设置要在消费者使用网页的必经之路上，仅在网页首页公告，而消费者无须通过首页即可以进入商品页面时，这种提示也是不合理的。默认阅读等消费者无须打开协议即可勾选同意的方式被视为未尽到合理提示义务。此外，部分法院还认为仅通过文字性说明“务必认真阅读和理解”“特别说明”等提示性语言也被视为未足够引起消费者注意。法院倾向以消费者的视角去判断合同成立之时能否注意到该格式仲裁条款。广东省深圳市龙岗区人民法院在（2015）深龙法布民初字第917号案件中指出，《民诉法解释》中的“采取合理方式提请消费者注意”，应指在通常情况下，以明确且显而易见的方式使一般民事主体可以正常获悉与其权益密切相关的信息。故该提示不能明确地让一般民事主体正常获悉与其权益密切相关的信息，未达到以合理方式提请注意的标准。

3. 审查格式仲裁条款本身的公平性——实质要件

有的法院认为对网络消费合同格式仲裁条款自身公平性的审查是必要的，我国《民法典》第四百九十七条规定了格式条款无效的情形，要求格式条款内容应当满足公平性的实质要件。在实践中，有的法院在认定管辖权格式条款效力的时候，在审查格式条款提供者是否履行“合理提示、说明义务”的基础上，还审查管辖权格式条款内容是否违背公平原则。例如，在（2017）粤01民辖终2756号案件中，人民法院经审查发现消费者在注册成为上诉人网站用户时是无须打开用户协议即可进行注册，故不能认定上诉人已经采取了合理方式提请消费者注意的同时，也对管辖权格式条款自身内容的公平性进行审查。其认为对广大消费者而言，网上购物的商品价格往往不高，但其住所地或合同履行地往往与网站所在地相隔甚远。如果根据该协议管辖权格式条款，可能使网站所在地以外的所有消费者负担大量额外的、相比购物价格明显不合理的差旅和时间花费，导致消费者的诉讼权利无法正常实现。因此，该协议管辖权格式条款严重不合理加重了消费者在管辖方面的负担，不符合管辖权格式条款公平性的标准，该管辖权格式条款无效。

通过调研发现，全国各地区法院在对网络消费合同仲裁协议效力作出判决时，倾向保障消费者的权利，关注格式仲裁条款本身是否会增添消费者的维权成本。对于格式管辖条款和格式仲裁条款的审查已经开始深入到了实质层面，即格式管辖条款本身的公平性[①]。这对于格式仲裁条款效力的司法审查而言也是值得借鉴的。

（三）案件特点

平台经济是我国数字经济的重要组成部分，2020年至2023年北京四中院审理涉网络平台确认协议效力案件受案量呈指数增长，目前仍在不断增加。以ofo小黄车、法大大、世纪佳缘、网易云音乐等平台机构为代表的网络平台服务提供商向消费者提供服务协议并约定仲裁作为争议解决方式。发生纠纷后，成功维权的消费者通过媒体平台分享维权经验，激发了类似诉求消费者维权意识，导致近三年北京相关案件数量激增，该类案件

① 参见江苏省苏州市中级人民法院（2016）苏05民辖终646号、北京市西城区人民法院（2021）京0102民初33436号、河南省三门峡市陕州区人民法院（2021）豫1203民初1591号、上海市浦东新区人民法院（2021）沪0115民初34101号、山西省大同市云冈区人民法院（2019）晋0214民初1883号、山东省单县人民法院（2019）鲁1722民初1219号、广东省阳江市中级人民法院（2019）粤17民终193号、贵州省织金县人民法院（2018）黔0524民初3820号。

具有以下几个特点：

1. 网络平台公司集中北京，线上服务辐射全国

从调研统计的全国法院受理的网络消费确仲案件数量分布数据来看，北京是这类案件集中受理地。其原因是北京作为互联网产业高地，集中了知乎、微店、大麦网、去哪儿网等头部网络平台企业，大部分经营者通过电子服务协议方式约定北京法院或北京仲裁机构作为争议解决方式。一旦发生相关纠纷诉至法院，无论是依据《民事诉讼法》管辖规则，还是《最高人民法院关于审理仲裁司法审查案件若干问题的规定》确认仲裁协议效力，北京法院都将面临巨大的案件吸附压力。

2. 消费者网络平台使用频率高，潜在纠纷隐患大

互联网消费已经成为当前大众消费的主流形态，越来越多的消费者通过网络平台进行在线教育培训服务等经营性服务消费，消费者遍布全国。其中大额商品、在线服务问题突出，根据消协系统统计，2022 年度北京服务类投诉占比达总投诉量的45. 58%。尤其受疫情、“双减”政策的多重影响，网络教育平台机构经营状态恶化，部分机构如泓尚教育、华尔街英语等机构还出现跑路、倒闭状况。以小鹏汽车为代表的汽车消费领域不公平格式条款问题显著。

3. 争议解决条款确定唯一纠纷解决地

由于仲裁委的选择不受《民事诉讼法》的限制，网络平台经营者出于便利自身应诉，提高消费者维权门槛以及信赖北京地区仲裁委员会的考虑，往往通过事先拟定服务协议并选择北京仲裁机构作为争议解决方式。受线上交易及格式条款特点限制，无论消费者是否愿意接受仲裁协议，也只能选择签订或者不签订服务协议，并没有与经营者协商的空间。

4. 北京法院及仲裁解纷压力巨大

大多数消费者对仲裁的费用、流程及法律效果知之甚少，发生纠纷后对仲裁程序有强烈的抵触情绪，且不认可仲裁协议效力。消费者通常选择先确认仲裁协议效力，再进行后续诉讼程序。即便选择仲裁，消费者也不得不经历提起仲裁申请、申请撤销仲裁裁决、申请执行仲裁裁决等一系列诉讼程序。一旦没能成功维权，消费者出于“权利用尽”心理，往往要将

能够进行的诉讼程序全部走完，甚至形成信访积案，给北京法院工作带来巨大压力。

5. 舆论炒作压力大

维权出现困难的消费者由于遍布全国往往通过小红书、微信群、微博等建立讨论组，互通信息、抱团取暖、共同行动。通过集体签字、集体上访、拼单买热搜等方式，引起舆论炒作。引发社会公众对消费者协会等行政机构产生不信任感，不利于行业整体信誉度塑造和纠纷的诉源化解。

二、存在的问题

（一）立法层面

我国立法目前尚未就网络消费合同中仲裁协议的效力问题作出专门规定，而介于网络消费合同中仲裁协议自身的多重属性，在立法层面难免会产生下述问题：

1. 程序法与实体法的重叠

根据《民事诉讼法》第一百二十七条第二项[①]的规定，有效的仲裁协议可以排除法院管辖。《仲裁法》第二十条第一款[②]规定，双方当事人对达成的仲裁协议效力有异议的，可以请求人民法院或仲裁机构进行认定。因此，在网络消费合同中，当事人之间存在仲裁协议时，仲裁协议是否合法有效成为确定当事人之间纠纷解决方式的关键。作为网络消费合同的一部分，大部分仲裁协议多以格式条款的形式出现，在这样的背景下，网络消费合同中的仲裁协议往往具有双重身份——不仅属于程序法层面上的争议解决方式条款，也属于实体法层面上的格式条款。因此，在审查网络消费合同中仲裁协议的效力时，不仅需要考虑规制仲裁协议效力的规定，还需要考虑规制格式条款的规定。在立法层面，如何在程序法与实体法上形成严谨有效的规范体系，成为当前的重点所在。

---

① 根据《民事诉讼法》第一百二十七条第二项的规定，对于依照法律规定，双方当事人达成书面仲裁协议申请仲裁、不得向人民法院起诉的，人民法院告知原告向仲裁机构申请仲裁。

② 《仲裁法》第二十条第一款规定："当事人对仲裁协议的效力有异议的，可以请求仲裁委员会作出决定或者请求人民法院作出裁定。一方请求仲裁委员会作出决定，另一方请求人民法院作出裁定的，由人民法院裁定。"

从程序法的角度出发，现行《仲裁法》第十六条对仲裁协议的有效要件进行了规定，仲裁协议应当具备请求仲裁的意思表示、仲裁事项以及有选定的仲裁委员会。该法第十七条、第十八条则对仲裁协议无效的情形进行了规定，第十七条指出仲裁协议无效事由包括约定的仲裁事项超出法律规定的仲裁范围、无民事行为能力人或者限制民事行为能力人订立的仲裁协议以及订立仲裁协议时具有胁迫事由三种情形；第十八条则规定仲裁协议对仲裁事项或者仲裁委员会的约定应当具有明确性。此外，在《最高人民法院关于适用〈中华人民共和国仲裁法〉若干问题的解释》中，对“书面协议”的含义、约定仲裁机构、合同转让时对受让人效力等问题进行了相应解释。因此，从程序角度来看，应当审查网络消费合同中的仲裁协议是否符合《仲裁法》及相关法释下仲裁协议的形式要件，即重点审查是否采用书面形式、是否有仲裁的意思表示、是否有法律规定的无效情形等。

从实体法的角度出发，回溯我国关于格式条款的立法史，1993 年出台的《消费者权益保护法》在第二十四条首次对格式条款作出规定：“经营者不得以格式合同、通知、声明、店堂告示等方式作出对消费者不公平、不合理的规定，或者减轻、免除其损害消费者合法权益应当承担的民事责任。格式合同、通知、声明、店堂告示等含有前款所列内容的，其内容无效。”此后，1999 年出台的《合同法》第三十九条第二款明确格式条款是当事人为了重复使用而预先拟定，并在订立合同时未与对方协商的条款；并通过第三十九条第一款、第四十条、第四十一条从格式合同条款使用人义务、无效条件及解释原则等方面加以细化规定。2009 年，最高人民法院发布《关于适用〈中华人民共和国合同法〉若干问题的解释（二）》（以下简称《合同法司法解释（二）》），其中第六条①对《合同法》第三十九条所称“采取合理的方式”及“合理提示及说明义务”的举证责任作出进一步的阐述。2021 年《民法典》施行之后，上述《合同法》及《合同法

① 《最高人民法院关于适用〈中华人民共和国合同法〉若干问题的解释（二）》第六条规定：“提供格式条款的一方对格式条款中免除或者限制其责任的内容，在合同订立时采用足以引起对方注意的文字、符号、字体等特别标识，并按照对方的要求对该格式条款予以说明的，人民法院应当认定符合合同法第三十九条所称‘采取合理的方式’。提供格式条款一方对已尽合理提示及说明义务承担举证责任。”

司法解释（二）》废止。《民法典》第四百九十六条至第四百九十八条吸收了《合同法》第三十九条至第四十一条及《合同法司法解释（二）》的部分规定，成为格式条款适用的一般规定。

对于格式条款的规制，我国民法理论上一般认为由订入规则、内容控制规则和解释规则组成[①]。现行《民法典》对格式条款规制进行了体系化的规定，也采取了订入控制规则（第四百九十六条第二款）、内容控制规则（第四百九十七条）、解释控制规则（第四百九十八条），同时为了准确界定格式条款的内涵，引入了概念控制规则（第四百九十六条第一款）[②]。就概念控制规则，《民法典》第四百九十六条第一款规定，格式条款是当事人为了重复使用而预先拟定，并在订立合同时未与对方协商的条款。由此可见，格式条款的特征主要有三：（1）预先拟定；（2）为了重复使用；（3）未与对方协商。只有符合上述三个要件，方能认定为格式条款。就订入控制规则，《民法典》第四百九十六条第二款规定，采用格式条款订立合同的，提供格式条款的一方应当遵循公平原则确定当事人之间的权利和义务，并采取合理的方式提示对方注意免除或者减轻其责任等与对方有重大利害关系的条款，按照对方的要求，对该条款予以说明。此外，《全国法院贯彻实施民法典工作会议纪要》第七条对“采取合理的方式”限定为“在合同订立时采用足以引起对方注意的文字、符号、字体等特别标识，并按照对方的要求以常人能够理解的方式对该格式条款予以说明”。并且，“提供格式条款一方对已尽合理提示及说明义务承担举证责任。”由此可见，格式条款的订入要件有二：（1）重大利害关系的条款；（2）以合理方式提请对方注意。就内容控制规则，《民法典》第四百九十七条规定了格式条款无效的三种情形：具有本法第一编第六章第三节和本法第五百零六条规定的无效情形（民事法律行为无效与免责条款无效的情形）；提供格式条款一方不合理地免除或者减轻其责任、加重对方责任、限制对方主要权利；提供格式条款一方排除对方主要权利。

① 参见苏号朋：《格式合同条款研究》，中国人民大学出版社2004年版，第10－11页。

② 参见张勤缘、杨宗腾：《李某某诉北京互联经纬科技开发有限公司网络服务合同纠纷案——网络消费仲裁协议效力的“二维三阶”审查路径》。

综上所述，由于网络消费合同中仲裁协议的特殊性质，在我国现行法体系下，不仅涉及《仲裁法》等程序法规定，还涉及《民法典》中关于格式条款的实体法律规定，在程序法与实体法的重叠之下，如何在立法层面形成严谨、有效、一致的规范体系，是目前立法者面对的难题。

2. 特别法与一般法的张力

就格式仲裁协议的效力问题，不同类型的合同主体会存在法律适用的区别。网络消费合同系消费者和经营者通过网络签订，因此，在审查仲裁协议的有效性时，在考虑其具有一般性格式条款的特征之外，还需从消费者这一特定弱势群体的角度出发，结合网络的特殊环境及消费合同的具体类型，考虑我国现行法在相关特定领域对其的特殊立法保护。

在特别法中，立法者对特殊领域内合同涉及的格式条款进行规制。例如，在消费领域，2013 年修正的《消费者权益保护法》第二十六条对消费者合同中的格式条款内容及效力作出规定，经营者在经营活动中使用格式条款的，应当以显著方式提请消费者注意与消费者有重大利害关系的内容，并按照消费者的要求予以说明。经营者不得以格式条款的方式，作出排除或者限制消费者权利、减轻或者免除经营者责任、加重消费者责任等对消费者不公平、不合理的规定。在保险领域，2015 年修正的《保险法》第十七条、第十九条及《保险法》相关司法解释①中规定了保险合同格式条款生效的相关要件。

在电子商务领域，《电子商务法》第四十九条第二款就电子交易所涉之网络合同中格式条款的效力进行了特别规定。2022 年 2 月 15 日，最高人民法院发布了《关于审理网络消费纠纷案件适用法律若干问题的规定（一）》，该规定第一条就格式条款无效情形进行了细化补充，其中第四项明确指出电子商务经营者提供的格式条款排除或者限制消费者依法投诉、举报、请求调解、申请仲裁、提起诉讼的权利的，消费者主张格式条款无

① 《最高人民法院关于适用〈中华人民共和国保险法〉若干问题的解释（二）》第九条第一款规定：“保险人提供的格式合同文本中的责任免除条款、免赔额、免赔率、比例赔付或者给付等免除或者减轻保险人责任的条款，可以认定为保险法第十七条第二款规定的‘免除保险人责任的条款’。”

效的，人民法院应当支持。此外，《最高人民法院关于互联网法院审理案件若干问题的规定》第三条第二款则作为转介条款，对电子商务经营者、网络服务提供商等采取格式条款形式与用户订立管辖协议的审查规则进行了确定。

在诉讼法层面，我国2015年发布的《最高人民法院关于适用〈中华人民共和国民事诉讼法〉的解释》第三十一条专门就消费合同中的格式管辖协议的效力作出了规定，“经营者使用格式条款与消费者订立管辖协议，未采取合理方式提请消费者注意，消费者主张管辖协议无效的，人民法院应予支持”，但是，该条文并没有明确仲裁协议是否同样适用。虽然有学者及司法实践主张对于经营者使用格式条款订立的仲裁协议的效力判断，可以类推适用管辖协议的规定，但亦有观点认为，虽然仲裁协议或管辖条款均由当事人通过约定来选择相应的争议解决主管机构，是对当事人程序主体权及程序选择权的贯彻，协议管辖条款与仲裁协议并不完全趋同，在法律解释框架下可以解决时，应当谨慎类推适用。由此可知，学界与司法实践中对于该条在网络消费合同中仲裁协议效力认定的类推适用尚未形成一致观点。

此外，行政法规、地方法规以及部门规章，也就格式条款适用与效力问题作出相关规定。

由此可知，由于网络消费合同的特殊类型及消费者的特殊身份，在特别法的重叠之下，如何在立法层面进行法律体系的梳理与一体化建设，是当前的重点所在。

（二）司法实践

在我国现行法律体系下，结合类案梳理结果，不难发现目前我国网络消费合同仲裁协议相关的司法实践主要存在以下问题：

1. 法律适用标准不统一

根据类案梳理结果，目前我国司法实践中就如何认定网络消费仲裁协议效力，存在不同的审查方式与法律适用标准。对于格式仲裁协议的审查方式，我国司法界持不同意见。有观点认为，仲裁协议仅属于诉讼行为范畴，其缔约程序瑕疵不能受到实体法的规制，故仅需考虑《民事诉讼法》

对协议管辖的程序合法性规定，进行形式审查而不涉及实体。但另有观点认为，管辖合意是在诉讼外达成的，附属于交易行为，其本身就是一种诉讼契约，而对该契约效力的考察亦需遵循《民法典》等实体法的相关原理，包括缔约过程是否存在意思表示的瑕疵，合同内容的设定是否显失公平的实体审查。并且，仲裁协议关系到当事人之间的实体权益，必须兼顾到利益分配的公平性。因此，仲裁协议的程序法事项之性质，并不影响通过实体法的相关规定，来对缔约过程中的瑕疵予以调整。在上述不同观点的影响之下，各法院的法律适用标准与裁判思路不一。部分法院仅从程序法角度出发，引用《仲裁法》的规定，对仲裁协议的有效性进行了认定，而不考虑其他实体法①。部分法院仅从实体法角度出发，就格式条款是否有效展开讨论，而未考虑《仲裁法》等程序法的相关规定。就实体法的展开，不同法院亦存在不同思路。有些法院援引原《合同法》关于格式条款效力规定和《消费者权益保护法》第二十六条规定，认定经营者未尽提示义务且协议管辖格式条款严重不合理加重了消费者在管辖方面的负担，进而认定仲裁协议无效。② 有些法院则排除《消费者权益保护法》第二十六条的适用，对仲裁条款的有效性予以确认。③ 部分法院则兼顾程序法与实体法，先是援引原《合同法》关于格式条款效力规定，就仲裁条款是否为格式条款、是否涉及当事人权利义务约定内容、是否存在“免除经营者单方责任、加重对方责任、排除对方主要权利”的情形展开分析，继而又从《仲裁法》角度，对仲裁协议的有效性进行了确认④。就《民诉法解释》第三十一条是否适用，不同法院亦存在不同观点。有的法院援引《民事诉讼法解释》第三十一条规定认定经营者未对格式仲裁条款进行提请注意进

---

① 参见北京市第四中级人民法院（2020）京04民特376号民事裁定书。

② 参见广东省广州市中级人民法院（2017）粤01民辖终1533号民事裁定书；河北省廊坊市中级人民法院（2017）冀10民辖终132号民事裁定书。

③ 参见北京市第二中级人民法院（2017）京02民终10940号民事裁定书。

④ 参见广东省广州市中级人民法院（2014）穗中法民二终字第1170号民事裁定书；北京市第一中级人民法院（2012）一中民终字第8677号民事裁定书；浙江省杭州市中级人民法院（2016）浙01民终7402号民事裁定书。

而认定仲裁协议无效[①]；有的法院则认为《民诉法解释》第三十一条规定系诉讼中的地域管辖协议，并不包括仲裁协议，经营者无须进行提醒，进而依据《仲裁法》规定认定消费仲裁协议有效[②]。

由此可见，目前司法实践中，不同法院的裁判思路与法律适用标准存在较大差异，尚未形成一致意见。

2. 审理要素不统一

从格式条款的角度出发，网络消费合同仲裁协议的审查在司法实践中往往会在三个层面产生疑难点——在第一层定义上，仲裁协议本身是否属于格式条款；在第二层订入上，仲裁协议是否属于具有“重大利害关系的条款”；在第三层上，仲裁协议是否明确、清晰、易读从而“以合理方式提请对方注意”？针对以上疑难点，各法院的审理要素并不统一，尚未形成一致意见。

第一，从定义出发，对仲裁协议是否为格式条款的认定标准不一。《民法典》第四百九十六条第一款规定，格式条款是当事人为了重复使用而预先拟定，并在订立合同时未与对方协商的条款。由此可见，格式条款的特征主要有三：（1）预先拟定；（2）为了重复使用；（3）未与对方协商。只有同时符合上述三个要件，方能认定为格式条款。针对网络消费合同，不同法院就仲裁协议是否为格式条款持有不同意见，其矛盾主要体现在第三个构成要件上，即格式条款认定中“可协商性”的证明标准。

部分法院认为，网络消费合同中的仲裁协议是经营者单方制定的条款，在网络签订的模式下，消费者的地位较低，且技术操作难度较大，因此消费者很难有机会与经营者就合同的具体条款进行协商与沟通。结合保护消费者的理念出发，网络消费合同内的仲裁协议应当受到严格审查，理应被视为格式条款，相关举证责任应当分配至经营者承担。相反，部分法院认为，虽然较难协商，但并不意味着完全没有协商的可能性，这部分法院认为，网络消费合同中的仲裁协议是双方自愿达成的有效协议，应当予

① 参见北京市第一中级人民法院（2021）京01民辖终131号民事裁定书；湖南省岳阳市中级人民法院（2017）湘06民辖终120号民事裁定书。

② 参见广东省深圳市中级人民法院（2018）粤03民终511号民事裁定书。

以尊重。因此，应该由消费者来承担“未与对方协商”构成要件的举证责任。还有部分法院认为，网络消费合同的类型繁多，种类复杂，应结合个案合同内容与实际签订过程，具体情况具体分析。

第二，在订入层面，对仲裁协议是否属于具有“重大利害关系的条款”的判断不一。《民法典》第四百九十六条第二款中规定，采用格式条款订立合同的，提供格式条款的一方应当遵循公平原则确定当事人之间的权利和义务，并采取合理的方式提示对方注意免除或者减轻其责任等与对方有重大利害关系的条款，按照对方的要求，对该条款予以说明。由此可见，格式条款的订入要件有二：（1）重大利害关系的条款；（2）以合理方式提请对方注意。针对仲裁协议是否为“重大利害关系的条款”，不同法院持有不同意见。部分法院认为，仲裁协议是争议解决条款，属于《民法典》第四百七十条规定的合同一般应包括的条款，关系到当事人之间的实体权益，会影响消费者行使程序性权利，限制消费者选择诉讼方式和法院管辖地的自由，属于与对方有重大利害关系的条款。因此，在订入层面，需要审查网络消费合同中格式条款提供方是否以合理的方式对仲裁协议进行了提示。也有部分法院认为，虽然对普通消费者而言，仲裁费用较高，但仲裁协议是消费者与经营者双方友好协商达成的结果，且仲裁费用在仲裁胜诉后可退，消费者可以通过仲裁的方式维护自己的合法利益。因此，仲裁协议并不存在免除经营者责任、加重消费者义务、排除消费者主要权利的情形，对当事人的实体权利并无损害，并不会影响当事人的重大利益。

第三，对仲裁协议是否明确、清晰、易读从而“以合理方式提请对方注意”的要求不一。《全国法院贯彻实施民法典工作会议纪要》第七条对《民法典》第四百九十六条第二款“采取合理的方式”限定为“在合同订立时采用足以引起对方注意的文字、符号、字体等特别标识，并按照对方的要求以常人能够理解的方式对该格式条款予以说明”。并且，“提供格式条款一方对已尽合理提示及说明义务承担举证责任。”实践中，不同法院对此的裁判尺度并未保持一致。部分法院认为，网络消费合同中的仲裁协议应当采用标黑、加粗、下划线、更大字体等醒目方式提示消费者注意，并提供充分时间和机会让消费者阅读和理解，否则应视为无效；部分法院则认为，只要消费者在签订合同时勾选了“同意相关协议”的按钮，就表明其已经知晓并接受了仲裁协议。

综上所述，我国法院对网络消费合同中仲裁协议的审理要素在不同地区和不同法院存在差异，同时，受到合同自身表述、当事人属性、交易习惯等因素影响，较难形成统一且明确的标准，这会导致在类似案件中，不同法院对仲裁协议效力、消费者权益保护和网络平台责任等问题的判决结果有所不同。因此，需要进一步的司法解释或立法明确网络消费合同中仲裁协议适用的法律规范。

（三）行政监管层面

网络消费合同中的格式仲裁协议在市场交易中越来越广泛地被运用，涉及社会发展的各行各业，如教育培训、游戏、共享单车、保险、网络购物、轻松筹等。如果再加上商业广告、通知、声明、店堂告示、凭证、单据等格式条款，日常监管和案件查处需要投入大量的人力和物力。且格式仲裁协议极其容易被重复批量使用，因此在市场上以惊人的速度发展起来，给日常监管带来了极大的挑战。

课题组对目前涉及网络消费格式条款的地方性法规、行政法规、规章等进行梳理，在不同级别的规章、地方性法规及办法，关于格式条款仲裁协议的规定有很多条，基本有两种规范方式。一种是国家市场监督管理总局于 2023 年颁布的《合同行政监督管理办法》，该办法对利用合同扰乱市场秩序的行为以及利用不公平格式条款侵害消费者权益的行为作出了禁止性规定，已经于 2023 年 7 月 1 日起正式施行。该办法第八条第六项规定，“经营者与消费者订立合同，不得利用格式条款等方式作出加重消费者责任、排除或者限制消费者权利的规定。格式条款中不得含有以下内容：……（六）排除或者限制消费者依法投诉、举报、请求调解、申请仲裁、提起诉讼的权利……”该规定通常为地方性法规吸收为“就合同争议提起仲裁或者诉讼的权利”，如《南京市合同格式条款监督办法》第十一条第四项及《苏州市合同格式条款管理办法》第十条第六项。该种规范方式将“保留消费者通过法定方式维权”作为对经营者的基本要求。

另一种是国家市场监督管理总局2020年修正的《合同违法行为监督处理办法》第十一条第五项，“经营者与消费者采用格式条款订立合同的，经营者不得在格式条款中排除消费者下列权利：……（五）就格式条款争议提起诉讼的权利。”与之类似的还有国家市场监督管理总局2015年公布的《侵害消费者权益行为处罚办法》，该办法第十二条第三项规定，“经营者向消费者提供商品或者服务使用格式条款、通知、声明、店堂告示等的，应当以显著方式提请消费者注意与消费者有重大利害关系的内容，并按照消费者的要求予以说明，不得作出含有下列内容的规定：……（三）排除或者限制消费者依法投诉、举报、提起诉讼的权利。”该种规范方式将“保留消费者通过向法院提起诉讼方式维权”作为对经营者的基本要求。一个典型的案例是“小鹏汽车违规案”，北京市朝阳区市场监督管理局以小鹏汽车违反国家市场监督管理总局制定的《侵害消费者权益行为处罚办法》第十二条第三项，即“排除或者限制消费者依法投诉、举报、提起诉讼的权利”为由，责令小鹏汽车改正其购买协议第十三条规定的仲裁协议，并处警告及罚款3000元。地方性法规对格式条款亦有规定，如上海市针对合同格式条款制定有《上海市合同格式条款监督条例》，规定在上海市范围内，提供方与为生活消费需要购买、使用商品或者接受服务的消费者订立合同采用格式条款的，适用该条例。

从目前行政监管的现状来看，行政监管侧重加强对利用合同扰乱市场秩序、危害国家利益、社会公共利益行为的监管，加强对格式条款的规制，禁止经营者利用格式条款作出减轻或者免除自身责任、加重消费者责任、排除或者限制消费者权益的规定，要求经营者在使用格式条款时应当以显著方式提请消费者注意，切实保障消费者的知情权、自主选择权等权益。但是，也要注意网络消费合同中的仲裁协议是否为格式条款存在定性难、可操作性不强等问题。格式条款监管监管不但涉及《民法典》《消费者权益保护法》等基本法律，还涉及有关法律条文和行政法规。且不同行业的合同格式条款会涉及本行业及相关行业的多项法律法规，因此，在监管实践中，需要行政监管人员学习、掌握和综合运用多项法律法规规定，才能精确剖析、评定格式条款的合法合理情况。

（四）社会层面

1. 大量确认仲裁协议无效不利于网络经济健康发展

在数字经济、互联网产业飞速发展的大背景下，格式条款高效、便捷、成本节约的使用特点十分有利于线上消费活动的开展。中国消费者协会发布的《中国消费者权益保护状况年度报告（2021）》显示，房地产、汽车、教育等10余个民生领域中，不公平格式条款问题均有出现。经营者在提供格式条款时，由于其先手制作、提供合同而天然地占有了优势地位。即便经营者在合同中加入了对消费者不利的内容，由于线上交易具有远程性和延迟性，也不那么容易被发现或者协商变更。基于现行的法律法规，以“加黑加粗”“合同上事先打勾”等合法方式提示说明仲裁协议格式条款对消费者确实不利，但亦未达到法律意义上的“不公平条款”。对此情况，消费者协会只能通过发送司法建议的方式，促成行业内部形成内部规范，在法律层面上尚无规制依据。司法机关以“显失公平”或在具体案例中通过各种解释方式对仲裁协议格式条款效力施以无效性引导，不利于网络经济法治化发展。同时，由于格式条款单方提供、内容固定的特质所带来的问题和风险的存在，消费者继续使用网络消费的信心和信赖程度也会受到负面影响。

2. 依据现有法律“被迫”签订仲裁协议的消费者有可能实质上丧失争议解决的可能

真正在交易过程发生纠纷甚至无法通过协商达成一致以至于需要通过法律来解决的并不多。中国消费者协会发布《“不公平格式条款”消费者认知及线索征集调查报告》显示，87.88%的消费者遇到过不公平格式条款，在遇到不公平格式条款后，超七成消费者仍会选择继续交易，主要原因在于经营者地位强势，以及对于交易失败的预期风险并不高。仅因为争议解决方式而放弃一个预期满意的交易对消费者来说并不划算，因此大部分的消费者往往会为了完成一项满意的实体交易而“被迫”接受一个不满意的争议解决条款。然而，一旦发生纠纷，原告主体通常为消费者，甚少有经营者起诉消费者的情况。消费者则会因自己“被迫”签订的仲裁协议被高昂的仲裁费用拒之门外。

从跟踪确认仲裁协议效力案件的后续追偿情况来看，以格式条款签订仲裁协议的消费者维权情况并不乐观。一方面，案涉仲裁协议格式条款被确认有效的协议当事人，真正去仲裁提起仲裁申请的不足1%。部分当事人去仲裁咨询时，北京地区仲裁机构出于此类案件信访风险大、标的金额小、当事人仲裁目的难以根本实现等综合考虑并不乐于接收此类案件，往往以即便赢得判决，仍以实际执行案款、涉事企业处于破产阶段、难以收回仲裁申请费等理由引导消费者自行与涉事经营者和解，消费者自行权衡后90%以上放弃仲裁。另一方面，审理中还发现有涉事公司涉及犯罪或破产的如泓尚教育公司，该公司涉及教育课程诈骗现已经由公安机关立案侦查，涉及该公司的仲裁协议均被确认无效。该公司正是利用了仲裁费用高的特点对学员维权途径进行堵塞，导致犯罪目的没有被第一时间通过诉讼程序得以暴露。由于仲裁费用需要提前垫付的程序特点，即便受害学员真的诉诸仲裁，该公司的经营状况也只会使消费者增加无谓的损失。“被迫”签订的仲裁协议成为消费者维权路上的第一道门槛。

3. 无效性裁判可能形成蝴蝶效应，引发群体性风险

因网络消费的便捷性、多样性，以及网络平台的快速发展，网络日均消费的人次及标的数额快速增长，当前几乎所有的经营者都会通过特定的网络消费格式条款与不特定消费者签订合同。一方面，普遍化、同质化的格式条款很可能通过司法裁定对大量的格式合同消费者产生影响，一旦发生争议，极易引发群体性纠纷。譬如北京四中院受理的一只船教育公司确认仲裁协议效力案，在前期有消费者立案后，并成功确认协议无效。诉讼成功的消费者将其起诉经验分享至微信群或小红书等，后数百位消费者均向法院提出确认仲裁协议效力申请，虽然案情并不一致，但由于均来自同一经验帖，申请人的申请事由几乎相同。与此同时，全国法院对涉网络消费格式条款仲裁协议效力认定方面并不统一，且大部分法院更倾向于从形式上对仲裁协议效力进行审查而认定仲裁协议有效。因此，在北京四中院作出确认仲裁协议无效的裁决后，包括河北、山东、河南等周边地区的消费者纷纷聚集北京，希望北京法院能够确认其协议效力无效。另一方面，网络消费格式条款使用的普遍性将导致认定仲裁协议无效的裁决对网络经

营者产生蝴蝶效应。一份无效裁决可能通过格式条款“涟漪式”辐射千万消费者，打击经营者的行业热情，甚至可能对网络消费市场秩序造成重大冲击，群体性诉讼突发及继发性纠纷伴生不容忽视。

4. 网络消费格式条款放大了消费仲裁中制度矛盾

我国《仲裁法》的主要规制对象是商事仲裁，仲裁最初的设计仅旨在解决商主体之间的经济纠纷，意图在当事人平等协商并达成合意的前提下，为其提供一个更为高效的争议解决路径。在商事仲裁的语境下，当事人一般能够知晓仲裁具有何种优势以及选择仲裁程序意味着放弃何种权利及救济，并能够平等协商。但消费仲裁作为仲裁发展过程中的外延表现，其与商事仲裁有着本质区别：经营者与消费者之间固有地存在信息不对称以及交易地位不平等之关系。尤其当消费仲裁以网络消费格式条款的形式出现时，其可读而不可协商性的特点再次放大了消费仲裁的制度矛盾。

网络消费仲裁格式条款之所以处于一种合法而不合理的尴尬局面，其根本问题在于消费者与经营者的交易地位上的不对等及信息上的不对等，以及法律权责的不对等。消费仲裁中，仲裁的高效性及经济性优势并未完全发挥；消费者对仲裁协议的不知情性，表现为仲裁协议的隐蔽性以及非易读性，在无法律建议的情况下，消费者很难理解仲裁的含义；消费者无自主选择权，即消费者实际上处于弱势地位，磋商能力有限，即使其明白消费仲裁的含义且不愿接受仲裁，最终改变仲裁条款的可能性也极小。导致绝大多数消费者往往在争议发生后才知晓签订消费仲裁协议对其意味着享有哪些权利以及失去何种权利，这也致使消费仲裁不是被当作解决争议的工具，反而走向另一方向——被用作损害消费者权利的道具。

三、完善规范网络消费合同仲裁协议效力认定的体系性构建

（一）立法层面

1. 明确规定网络消费合同中的仲裁协议同样适用格式条款规则

网络消费合同中的仲裁协议既属程序法层面的争议解决方式，也属实体法层面的格式条款。应在立法层面明确规定网络消费合同中的仲裁协议需要同时遵守程序法和实体法关于格式条款的规定，以保持司法审查的统

一性。在此基础上，应完善立法工作机制，加强不同法律、法规之间的衔接配合。可以通过特殊立法或法律解释的方式，明确网络消费合同仲裁协议适用的统一规则，减少程序法与实体法、特别法与一般法在适用上的冲突。

2. 完善格式仲裁协议的订入规则

在格式条款的订入规则方面，司法解释应更加细化明确网络消费合同中“以合理方式提示”的具体标准，并明确网络消费合同中格式仲裁协议的订入义务的举证责任在经营者一方，而非消费者方。在细化“以合理方式提示”的具体标准时，可要求经营者在提供的网络消费合同中，除对仲裁条款进行增大、加粗、加黑等额外提醒形式外，还需通过提供独立的仲裁协议以提请消费者注意。更重要的是，如果消费者无法理解仲裁的含义，无论对条款进行何种加黑提示处理，也无法达到“以合理方式提示”的目的。因此，经营者除了对仲裁条款作简单陈述外，还应告知消费者仲裁的高仲裁费、一裁终局、排除诉讼的特点，以切实保障消费者的知情权与选择权。

3. 扩大格式仲裁协议的内容控制规则

在立法理念上，应当以保护消费者权益为出发点，对网络环境与消费关系特点加以考量，在规则细化上采取有利于消费者的方式。因此，可以考虑通过扩大网络消费合同中格式仲裁协议的内容控制规则的方式，从而加强对消费者的保护，例如，在《仲裁法》中增加“限制消费者诉权的格式仲裁协议无效”的规定。

4. 明确类推适用管辖协议规则

《最高人民法院关于适用〈中华人民共和国民事诉讼法〉的解释》第三十一条规定：“经营者使用格式条款与消费者订立管辖协议，未采取合理方式提请消费者注意，消费者主张管辖协议无效的，人民法院应予支持。”该条文并没有明确仲裁协议是否同样适用，在实践中尚未达成一致意见。在解释规则上，可以明确允许网络消费合同中的格式仲裁条款类推适用该条关于格式管辖协议无效的相关解释规则。

以上建议旨在从立法层面对网络消费合同中的仲裁协议进行一体化规

制，从而保障消费者权益，促进网络消费市场的健康发展。立法是一个复杂的过程，需要综合考虑各方利益，以确保法律的实施和执行能够取得实质性成效。

（二）司法层面

1. 人民法院认定网络消费合同中的仲裁协议效力的价值取向

人民法院审理网络消费合同中的仲裁协议效力的价值取向在某种程度上会受到政策取向的影响。“德、法二国的合意禁止模式完全排斥意思自治的价值，彻底贯彻弱者保护理念。以美国为代表的个案审查模式倾向于当事人意思自治的最大化实现，对弱者保护的任务更多交给市场通过自由竞争来实现。而目前欧洲共同立法以及国际立法的趋向——消费者保护管辖模式，则处于严格的合意禁止和宽松的个案审查模式之间，属于在贯彻弱者保护理念的同时，兼顾意思自治价值的折中模式。”①

（1）保护消费者权益。

针对管辖权格式条款中的仲裁条款效力，中国消费者协会曾点评认为，“与诉讼相比，消费者对仲裁机构的非司法性质、仲裁规则程序和仲裁一裁终局制度等并不了解，并且由于消费纠纷大部分涉案金额较小，因此仲裁费用与诉讼费用相比明显偏高，客观上加重了消费者的负担，增加了消费者维权难度。因此，在消费领域格式条款中规定消费者与经营者之间的争议只能通过仲裁委员会进行仲裁解决，排除司法管辖权，涉嫌限制消费者选择争议解决方式的权利，属于‘提供格式条款一方不合理地加重对方责任、限制对方主要权利’情形。即使提供格式条款的一方已履行提示或者说明义务，也不能就此认定相关内容是双方基于合意达成的约定，更不能直接据此格式条款排除司法管辖，而应根据格式条款具体内容结合实际情况在合理性、合法性、公平性等判断基础上确定其效力”。② 总体上，从仲裁与诉讼对于消费者解决小额诉讼的便利差异来看，中消协的观

① 胡安琪、李明发：《网络消费格式管辖条款三维规制体系论：方式、对象及逻辑顺位》，载《河北法学》2020 年第 11 期。

② 任震宇：《中国消费者协会点评管辖权不公平格式条款》，载《中国消费者报》2022 年 11 月 15 日，第 1 版。

点是有一定道理的。在与消费者订立合同过程中，经营者具有一定的优势地位，并且由于消费纠纷大部分涉案金额较小，因此仲裁费用与诉讼费用相比明显偏高，客观上加重了消费者的负担，增加了消费者维权难度。

消费者网络格式仲裁条款的确在公平性方面容易远离消费者权益有效保护目标。因此，法院在审理消费者提起的确认网络格式仲裁条款效力的案件时，不能忽略对于消费者权益的保护，对格式仲裁条款效力的审查不能只停留在形式上，要从实质上审查仲裁条款本身的公平性，并予以充分的说理。

（2）引导网络消费健康发展。

消费市场的信心比黄金更重要。规范格式条款既是促进消费公平的重要手段，也是让消费者愿消费、敢消费的重要举措，更是消费市场蓬勃发展的长远利益所在。针对“软强制”的格式条款，要引导经营者遵守公平、诚信原则，在制定格式合同内容与条款时以平等、自愿为基本底色，让条款符合各方利益。法院在其中扮演着重要的角色，对于消费者网络格式仲裁条款效力的认定会向社会传递重要的信号，如果法院一味地认可其效力，而不顾消费者合法权益的保护，那么别有用心的经营者则会更加肆无忌惮，甚至利用仲裁条款变相限制消费者的救济权利。如果法院经过严格的审查后认定某些消费者网络格式仲裁条款无效，虽然在短时间内大量的案子可能会涌向法院，增加法院的审判压力，但实际上从长远来看足够引起社会的注意，有利于扼住经营者钻法律漏洞的势头，也能有效从源头逐渐减少商家与消费者在仲裁协议上的纠纷与诉累，缓解社会矛盾，同时减轻法院的办案压力。

2. 人民法院对网络消费合同中的仲裁协议效力认定的逻辑构建

格式合同的出现，有利于降低缔约成本、提高交易效率，人民法院在审查涉网络消费合同中仲裁协议效力时，应遵循“消费者保护与意思表示自由并重”的原则进行审查。具体可分为以下三步进行：

第一步，遇到此类案件首先依据《民法典》第四百九十六条第一款审查争议条款是否为格式条款。此时要严格按照格式条款“预先拟定”“重复使用”“未与对方协商”三个特征进行。其中最重要的特征就是“未与对方协商”。如果消费者一方在具备协商基础和条件的情况下，未与对方协商，或放弃协商的权利，自愿采用经营者一方事先拟定好的格式条款，则不宜直接将此类条款视为格式条款。司法实践中，此类合同的签订或通过线上进行，或通过邮寄或面签等线下方式进行。如若线上签订，则应着重审查经营者一方是否给消费者提供更多选项等因素；如若线下签订，则应通过双方对签订过程的描述，综合判断在签订过程中消费者一方是否具备协商的基础与条件。

第二步，依据《民法典》第四百九十六条第二款审查争议条款是否为“与对方有重大利害关系”的条款。相较于之前的法律，《民法典》第四百九十六条将适用范围扩大至包括格式免责条款及限责条款在内的所有与合同相对方有重大利害关系的格式条款。由此可见，《民法典》对格式条款的规制比合同法规定的更为广泛。合同权利来自合同条款约定。从单纯的合同法逻辑上讲，不存在被合同条款排除的权利，因为被合同条款排除的权利不属于合同权利。因此，《民法典》第四百九十七条第三项关于提供格式条款一方排除对方主要权利的格式条款无效的规定，亦应当结合诚实信用、交易习惯和交易目的进行理解。该条规定的权利既包括程序权利，也包括实体权利。目前，在网络消费合同格式条款审理的司法实践当中，一般对于管辖条款系具有重大利害关系条款并无太多争议。此时需进行下一步，即进一步考察该条款是否成为合同内容。

第三步，根据消费者一方主张争议条款不成为合同内容或无效来进一步审查。若消费者一方已经主张不成为合同内容，人民法院则需要进一步依据《民法典》第四百九十六条第二款审查该经营者针对该条款是否已采取合理的方式提示消费者一方注意免除或者减轻其责任等与消费者有重大利害关系条款。实践中，经营者一方或通过加粗、调大字体的方式提醒消费者注意，或通过设置阅读限制、计时等方式强制消费者必须阅读相应条款后才能进行下一步。若该条款已通过合理方式对消费者进行提示说明，则该条款成为合同组成部分，未被以合理方式提示及说明则不构成合同内容。如若消费者一方主张的内容是格式条款无效，则应依据《民法典》第四百九十七条考察争议条款是否存在法定无效情形，即是否不合理免除或减轻提供方责任以及不合理限制对方主要权利，排除己方主要义务。若违反上述规定则无效，反之则有效。

最后，司法审查过程中要处理好《民法典》第四百九十七条与《消费者权益保护法》等法律关于格式条款的规定之间的关系，既要处理好新法与旧法的关系，也要处理好一般法与特别法的关系。相对于《消费者权益保护法》，《民法典》是新法、一般法。《民法典》对格式条款所作的规定，也适用于经营者与消费者之间的合同，但是《消费者权益保护法》有特别规定的，要先适用《消费者权益保护法》的规定。同时，也要考虑《民法典》是新法，对格式条款的规范有新的立法精神和规则。例如，《消费者权益保护法》只是规定经营者对与消费者具有重大利害关系的内容负有提示和说明义务，但没有规定经营者未尽到提示和说明义务的法律后果。这就要适用《民法典》的规定，消费者可以主张这些与消费者具有重大利害关系的条款不成为合同的内容。

（三）行政监管

以行政监管手段对网络消费合同仲裁协议格式条款的规制，是通过追究违规经营者行政责任的方式，实现维护消费者权益保护的目的。对于具体个案中当事人合同权利的维护，属于民事法律关系调整范畴，市场监管部门及其相关规章或办法并无权对仲裁协议效力作出评判。因此，行政管理的各项规定仍应当以《民法典》《消费者权益保障法》《仲裁法》等实体法为依据，由此制定统一的规章办法并进行行政监管，才更加有理有据。

从目前市场实践及各规定来看，市场监督管理部门对争议解决仲裁协议格式条款的态度比较暧昧。一方面，市场监督管理部门认识到经营者利用格式条款约定仲裁，排除司法管辖，实质上限制了北京市消费者选择争议解决方式的权利，增加了北京市消费者不合理维权成本和负担，侵害了消费者的权益。另一方面，市场监督管理部门内部对仲裁与诉讼关系的内部规定上也不完全统一，在进行监管方面亦存在缺少可援引的法规的困境。整体而言，市场监督管理部门目前的实践方式是：并非完全禁止经营者以“仲裁”的方式解决争议，而是不能让消费者只能选择“仲裁”来解决争议，从而保障消费者依法拥有的知情权、自主选择权、公平交易权等权利。

我国民事争议解决途径包括协商、调解、仲裁、诉讼等多种形式，因此消费者当然拥有协商、调解、仲裁、诉讼的权利，提起将经营者的义务划定在“保障消费者拥有向法院起诉的权利”不违反法律，也符合人民群众的法律感情。考虑到仲裁制度可以排除诉讼，而选择何种争议解决途径的权利直接关乎当事人的切身利益的实际情况。调研组认为以“禁止经营者以格式条款排除或者限制消费者依法投诉、举报、提起诉讼的权利”规定效果最好。换言之，经营者不能以“不接受仲裁协议即不进行交易”为由，强迫消费者接受仲裁。可以给出范例文本如：消费者因使用××与经营者产生××争议，可通过仲裁或诉讼的方式向有管辖权的仲裁机构或人民法院提起申请。或通过设置选项的方式“□向有管辖权的法院提起诉讼；□向××仲裁机构提起仲裁”。由消费者进行打勾选择争议解决方式。同时配合《仲裁法》增加关于消费者仲裁协议格式条款的规定，“对消费合同中通过格式条款订立的争议解决条款，约定以仲裁或诉讼解决争议的，以消费者选择的争议解决方式为准”。

四、结语

涉网络消费合同确仲案件系数字经济时代出现的新类型案件，目前我国立法尚未就网络消费合同中仲裁协议的效力问题作出专门规定，全国法院对此类案件的审理和认识并不统一。审查中，法院在注重维护仲裁契约性的同时，更注重保护消费者合法权益，致力建立平衡保护规则。通过明确这类案件基本裁判理念、统一审理思路和裁判规则，为网络服务提供者、经营者和消费者合理设定义务，并发挥司法行政职能作用，为行政监管部门提供有益参考，促进网络消费活动健康规范发展。

撤销仲裁裁决程序与仲裁裁决不予执行程序双轨制的反思与重构

贾丽英* 程 宏**

摘要：

撤销仲裁裁决程序与仲裁裁决不予执行程序是仲裁司法审查程序中对仲裁裁决的双重监督，但双轨制模式一直以来为理论界和实务界所诟病。

第一部分，针对撤销仲裁裁决程序、仲裁裁决不予执行程序的双轨审查进行制度分析与实证考察，从制度设立层面来看，阐明撤销仲裁裁决程序与仲裁裁决不予执行程序存在审查功能重复、管辖法院不一致、两项程序衔接不畅等问题。从制度运行层面来看，指出存在当事人滥用、误解双轨制审查程序，且在两程序的选择适用中仲裁裁决不予执行程序适用率畸低。

第二部分，厘清撤销仲裁裁决程序、仲裁裁决不予执行程序双轨审查的设立之初的原因，双轨制审查长时间延续存在的原因。

第三部分，重构撤销仲裁裁决程序、仲裁裁决不予执行程序双轨审查需要进行理论证成与功能证成。理论证成首先确立审判权与执行权分离的原则，仲裁裁决不予执行程序不宜与撤销仲裁裁决程序相同，行使裁判职权。其次，挖掘仲裁裁决执行监督之必要性。最后，借鉴人民调解协议的

* 贾丽英，北京市第四中级人民法院执行局副局长。

** 程宏，北京市第四中级人民法院综合审判庭法官助理。

司法确认程序的功能构造，由此推出执行监督中建立确认程序的可行性。功能证成包括探讨仲裁裁决不予执行程序的部分功能被撤销仲裁程序、执行异议之诉程序所替代。

第四部分，撤销仲裁裁决程序与仲裁裁决不予执行程序双轨制重构坚持以仲裁司法审查监督性与效率性的有机统一、当事人利益保护与权利滥用的有效制衡为根本理念，突破现有制度建设，构建以撤销仲裁裁决程序为核心、仲裁裁决确认程序为辅助的仲裁裁决监督模式，并重视程序间的衔接弥合、选择执行异议程序作为配套措施。

主要创新观点：

第一，本文深入分析现行撤销仲裁裁决程序与仲裁裁决不予执行程序双轨审查设立及运行中存在的问题，提出创新性地解决路径，去除现行双轨制审查程序的弊端，并对其理念、具体设置、衔接细节进行创新思考，以期构筑高效完善的仲裁裁决司法审查监督程序，节约司法资源，保障当事人权利，为审判体系现代化建设助力。

第二，本文借鉴和利用民事诉讼领域的其他程序既有模式的优势，重构仲裁司法审查程序建设。一方面，借鉴司法确认程序的理论基础和程序设置，为创新建设仲裁裁决确认程序提供思路。另一方面，利用执行异议程序作为重构仲裁司法审查程序的辅助配套措施，为拟废除仲裁裁决不予执行程序中的案外人权利救济提供程序保障。

引　言

在我国，商事仲裁已经成为民商事纠纷解决的重要途径，以其高效性、保密性、专业性等优势受到民商事主体的青睐，得到越来越广泛的应用。为保证仲裁的公正性，人民法院有必要发挥司法监督功能，在法律确定的范围内对仲裁裁决合法性进行司法审查。撤销仲裁裁决制度与仲裁裁决不予执行制度均是我国现行仲裁司法审查程序的重要组成部分，本文以并行程序设立和运行中存在的弊端和问题为起点展开论述，深入探讨仲裁司法审查程序的合理建构和发展方向，这既是促进商事仲裁司法审查程序有序高效运转的必由之路，更是审判体系现代化的必然要求。

一、探寻症结：撤销仲裁裁决程序与仲裁裁决不予执行程序双轨审查的制度运行弊端

商事仲裁司法审查程序即指在我国现行司法制度体系中，当事人有权针对仲裁程序请求人民法院进行司法审查，包括对仲裁协议的司法审查和对仲裁裁决的司法审查。仲裁裁决的司法审查又包括撤销仲裁裁决程序与仲裁裁决不予执行程序。撤销仲裁裁决制度规定在《仲裁法》第五章第五十八条①至第六十条，仲裁裁决不予执行制度规定在《仲裁法》第六章第六十二条至第六十四条及《民事诉讼法》第二百四十八条②。

（一）撤销仲裁裁决程序与仲裁裁决不予执行程序双轨审查的制度弊端

1. 审查功能重复

撤销仲裁裁决程序与仲裁裁决不予执行程序的审查功能一致，均是当事人认为仲裁裁决不合法，请求法院通过审查的方式阻止仲裁裁决的执行。就审查事由而言，根据《仲裁法》第五十八条、《民事诉讼法》第二

---

① 《仲裁法》第五十八条规定：当事人提出证据证明裁决有下列情形之一的，可以向仲裁委员会所在地的中级人民法院申请撤销裁决："（一）没有仲裁协议的；（二）裁决的事项不属于仲裁协议的范围或者仲裁委员会无权仲裁的；（三）仲裁庭的组成或者仲裁的程序违反法定程序的；（四）裁决所根据的证据是伪造的；（五）对方当事人隐瞒了足以影响公正裁决的证据的；（六）仲裁员在仲裁该案时有索贿受贿，徇私舞弊，枉法裁决行为的。人民法院经组成合议庭审查核实裁决有前款规定情形之一的，应当裁定撤销。人民法院认定该裁决违背社会公共利益的，应当裁定撤销。"

② 《民事诉讼法》第二百四十八条规定："对依法设立的仲裁机构的裁决，一方当事人不履行的，对方当事人可以向有管辖权的人民法院申请执行。受申请的人民法院应当执行。被申请人提出证据证明仲裁裁决有下列情形之一的，经人民法院组成合议庭审查核实，裁定不予执行：（一）当事人在合同中没有订有仲裁条款或者事后没有达成书面仲裁协议的；（二）裁决的事项不属于仲裁协议的范围或者仲裁机构无权仲裁的；（三）仲裁庭的组成或者仲裁的程序违反法定程序的；（四）裁决所根据的证据是伪造的；（五）对方当事人向仲裁机构隐瞒了足以影响公正裁决的证据的；（六）仲裁员在仲裁该案时有贪污受贿，徇私舞弊，枉法裁决行为的。人民法院认定执行该裁决违背社会公共利益的，裁定不予执行。裁定书应当送达双方当事人和仲裁机构。仲裁裁决被人民法院裁定不予执行的，当事人可以根据双方达成的书面仲裁协议重新申请仲裁，也可以向人民法院起诉。"

百四十八条的规定，法院在两种程序中的审查事由也是一致的。就法律效果而言，裁决被撤销与不予执行的结果均为使仲裁裁决失去其既判力与执行力。

2. 管辖法院不一致

依据现行法律规定[①]，撤销仲裁裁决程序由仲裁委员会所在地的中级人民法院管辖；仲裁裁决不予执行程序则由被执行人住所地或者财产所在地的中级人民法院管辖，符合一定条件可以指定基层人民法院管辖。仲裁裁决的效力经过不同级别、不同地域法院的双重审查，审查结果存在冲突的可能性，因同一申请事由可能产生不同的审查结果。审查同一仲裁裁决的不同法官之间受地域限制、法院级别限制往往存在沟通不畅的问题，司法审查的具体判断标准不一、裁判尺度不一，甚至会造成同案不同判的现象。

3. 程序衔接不畅

为了更好地衔接撤销仲裁裁决程序与仲裁不予执行程序，最高人民法院相继出台仲裁司法审查的相关司法解释[②]，规定当事人在先程序中被驳回申请，以相同的理由在后一程序中提出，人民法院不予支持。但司法解释的规定并未明确人民法院针对“相同理由”是采取不予立案方式还是采取不予审查方式。允许以“相同理由”立案并进入审查程序，即使法院对其理由不予审查，也同样启动程序、浪费司法资源，无法达到双重程序良好衔接的效果。

---

① 《最高人民法院关于人民法院办理仲裁裁决执行案件若干问题的规定》第二条规定：“当事人对仲裁机构作出的仲裁裁决或者仲裁调解书申请执行的，由被执行人住所地或者被执行的财产所在地的中级人民法院管辖。符合下列条件的，经上级人民法院批准，中级人民法院可以参照民事诉讼法第三十八条的规定指定基层人民法院管辖：（一）执行标的额符合基层人民法院一审民商事案件级别管辖受理范围；（二）被执行人住所地或者被执行的财产所在地在被指定的基层人民法院辖区内……《仲裁法》第五十八条规定，当事人提出证据证明裁决有下列情形之一的，可以向仲裁委员会所在地的中级人民法院申请撤销裁决。”

② 详见《最高人民法院关于适用〈中华人民共和国仲裁法〉若干问题的解释》《最高人民法院关于人民法院办理仲裁裁决执行案件若干问题的规定》。

（二）撤销仲裁裁决程序与仲裁裁决不予执行程序双轨制审查的运行不畅

1. 当事人滥用撤销仲裁裁决程序与仲裁裁决不予执行程序

（1）重复提起双重审查程序。

案例a[①] 甲公司向B市E中级人民法院提出不予执行仲裁裁决的申请被驳回后，又向B市S中级人民法院以同一理由提出撤销仲裁裁决的申请。案例b[②] 乙公司向S市中级人民法院提出撤销仲裁裁决的申请被驳回后，又以同一理由向法院提出不予执行仲裁裁决的申请。案例c[③] 丙公司作为申请人向A市中级人民法院提出撤销仲裁裁决申请被驳回后，丁与丙公司同为仲裁被申请人一方，丁向B市中级人民法院提出仲裁裁决不予执行申请。

当事人以相同的理由双重提起两种审查程序或者利益一致的不同当事人对同一份仲裁裁决分别申请两种程序，从权利救济的角度来讲，无任何意义。任一程序的启动均可保证人民法院对仲裁裁决的司法监督。

（2）恶意利用撤回申请的权利。

案例f：徐某向B市S中级人民法院提出撤销仲裁裁决申请，审理期间主动撤回申请，又向B市E中级人民法院申请仲裁裁决不予执行，其未收到执行裁定书时又撤回其申请，再次提起申请撤销仲裁裁决程序。当事人利用两项程序并存，循环往复提出申请，使仲裁裁决无法执行。

（3）利用不予受理被驳回后可提起上诉的权利。

案例d：申请人王某为阻止仲裁执行程序向B市中级人民法院提起撤销仲裁裁决申请，其明知收到仲裁裁决已超过6个月，人民法院以不符合受理条件予以驳回，并依据法律规定[④]给予王某上诉权。王某利用上诉程序，使仲裁裁决执行中止更长时间。仲裁司法解释赋予申请人对人民法院

① 详见北京市第四中级人民法院（2018）京04民特471号民事裁定书。

② 详见河北省石家庄市中级人民法院（2019）冀01执异301号执行裁定书。

③ 详见北京市第四中级人民法院（2019）京04民特317号民事裁定书。

④ 《最高人民法院关于审理仲裁司法审查案件若干问题的规定》第八条规定：人民法院立案后发现不符合受理条件的，裁定驳回申请。前款规定的裁定驳回申请的案件，申请人再次申请并符合受理条件的，人民法院应予受理。当事人对驳回申请的裁定不服的，可以提起上诉。

决定不予立案、不予审查撤销仲裁裁决申请的上诉权，由于法律对于此类案件的上诉没有规定审限，所以相对法院对撤裁申请进行实质审查的案件两个月审限而言，此类不予立案、不予审查案件更可能造成仲裁执行无限期拖延。

2. 当事人误解双轨制审查程序

依据裁判文书网统计①，2017 年 B 市撤销仲裁裁决案件 968 件，2018 年撤销仲裁裁决案件 1004 件，2019 年撤销仲裁裁决案件 1636 件，其中涉及认定事实和适用法律等实体审查事由占 48%。2017 年 B 市仲裁裁决不予执行案 180 件，2018 年仲裁裁决不予执行案 250 件，2019 年仲裁裁决不予执行案 193 件，其中涉及实体审查事由占 29%。由上述数字可知，部分当事人对两种仲裁司法审查程序存在误解，认为仲裁司法审查程序是仲裁程序的二审实体审查，部分当事人提出的申请事由虽然名为《仲裁法》第五十八条法定事由，如伪造证据、隐瞒证据、侵犯社会公共利益，但实质还是针对仲裁庭的实体审理问题。部分当事人甚至直接以仲裁实体认定错误作为撤销仲裁裁决、仲裁裁决不予执行的申请事由。部分当事人认为不予执行程序是撤销仲裁裁决程序的再次审查救济。（见图 3.6、图 3.7）

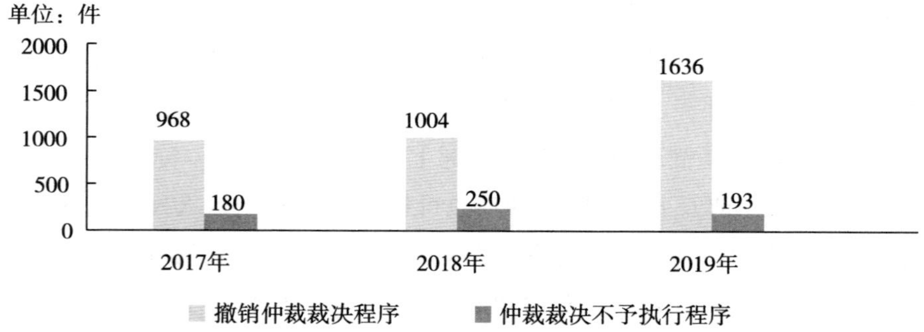

图 3.6　B 市 2017—2019 年双轨制审查程序的裁判文书量

① 查阅威科先行法律信息库，http：//ffyx9f1f153d0fb84ea197b91f798df452b6hcov6kkbfcbpu6n0b.fhfi.libproxy.ruc.edu.cn/search/process？collection = case&navSelected = case&modules = &sp.order = judgmentDate + desc&reserved_ query = #/qVvDKyBKwK，2020 年 6 月 15 日。

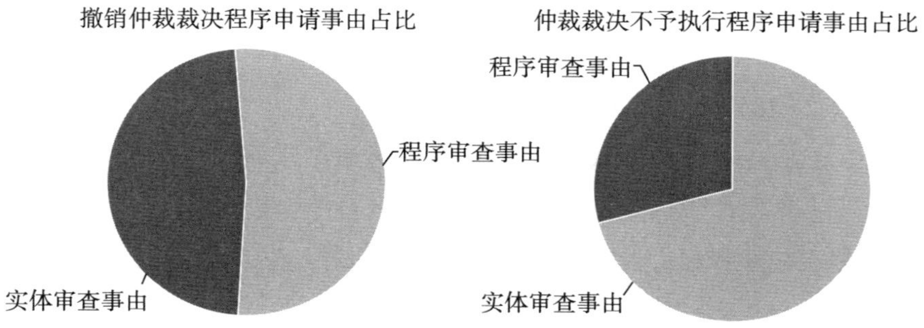

图 3.7　两项程序的申请事由占比

3. 仲裁裁决不予执行程序选择适用率低

撤销仲裁裁决程序与仲裁裁决不予执行程序中赋予了当事人双重救济路径选择的权利。在实践中，撤销仲裁裁决程序的适用率远高于仲裁裁决不予执行程序。一方面，从上述近三年 B 市法院撤销仲裁裁决案件与仲裁裁决不予执行案件的数量对比可以明显看出二者的适用差别。另一方面，当事人对于适用两种程序存在不同的心理考量，认为撤销仲裁裁决程序的审查程序更加规范，且仲裁裁决不予执行程序受到执行程序是否启动的限制。

二、存续之因：撤销仲裁裁决程序与仲裁裁决不予执行程序设立与并存的原因背景

（一）设立背景：两项程序设立的历史背景

笔者梳理了撤销仲裁裁决程序与仲裁裁决不予执行程序的历史渊源，早在 1991 年《民事诉讼法》中就设定了仲裁裁决不予执行制度，该制度设立之初面临着仲裁领域的变革，仲裁性质由行政仲裁转变为商事仲裁，司法领域采取较现在审查程序更加严格、谨慎的司法监督，并以“仲裁裁决不予执行”程序予以体现。另外，国内的仲裁裁决不予执行程序参考《纽约公约》中“拒绝承认和执行”的规定，以求和国际接轨。在国际商事仲裁领域，因不采用“撤销”仲裁裁决来直接否定仲裁裁决效力，而采用“不予执行”这一温和术语来否定域外仲裁裁决的可执行力。为适应改革开放和市场经济的需要，我国制定《仲裁法》，并规定了撤销仲裁裁决

程序，建立了与国际通行做法接轨的法律体系。自此，两项审查程序长期共存。笔者认为，从国内、国际背景的两个视角来看，仲裁裁决不予执行程序设立之初确有立法者的考量。

（二）后续探讨与争议：两项程序长期并存的原因

经过多年的探索、实践，撤销仲裁裁决程序与仲裁裁决不予执行程序并存的弊端在仲裁理论与实务领域一直引发争议。2005 年最高人民法院颁布了《关于适用〈中华人民共和国仲裁法〉若干问题的解释》对撤销与不予执行程序衔接进行了规定,① 但未改变两项程序并存的局面。

在 2013 年《民事诉讼法》修改的过程中，立法者最终采纳将仲裁裁决不予执行的审查事由与撤销仲裁裁决的审查事由统一。但对于废除仲裁裁决不予执行程序、两项程序合二为一的，立法者采取谨慎的态度。立法者考虑到仲裁裁决不予执行程序有其独立的价值。从司法监督结果来看，如果仲裁裁决涉及侵犯社会公共利益，但是当事人又没有撤销仲裁裁决，该项裁决还可通过仲裁裁决不予执行程序进行审查监督。从案外人利益救济保护来看，仲裁裁决不予执行程序还包括对案外人的救济保护，是撤销仲裁裁决程序不能实现的。

三、撤销仲裁裁决程序与仲裁裁决不予执行程序双轨制重构路径证成

（一）理论证成：仲裁裁决不予执行程序进阶确认程序

1. 理论基础：审判权与执行权分离属性

撤销仲裁裁决程序由审判庭针对当事人申请进行审查，仲裁裁决不予执行则是由执行庭审查并作出是否予以执行的裁定，但两者的法律效果均是对仲裁裁决的否定。审判权与执行权分离是司法体制改革的重要方向，其基本的理念在于审判权与执行权的职能划分。仲裁裁决不予执行程序既包含对仲裁裁决合法性进行审查的裁判属性，又包含执行仲裁裁决的属

① 《最高人民法院关于适用〈中华人民共和国仲裁法〉若干问题的解释》第二十六条规定：当事人向人民法院申请撤销仲裁裁决被驳回后，又在执行程序中以相同理由提出不予执行抗辩的，人民法院不予支持。

性，不符合审执分离的职能划分。国内仲裁司法审查程序应厘清审查权与执行权的职权划分。

2. 理论回归：仲裁裁决的执行监督之必要性

仲裁裁决是否需要在执行阶段进行监督，根本原因在于仲裁裁决是否如法院判决具有执行力。仲裁在执行阶段能够成为民商事纠纷解决的司法替代手段，其根本动因在于仲裁裁决内容最终能够被执行，仲裁当事人的权利义务能够获得保障。目前理论界与实务界之间关于仲裁裁决执行力问题存在争议。一种观点①认为，仲裁裁决本身就具有执行力，仲裁裁决可直接作为执行根据。另一种观点②认为，仲裁裁决经过人民法院司法确认后才能获得强制执行力。笔者同意后一种观点，仲裁裁决是民间机构作出的裁决，不同于司法机关作出的裁判文书，需要得到司法部门的司法确认，方能确定其合法性，才能被赋予强制执行力，这也是仲裁司法审查程序设立的应有之义。

3. 程序借鉴：仲裁裁决执行监督中借鉴确认程序

如前述分析，仲裁裁决需要得到司法机关的认可，才能被强制执行。此点可类比人民调解协议的司法确认问题。调解协议是由民间调解机构主持达成的，不能直接赋予人民调解协议强制执行力，人民调解协议的执行力必须得到法院的确认。在人民调解协议司法确认的审查中，人民法院除对人民调解协议内容的可执行性作出审查外，还审查人民调解协议是否违反强制性规定、侵害国家利益、社会公共利益、案外人合法权利以及损害社会公序良俗。审查内容均属于法官依职权审查事项。③ 仲裁裁决不予执行程序可借鉴类似的人民调解协议司法确认程序的优势，重新构建双轨制审查程序——撤销仲裁裁决程序与仲裁裁决确认程序。

① 参见江伟、肖建国：《仲裁法》，中国人民大学出版社2016年版，第297－298页。

② 参见张卫平：《现行仲裁执行司法监督制度结构的反思与调整——兼论仲裁裁决不予执行制度》，载《现代法学》2020年第1期。

③ 参见周翠：《司法确认程序之探讨——对〈民事诉讼法〉第194－195条的解释》，载《当代法学》2014年第2期。

（二）功能证成：仲裁裁决不予执行程序的功能被合理替代

1. 司法监督功能下的撤销仲裁裁决程序可替代仲裁裁决不予执行程序

如本文第一部分所述，撤销仲裁裁决程序与仲裁裁决不予执行程序设置功能重复，均属于司法对仲裁裁决合法性的监督。且仲裁裁决不予执行程序的选择适用频率远低于撤销仲裁裁决程序，且适用条件需要以当事人收到仲裁执行通知书、有未履行完的裁决义务、有明确的执行内容为限。撤销仲裁裁决程序以启动限制少、适用频率高等优势，可完全替代仲裁裁决不予执行程序。

2. 执行异议程序可替代案外人申请仲裁裁决不予执行程序

如上文所述，仲裁司法审查的本意是对仲裁裁决的合法性进行监督，撤销仲裁裁决程序与仲裁裁决不予执行程序的程序定位亦是如此，目前仲裁裁决不予执行程序不仅包括仲裁当事人提起不予执行程序，还包括案外人提起不予执行程序。案外人提起仲裁裁决不予执行程序是因为仲裁裁决执行可能侵犯到案外人的利益，并不是对仲裁裁决本身合法性的否定和质疑。案外人主张权利的本质是对人民法院执行行为或者执行标的提出异议，此部分不应划分为仲裁司法审查程序的范畴。

2018 年《最高人民法院关于人民法院办理仲裁裁决执行案件若干问题的规定》第九条、第十八条规定，案外人有权提起仲裁裁决不予执行程序，赋予了非仲裁协议当事人阻止仲裁裁决执行的申请权利。撤销仲裁裁决程序目前并没有赋予第三人撤销仲裁裁决的权利，并不能涵盖案外人的权利救济，如果撤销仲裁裁决程序如前文所述，完全替代仲裁裁决不予执行程序，那么案外人阻止裁决执行的权利如何保障？笔者认为，通过前述概念分析，案外人完全可以通过执行异议程序获得相应救济。

四、解决之道：撤销仲裁裁决程序与仲裁裁决不予执行程序双轨制的理念定位与重新建构

（一）理念定位：保证仲裁司法审查程序科学性与统一性

1. 仲裁司法审查的监督性与效率性有机统一

仲裁司法监督已经成为世界范围内的通例，一方面，司法的法定介入

监督能够最大限度保证裁决的公正性；另一方面，在充分发挥仲裁司法审查的监督功能时，必须兼顾其效率性，保证审查程序简便高效以及多项程序衔接顺畅。仲裁司法审查的监督性与效率性有效统一，不仅实现了司法资源的节省，更间接保障了仲裁裁决的执行效率，促进仲裁领域健康发展，是仲裁司法审查程序成功设立的应有之义。

2. 当事人权利保护与权利制衡的有效平衡

仲裁司法审查双轨制重构不得使申请人丧失寻求司法救济的权益，也不得使这种权益消极减少。但近年来，越来越多的申请人恶意利用这两种程序拖延仲裁执行，必须对此类行为进行合理规制，这从两造对立的角度而言，也是保护仲裁司法审查被申请人的合法权益。法律的魅力在于利益保护与权力规制的平衡性，司法审查秩序的重构应当实现对申请人滥用程序的规制，与保障申请人、被申请人权利救济的平衡。

（二）制度重构：构建以撤销仲裁裁决程序为核心，仲裁裁决执行确认程序为辅助的司法监督制度

1. 核心建设：仲裁司法审查以撤销仲裁裁决程序为核心

撤销仲裁裁决程序与仲裁裁决不予执行程序相比，其理论基础、程序设计更加符合法律规律，并可完全替代不予执行程序。双轨制司法审查程序重构建议选择保留撤销仲裁裁决程序，废除仲裁不予执行程序，并把仲裁裁决不予执行程序中的合理设计融入撤销仲裁裁决程序中，促进其完善。例如，仲裁裁决不予执行程序在《最高人民法院关于人民法院办理仲裁裁决执行案件若干问题的规定》中规定了不予执行的申请事由一并提出，除非有新的证据出现。为有效避免当事人利用不同申请事由反复提出撤裁申请恶意拖延执行程序，也应相应规定申请撤销仲裁裁决的事由应一并提出，实现申请撤销仲裁裁决案件一次性审查。对于现行法律规定中因不符合立案条件裁定不予受理的案件，建议不给予当事人提起上诉的权利，与司法审查程序作出的裁判保持法律效果统一，即裁定一经作出即发生法律效力。

2. 辅助建设：简化仲裁执行监督，建立仲裁裁决确认程序

废除仲裁裁决不予执行制度并非取消必要的仲裁执行监督，这是由仲

裁裁决缺乏执行力的属性决定的。仲裁裁决确认程序是仲裁胜诉方得以执行仲裁裁决的必经程序，由仲裁胜诉方提出确认申请，法院针对仲裁裁决的可仲裁性、是否违反社会公共利益、可执行性进行职权审查，不以当事人的异议请求为基础。经审查并无上述情形的作出确认裁定，仲裁裁决即可被强制执行。程序管辖法院参照现存的仲裁裁决不予执行管辖法院规定，由被执行人住所地或者被执行的财产所在地的中级人民法院管辖。仲裁裁决作出后具备既判力，参照不予执行裁定不给予当事人上诉权或者复议权，仲裁裁决确认裁定作出后，申请人也不得再行提起，但是仲裁裁决确认裁定的既判力会受到仲裁裁决撤销程序的影响。如果该份仲裁裁决被撤销，自然失去既判力和执行力。仲裁裁决的确认程序最大限度地提高了仲裁裁决的执行效率，也避免了与撤销仲裁裁决制度相雷同的重复审查事由，并谨慎保持着审执分离的界限，与撤销程序分工明确、各司其职，打破现存司法审查程序双轨制的审执混淆、重复审查的僵局。(见图 3. 8)

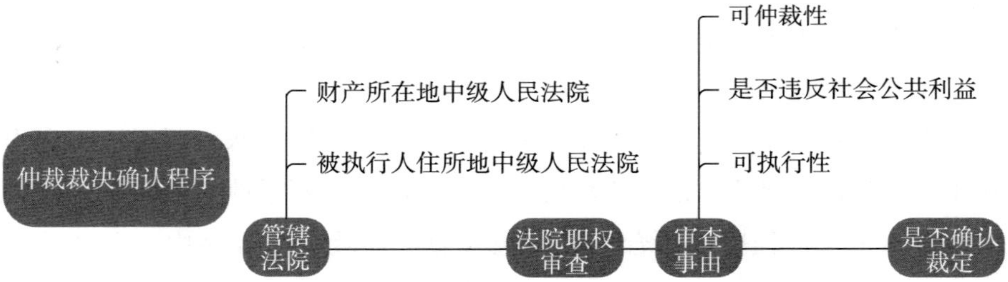

图 3. 8　仲裁裁决确认程序的程序设计

3. 新思路突破：仲裁裁决经司法确认，不因撤销仲裁裁决程序启动而中止执行

前述仲裁裁决经司法确认后，对于被执行人唯一救济途径为撤销仲裁裁决程序，考虑到利益衡量，执行程序中止等待撤销程序的结果。目前法院受理大量的撤销仲裁裁决的案件，但是最后能够撤销裁决的案件极少，撤销仲裁裁决程序的启动本身作为当事人恶意拖延的工具，根本原因在于依据法律规定，撤裁程序启动可以阻却执行，如果能够打破这一定律，仲裁裁决继续执行必然成为解决问题的“釜底抽薪”之策。但

这一思路有弱化仲裁司法审查监督的风险，必须要对继续执行的条件进行明确的规范。《最高人民法院关于人民法院办理仲裁裁决执行案件若干问题的规定》第七条规定，“中止执行期间，人民法院应当停止处分性措施，但申请执行人提供充分、有效的担保请求继续执行的除外”。除此之外，仲裁裁决被执行人也需要提供担保，因为财产有转移或被藏匿的可能性，如仲裁裁决被执行人拖延无法提供担保，将无法阻止仲裁裁决的继续执行。

4. 衔接弥合：撤销仲裁裁决程序与仲裁裁决确认程序有效衔接

完善的法律系统是一个逻辑自洽的封闭环路。仲裁裁决确认程序的设立打破困境僵局，依然需要与其他的仲裁司法审查程序，特别是撤销仲裁裁决程序完美衔接，前文的仲裁裁决确认制度简化了仲裁裁决申请执行人的申请程序，提高了仲裁裁决的执行效率。仲裁裁决被执行人的利益保护以及仲裁裁决公正性的实现需要程序衔接部分的具体操作予以体现。

（1）先行提起撤销仲裁裁决程序。

撤销仲裁裁决申请在对方请求司法确认仲裁裁决前提出。从拖延仲裁裁决执行的视角考虑，申请人在对方并没有提出执行就主动提请撤销仲裁裁决，主观恶意的可能性较低。人民法院依据《仲裁法》第五十八条进行审查。该仲裁裁决经审查属违法应予撤销，否定了仲裁裁决的既判力与执行力。仲裁裁决申请执行人向法院申请确认仲裁裁决效力的申请自然失去依据。该仲裁裁决经审查确认有效，仲裁裁决申请执行人直接依据法院作出的裁定申请仲裁裁决强制执行，执行法庭关于仲裁裁决的可仲裁性、是否侵犯社会公共利益无须再行审查，审查内容已经涵盖在撤销程序的审查范围内。

（2）先行提起仲裁裁决确认程序

仲裁裁决申请执行人在确认程序中提出确认申请，经执行法庭审查，仲裁裁决经确认可进行强制执行，仲裁裁决被执行人只能通过撤销仲裁裁决程序进行权利救济，但是要对其权利主张时间予以限制，防止仲裁裁决被执行人拖延权利行使。借鉴不予执行制度的相关规定，仲裁裁决被执行人，即确认程序中的被申请人应在收到执行通知书的15日内提出撤销仲裁裁决的申请，但不停止仲裁裁决的执行。经执行法庭审查，仲裁裁决未得到司法确认，仲裁裁决即失去执行力。

5. 配套措施：执行异议程序是司法审查程序重构中的经济性选择

仲裁裁决不予执行程序的废除不仅是对仲裁司法审查程序的再优化，也影响案外人权利实现途径。仲裁司法审查程序的重构不能损害案外人权利救济途径，相应的配套措施必不可少。案外人提出仲裁裁决不予执行只是基于执行行为或执行标的涉及己方权利，同样可以通过执行异议程序解决。依据《民事诉讼法》第二百三十八条①的规定，仲裁协议案外人的权利救济通过已有的执行异议程序即可实现。法律程序的构建不仅需要系统的完整性，也要考虑经济性，依据原有的程序即可实现权利救济保护，无须再另行设置新程序。

① 《民事诉讼法》第二百三十八条规定：执行过程中，案外人对执行标的提出书面异议的，人民法院应当自收到书面异议之日起十五日内审查，理由成立的，裁定中止对该标的的执行；理由不成立的，裁定驳回……

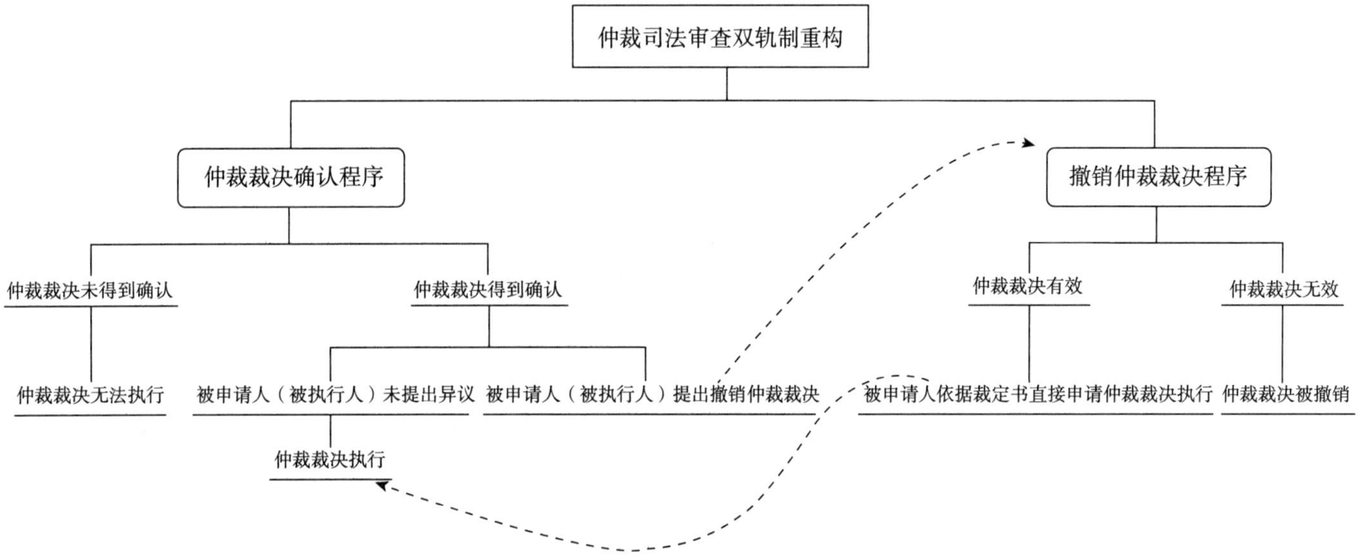

图 3.9　仲裁司法审查程序重构设计

结　语

撤销仲裁裁决程序与仲裁裁决不予执行程序双轨制审查在实践中产生的诸多问题，更反映了审查程序设置的重复与冗杂所带来的制度弊端，反思与重构双轨制审查程序是审判体系现代化的必然选择。本文提出创新设置仲裁裁决确认程序，构建以撤销仲裁裁决程序为核心、以仲裁裁决确认程序为辅助，主次分明、审执分离的仲裁司法审查体系，简洁高效地发挥司法监督职能，实现仲裁司法审查制度与仲裁领域和谐发展的再度飞跃。

裁判文书

重庆某房地产开发有限公司申请撤销仲裁裁决案

北京市第四中级人民法院
民事裁定书

（2022）京04民特821号

申请人：重庆某房地产开发有限公司

被申请人：中核某建筑工程有限公司

申请人重庆某房地产开发有限公司（以下简称房地产公司）与被申请人中核某建筑工程有限公司（以下简称建筑工程公司）申请撤销仲裁裁决一案，本院于2022年10月28日受理后依法进行了审查。本案现已审查终结。

房地产公司称，请求法院撤销北京仲裁委员会（以下简称北仲）作出的（2022）京仲部裁字第×××号裁决书（以下简称案涉裁决）；申请费由建筑工程公司承担。

事实和理由：一、裁决认为“建筑工程公司已支付的42 735 009.35元工程款用于抵扣利息”所根据的证据《监管分配协议》系建筑工程公司和杨某恶意串通，伪造的；裁决确定进度款25 440万元依据的《工程进度款申报表》中2021年9月10日集中签发的那一部分进度款申报表系建筑工程公司和杨某串通伪造。

关于《监管分配协议》，房地产公司自2019年3月已启用编号尾号0550的新公章（以下简称0550公章），重庆市武隆区公安局于2019年3月19日对杨某掌控的编号尾号5324的公章（以下简称5324公章），认定自2017年3月17日自动失效。《监管分配协议》上加盖的房地产公司的公章是已经失效的5324公章。案涉裁决书第30页第一段“仲裁庭另注意到，《监管分配协议》上未注明签订时间，庭审中，双方确认协议的签订时间为2019年8月份”，事实上庭审中双方未能就该协议的签订时间达成一致，房地产公司对该协议的合法性根本不予认可。房地产公司认为，无论《监管分配协议》是什么时间签订，均是建筑工程公司和杨某串通伪造的。房地产公司自2019年3月就已经启用0550公章，不可能再加盖5324公章。重庆公安局于2019年3月19日对杨某掌控的5324公章认定自2017年3月17日自动失效，此后所加盖5324公章的协议均是无效的。并且，从2019年8月起，加盖房地产公司的公章均需在主管部门的监管下进行，《监管分配协议》上加盖5324的公章，很显然是没有得到监管部门的认可。因此，案涉裁决所依据的《监管分配协议》是由建筑工程公司和杨某伪造。

关于《工程进度款申报表》，房地产公司认为建筑工程公司主张进度款25 440万元存在疑点，严重怀疑建筑工程公司2021年11月3日提交的部分《工程进度款申报表》系杨某与建筑工程公司串通伪造的。例如，建筑工程公司2021年4月2日提交的进度款汇总表无2021年1月的1#楼的进度款，但在2021年11月3日提交进度款汇总表显示2021年1月1#楼有进度款1138万余元；建筑工程公司提交的2021年4月27日的结算书显示1#楼的工程造价为4550万余元，2021年11月3日提交的进度款汇总表主张1#楼的进度款为7325万余元，该1#楼2021年1月12日已经竣工验收。又如，建筑工程公司2021年4月2日提交的进度款汇总表2021年1月的3#楼的进度款只有10 889.5元。2021年11月3日提交进度款汇总表显示2021年1月3#楼有进度款976万余元。由于建筑工程公司提交了伪造的集中签发的《工程进度款申报表》，导致仲裁庭错误地作出认定和裁决，进度款直接多出了近4000万元。

综上，房地产公司认为上述《监管分配协议》和《工程进度款申报表》系建筑工程公司和杨某伪造，房地产公司根据《仲裁法》第五十八条第一款第四项的规定申请撤销案涉裁决。

二、《建设工程施工合同》并无关于利息的约定，仲裁庭依据关于违约责任的约定及建筑工程公司伪造的《监管分配协议》作出错误的认定和裁决，导致已支付的工程款中的42 735 009. 35元错误的认定为利息。

房地产公司在仲裁庭审中一直强调，合同专用条款第十六条虽然对工程款的支付方式和时间进行了约定，但是并无关于利息的约定。没有约定的，只能按照同期银行贷款利息或者LPR的标准。裁决引用的专用条款第20. 1. 2条系关于违约责任的约定，房地产公司也一直强调系建筑工程公司违约在先，况且仲裁庭也根本未认定房地产公司违约，故根本不能将违约责任条款的约定作为进度款的利息的标准。

三、案涉裁决依据伪造的《监管分配协议》将已经支付工程款中42 735 009. 35元用于抵扣延迟支付进度款的利息，也侵犯了其他众多债权人的利益。

房地产公司除了建筑工程公司外，还有刘某、龚某、南岸区建材经营部、江北区小额贷款公司、吴某、陈某、简某、陈某、江某、肖某、刘某、吴某等众多债权人，裁决将已经支付工程款中42 735 009. 35元用于抵扣延迟支付进度款的利息，也严重侵犯了前述债权人的利益，违背社会公共利益。房地产公司特根据《仲裁法》第五十八条第三款的规定申请撤销案涉裁决。

建筑工程公司称：一、房地产公司的申请实质属于仲裁审查的实体问题，并非人民法院的司法审查范围，更不属于可以撤销仲裁裁决的情形。

撤销仲裁裁决程序在性质上属于民事诉讼的范畴，房地产公司以“伪造证据”为由申请撤销裁决，应对建筑工程公司存在“伪造证据”的事实负有举证责任。本案中，综观房地产公司的申请书及证据材料，其仅向法院证明仲裁庭采信的证据与实际情况不符，实质是要求法院对其主张的待证事实进行二次审理。但对证据的合法性、关联性、证明力、证据内容等进行认定均属仲裁庭自由裁量权范围，不属于法院司法审查的权限范围。

二、《监管分配协议》已经过仲裁庭查明属实，并非伪造。

1. 《监管分配协议》加盖的房地产公司5324公章是真实存在的印章，房地产公司亦知晓并认可该协议的存在。房地产公司在《监管分配协议》上加盖5324公章是其真实存在且一直使用的公章，而非经过故意模仿制造、凭空捏造或是进行变更改造伪造的假公章。在仲裁过程中，房地产公司也从未提及有关“串通、伪造”之说，反之表示知晓《监管分配协议》的存在，并认可了该协议的真实性，只是主张该协议因无第三方的签章认可，第三方监管机构未按照协议执行从而认为协议未发生效力。但该协议的主要内容是对合同履行过程中的阶段性结算、付款资金来源及分配比例、偿还顺序等进行约定，其中关于房地产公司偿还建筑工程公司债务的先后顺序约定仅涉及房地产公司与建筑工程公司双方，第三方监管机构对此是否知晓以及是否认可均不影响该约定的效力，房地产公司应当按照协议约定执行。

2. 房地产公司主张 5324 公章因遗失已于 2017 年 3 月 17 日自动失效，公司自 2019 年 3 月已启用 0550 公章与事实严重不符，其 2017 年 3 月 17 日至 2019 年 7 月均有使用 5324 公章，房地产公司在仲裁中提交的部分证据可以证明该事实。如在房地产公司于 2021 年 4 月 30 日提交给北仲的证据材料第二组中的《旋挖桩签证单》，房地产公司于 2017 年 6 月 7 日出具该组材料，加盖的是 5324 公章，等等。

3. 房地产公司关于《监管分配协议》系建筑工程公司与杨某恶意串通，伪造证据的主张亦不能成立。

《全国法院民商事审判工作会议纪要》第四十一条第一款明确规定：“司法实践中，有些公司有意刻制两套甚至多套公章，有的法定代表人或者代理人甚至私刻公章，订立合同时恶意加盖非备案的公章或者假公章，发生纠纷后法人以加盖的是假公章为由否定合同效力的情形并不鲜见。人民法院在审理案件时，应当主要审查签约人于盖章之时有无代表权或者代理权，从而根据代表或者代理的相关规则来确定合同的效力。”本案中，杨某虽非工商登记的房地产公司法定代表人、股东，但经各方确认，其为房地产公司的实际出资人、实际控制人，其在盖章之时为有权代表，构成表见代理。另外，案涉项目从前期洽谈到施工至今，也一直系杨某负责与建筑工程公司对接、洽商并作出相关决策。故杨某在对《监管分配协议》用印之时为房地产公司的有权代表，其具备足以使建筑工程公司相信其有权代表或代理房地产公司盖章的合理理由，构成表见代理。

所谓“伪造”的证据是指通过捏造、变造、提供虚假证明等非法方式形成或者获取并且不满足证据的客观性、关联性、合法性要求的证据。辨别伪造证据的关键在于证明一方存在伪造证据的主观意图和行为，但本案双方均无前述行为及主观意图，《监管分配协议》系基于双方真实意思表示而签订的。若无《监管分配协议》中的承诺，建筑工程公司不会同意在房地产公司欠付巨额工程款的情况下仍无限额垫付资金进行施工，房地产公司对分配协议签订背景是明知的，现却在建筑工程公司完成垫资施工后提出《监管分配协议》是建筑工程公司与杨某恶意串通伪造的主张，有违诚实信用原则，亦有失公平。

三、在仲裁阶段，房地产公司已认可申报时间为2021年9月10日的《工程进度款申报表》的真实性，该组证据亦已经过仲裁庭查明属实，不存在串通伪造，建筑工程公司也已对房地产公司提出的疑点进行解释说明。

1. 申报时间为2021年9月10日的《工程进度款申报表》系基于各方的真实意思表示而形成的。房地产公司在2022年4月18日的仲裁庭审中明确认可该组《工程进度款申报表》的真实性，且当庭陈述“2021年9月10日增加的这些工程款进度申报表是在武隆住建委的协调下……”其在2022年2月23日的鉴定会上对鉴定机构提出的“被申请人是否认可（该组《工程进度款申报表》）真实性及作为利息计算的依据”问题时，也明确表示“对真实性认可，对进度款的数据认可”，且该组《工程进度款申报表》中建设单位意见部分不仅盖有房地产公司工程项目部章，还有房地产公司预算部、项目部、财务部负责人的审核意见及签名确认，亦有监理单位的审核意见与签章。前述种种均可说明该组申报表的客观真实性，现房地产公司提出所谓的“串通伪造”实际是有违诚信的反言，既与事实严重不符，也与其主张自相矛盾，不能成立。

2. 房地产公司在本次申请书中所提的疑点，与其在仲裁阶段所提重复，而建筑工程公司也已在仲裁阶段作出解释。

综上，房地产公司的申请事项缺乏事实与法律依据，法院不应对本案的实体问题包括仲裁庭采信的证据、认定的事实进行审查，依法应予驳回房地产公司的申请。

在本案审理中，房地产公司提出追加第三人申请，申请追加杨某为案件无独立请求权第三人，以查明《监管分配协议》上的5324公章是否为杨某加盖。建筑工程公司对此持否定意见。

经审查查明，北仲依据建筑工程公司提交的以房地产公司为被申请人的仲裁申请书，以及建筑工程公司与房地产公司签订的《建设工程施工合同》中仲裁条款的约定及有关法律的规定，于2021年4月13日受理了双方在上述合同项下的争议仲裁案，该案编号为（2021）京仲案字第××××号，适用北仲自2019年9月1日起施行的《北京仲裁委员会仲裁规则》中普通仲裁程序的规定。

建筑工程公司的仲裁请求为：①解除双方于2014年9月15日签订的《建设工程施工合同》及《补充协议书》；②房地产公司支付建筑工程公司工程款415 623 169.31元及该款自变更仲裁请求之日即2021年6月25日起按年利率15%计至实际还清之日止的利息；③房地产公司支付建筑工程公司工程进度款利息34 227 613.32元……

2021年11月3日，建筑工程公司向仲裁庭提交先行裁决申请书，请求称：本案立案后，2021年9月10日，房地产公司就建筑工程公司已完成但未予以审核的工程进度款进行补充审核，至此双方明确已审核的案涉工程进度款金额为31 800万元，按照施工合同关于进度款支付的约定，房地产公司应付进度款为31 800万元×80% =25 440万元。经双方协商一致，同意尽快推进已确认进度款金额及其优先受偿权在本案中先予裁决……故请求就下列事项先行作出部分裁决：①房地产公司支付建筑工程公司工程进度款25 440万元及利息［其中：计至2021年3月15日止的工程进度款利息23 974 016.58元（已扣除已付利息47 475 934.82元），自2021年3月16日起以进度款25 440万元为基数按年利率15%计至实际还清之日止的利息］；②房地产公司退还建筑工程公司履约保证金5 035 790.53元……

仲裁庭经合议，决定就建筑工程公司的仲裁请求事项作出部分裁决。2022年5月16日，仲裁庭作出案涉裁决，裁决内容为：①房地产公司向建筑工程公司支付工程进度款 25 440 万元及计算至 2021 年 3 月 15 日的工程进度款利息 20 283 964. 18 元，并以 25 440 万元为基数按年利率 15% 的标准向申请人支付自 2021 年 3 月 16 日起至实际还清之日止的利息；②房地产公司退还建筑工程公司履约保证金 5 035 790. 53 元；……

建筑工程公司在仲裁审理中提交证据《监管分配协议》，该协议签订主体为房地产公司（甲方）、建筑工程公司（乙方），合同首部注明监管方为某住房和城乡建设委员会。合同第四条约定，房地产公司偿还建筑工程公司的债务先后顺序依次为：欠付建筑工程公司的履约保证金及相应利息、已付未付的垫资款利息、已完工程款及月进度款。合同尾部房地产公司和建筑工程公司均在协议上加盖印章，房地产公司加盖印章的编号尾号为 5324，监管方未盖章确认。房地产公司与建筑工程公司在仲裁中确认该协议的签订时间为 2019 年 8 月。

关于房地产公司已付款的归属问题。在仲裁审理期间，建筑工程公司依据《监管分配协议》主张房地产公司已付款项应按照《监管分配协议》第四条约定的债务清偿顺序执行；房地产公司在仲裁期间对《监管分配协议》的真实性认可，但认为该协议并无第三方的签章认可，表明第三方监管机构不认可该协议的内容，且该监管协议也非房地产公司的真实意思表示，该协议并未发生效力。对双方的上述争议，仲裁庭审查后认为，《监管分配协议》已由建筑工程公司与房地产公司盖章确认，房地产公司亦认可该协议的真实性，且仲裁庭经审查后认为该协议的主要内容是对《建设工程施工合同》履行过程中的阶段性结算、房地产公司付款资金来源及分配比例、偿还顺序等进行的约定，其中关于房地产公司偿还建筑工程公司债务的先后顺序的约定仅涉及建筑工程公司与房地产公司双方，监管方对此是否知晓以及是否认可均不影响该约定的效力。故仲裁庭未采纳房地产公司的上述主张，确认《监管分配协议》中关于房地产公司偿还建筑工程公司债务的先后顺序的约定，可以作为认定房地产公司已付款项归属的依据。

关于房地产公司应支付的进度款金额问题。建筑工程公司主张，截至 2021 年 9 月 10 日，双方明确已审的案涉工程进度款为 31 800 万元，按照合同关于工程进度款按已审金额 80% 支付的约定，应付工程进度款 31 800 万元 ×80% =25 440 万元，故请求房地产公司先行支付建筑工程公司工程进度款 25 440 万元及相应的利息。房地产公司对建筑工程公司主张的进度款 25 440 万元提出疑点，主张 2021 年 9 月 10 日以后所产生的《工程进度款申报表》均属于建筑工程公司以停工为要挟被迫签署，且该部分内容也是一个估算值，认为工程项目部签章的全部《工程进度款申报表》均不能认定为系房地产公司对工程进度款的确认行为。对双方上述争议，仲裁庭认为，房地产公司所称的进度款 25 440 万元的疑点，主要是指建筑工程公司提交的不同时期的进度款汇总表以及汇总表与结算书之间存在矛盾和冲突。建筑工程公司在其提交的落款日期为 2021 年 11 月 26 日的“关于庭审相关问题的说明”中给予了解释。仲裁庭认为建筑工程公司主张的进度款金额均经过了监理单位的审核和房地产公司的审核确认，房地产公司所提出的疑点并不能否认经双方审核确认的进度款金额，并且 2021 年 9 月 10 日以后《工程进度款申报表》是在双方发生争议，建筑工程公司在本会提起仲裁申请后双方就处理争议事项而签署的协议，房地产公司在协议签署后又以签章问题否定该协议的效力有违诚实信用原则，故对房地产公司的该主张不予认可，认定房地产公司应支付的工程进度款为 25 440 万元。

房地产公司向仲裁庭提交的第七组证据中的《武隆江上项目工程款利息确认书》，该确认书系房地产公司致建筑工程公司的落款日期为 2018 年 12 月 24 日的书面函件，加盖有 0550 公章和 5324 公章。

另外，重庆公安局说明，2017 年 3 月 17 日，房地产公司现任法定代表人龚某以公司印章遗失为由申请补刻公司印章，经该局准许该公司刻制了公章。

在本院询问中，房地产公司认可杨某系房地产公司的实际出资人和实际控制人，龚某系基于以转让股权方式为借款债权担保而登记为房地产公司的名义股东和法定代表人，围绕房地产公司股权转让登记引发了包括公司决议纠纷、股东资格确认纠纷等与公司有关的纠纷。

本院认为，本案为撤销国内仲裁案件，法院应根据《仲裁法》第五十八条的规定，对本案进行审查。《仲裁法》第五十八条第一款、第二款规定，当事人提出证据证明裁决有下列情形之一的，可以向仲裁委员会所在地的中级人民法院申请撤销裁决：（一）没有仲裁协议的；（二）裁决的事项不属于仲裁协议的范围或者仲裁委员会无权仲裁的；（三）仲裁庭的组成或者仲裁的程序违反法定程序的；（四）裁决所根据的证据是伪造的；（五）对方当事人隐瞒了足以影响公正裁决的证据的；（六）仲裁员在仲裁该案时有索贿受贿，徇私舞弊，枉法裁决行为的。人民法院经组成合议庭审查核实裁决有前款规定情形之一的，应当裁定撤销。

一、关于案涉裁决所依据的证据是否伪造的问题

《最高人民法院关于人民法院办理仲裁裁决执行案件若干问题的规定》第十五条规定，“符合下列条件的，人民法院应当认定为民事诉讼法第二百三十七条①第二款第四项规定的‘裁决所根据的证据是伪造的’情形：（一）该证据已被仲裁裁决采信；（二）该证据属于认定案件基本事实的主要证据；（三）该证据经查明确属通过捏造、变造、提供虚假证明等非法方式形成或者获取，违反证据的客观性、关联性、合法性要求”。本案虽然系撤销仲裁裁决审查程序而非不予执行仲裁裁决的审查程序，但《民事诉讼法》关于不予执行国内仲裁裁决的规定与《仲裁法》第五十八条关于撤销国内仲裁裁决的规定基本一致，故上述执行规定第十五条关于伪造证据的认定标准也可参照适用于撤销国内仲裁裁决案件中。

关于《监管分配协议》是否属于伪造的证据。房地产公司主要提出两点理由：一是认为房地产公司自2019年3月已启用0550公章，《监管分配协议》上加盖的5324公章自2017年3月17日已经失效；二是自2019年8月起加盖房地产公司公章需在相关部门监管下进行，而《监管分配协议》未经监管部门认可。本院认为，房地产公司上述两项理由均不能成立，理由如下：第一，在仲裁审理中，房地产公司与建筑工程公司确认《监管分配协议》签订时间为2019年8月，虽房地产公司在本案中称未与建筑工程公司就协议签订时间达成一致，但未提交证据证明该主张，故本院对此不予采信。既然双方已确认《监管分配协议》签订时间为2019年8月，按

① 2023年修正后为第二百四十八条。

照房地产公司在本案中所述，房地产公司自 2019 年 3 月已启用 0550 公章，故房地产公司在仲裁中对《监管分配协议》未加盖 0550 公章情况应明知，但房地产公司在仲裁期间对《监管分配协议》的真实性并无异议，表明其认可 5324 公章系公司正常使用的印章。同时，结合房地产公司向仲裁庭提交证据《武隆江上项目工程款利息确认书》，该确认书落款时间为 2018 年 12 月 24 日，同时加盖有 0550 公章和 5324 公章。上述事实进一步证明，房地产公司在 2017 年 3 月后仍有使用 5324 公章的情形，故房地产公司关于 5324 公章自 2017 年 3 月 17 日已失效的意见，缺乏事实依据。第二，杨某一直是房地产公司的实际控制人。房地产公司现任法定代表人龚某某虽然以 5324 公章遗失为由申请补刻了 0550 公章，但实际情况是 5324 公章仍在实际使用。杨某作为公司实际控制人，在经营管理中仍在使用 5324 公章，依照《合同法》第五十条的规定，其加盖使用公章符合表见代表，除非有推翻性的证据，相关文件不属于伪造证据范畴，《监管分配协议》也是如此。第三，《监管分配协议》上加盖 5324 公章未经过监管部门的认可，与《监管分配协议》属于伪造在逻辑上并没有直接的联系，从前者不能推导出后者。

综上，房地产公司提出《监管分配协议》伪造的主张，其在仲裁中对该证据的真实性并无异议，在本案中依据的理由缺乏事实依据，且就伪造事实未提交充分证据予以证明，故本院对房地产公司该项请求不予支持，房地产公司关于案涉裁决违反《仲裁法》第五十八条第一款第一项之规定的主张，不能成立。

关于建筑工程公司 2021 年 11 月 3 日提交的部分《工程进度款申报表》是否属于伪造的证据。房地产公司以进度款 25 440 万元存在疑点为由，主张建筑工程公司 2021 年 11 月 3 日提交的部分《工程进度款申报表》系建筑工程公司与杨某串通伪造。本院认为，房地产公司须举证证明该证据是伪造的。本院注意到，关于房地产公司应支付的进度款金额系双方在仲裁中的一项争议焦点。房地产公司在本案中对建筑工程公司主张的进度款 25 440 万元所提质疑，与其在仲裁期间针对该问题的答辩意见一致，即认为建筑工程公司提交的不同时期的进度款汇总表以及汇总表与结算书之间存在矛盾和冲突。仲裁庭审查后未支持房地产公司的上述意见。房地产公司在本案中以相同理由主张《工程进度款申报表》系伪造，其基本理由是“有疑点而严重怀疑”，但并未提出“确属通过捏造、变造、提供虚假证明等非法方式形成或者获取，违反证据的客观性、关联性、合法性要求”的证据。基于房地产公司就伪造事实未提交充分证据予以证明，其关于案涉裁决违反《仲裁法》第五十八条第一款第一项之规定的主张，亦不能成立。

二、关于案涉裁决是否违反社会公共利益

所谓违反社会公共利益，是指裁决结果违反以社会公众为利益主体的，危害整个社会最根本的法律原则、道德标准的共同利益的情形，其表现形式应当是违背我国法律的基本制度与准则、违背社会和经济生活的基本价值取向，危害社会公共秩序和生活秩序，违背社会全体成员共同普遍认可、遵循的基本道德准则的情形。房地产公司认为案涉裁决将已经支付工程款部分用于抵扣延迟支付进度款的利息，严重侵犯了房地产公司其他债权人的利益，违背社会公共利益。本院认为，首先，案涉裁决解决当事人之间围绕《建设工程施工合同》产生的争议，裁决结果只涉及合同当事人之间的权利义务关系，并不属于社会公共利益范畴；其次，建筑工程公司依据与房地产公司签订的合法有效的合同主张相应合同权利，不存在损害房地产公司其他债权人合法权益的可能。故房地产公司关于案涉裁决违反了《仲裁法》第五十八条第三款之规定的主张，也不能成立。

至于房地产公司提出的追加杨某为本案无独立请求权第三人的申请，因杨某与本撤销仲裁裁决案并无法律上的利害关系，不符合《民事诉讼法》关于追加无独立请求权第三人的条件，本院不予准许。

综上，房地产公司请求撤销案涉裁决的申请，缺乏相应的法律依据和事实根据，本院不予支持。依据《仲裁法》第五十八条、第六十条之规定，裁定如下：

驳回重庆某房地产开发有限公司的申请。

申请费400元，由申请人重庆某房地产开发有限公司负担（已交纳）。

审　判　长　　单国钧
审　判　员　　朱秋菱
审　判　员　　于颖颖

二〇二二年十二月二十八日

法官助理　　王　静
书　记　员　　高　凡

浙江某医院申请撤销仲裁裁决案

北京市第四中级人民法院
民事裁定书

（2022）京04民特859号

申请人：浙江某医院

被申请人：北京某律师事务所

申请人浙江某医院（以下简称浙江医院）与被申请人北京某律师事务所（以下简称北京律所）申请撤销仲裁裁决一案，本院于2022年11月8日立案后进行了审查。现已审查终结。

浙江医院称，申请法院撤销北京仲裁委员会（以下简称北仲）于2022年8月19日作出的（2022）京仲裁字第××××号裁决书（以下简称案涉裁决）。

事实和理由：案涉裁决违反了《中华人民共和国仲裁法》（以下简称《仲裁法》）第五十八条第一款第二项、第三项、第五项、第六项以及第三款。具体如下：

一、案涉裁决违反了一事不再理原则，北仲无管辖权，不应当受理。《仲裁法》规定：仲裁实行一裁终局的制度，裁决作出后，当事人就同一纠纷再申请仲裁或者向人民法院起诉的，仲裁委员会或者人民法院不予受理。北京律所向北仲就案涉委托代理协议提起首次仲裁，北仲于2021年1月28日受理，并于2021年7月6日作出（2021）京仲裁字第2212号裁决书，驳回北京律所全部仲裁请求，双方争议由此已经得以解决。后北京律所再次提出仲裁申请并予立案（以下简称本次仲裁），北仲作出案涉裁决，系就同一仲裁事由再次仲裁，违反了一事不再理原则。仲裁为一裁制，双方即使有其他争议，也应当由法院诉讼处理，北仲无权再次受理，案涉裁决书也不能设立诉求救济的途径。

二、仲裁的程序违反法定程序。本次仲裁中被申请人代理人为蒋某，为北京律所律师；蒋某又是案涉两份委托代理协议中委托方浙江医院的代理人。蒋某既是被申请人浙江医院的原代理人、又是本次仲裁案中申请人的代理人，蒋某即使参与本次仲裁也应当作为证人出庭，而不得以代理人身份出庭，故本次仲裁存在仲裁程序违法。并且，两次仲裁均由葛某同一人担任仲裁员，也构成程序违法。仲裁员不应当再次参与同一仲裁活动，即使再次参与也应当主动回避。

三、对方当事人隐瞒了多项足以影响公正的证据和事实。

隐瞒证据一：北京律所以浙江省高级人民法院（以下简称浙江高院）作出的民事调解书作为本次仲裁基础事实并以此计算代理费的赔偿金额，隐瞒了案涉再审案再审一审的判决结果和再审二审变更诉讼事实、该案再审二审代理律师的代理权限、浙江高院调解书实际为再审的二审等事实，且再审的事实基础和诉求请求不能突破原一审诉请、二审诉请、指令再审和再审一审诉请、再审二审的上诉请求和再审二审诉讼请求变更的基础事实依据，最后应以再审二审诉讼请求变更的基础事实依据。

隐瞒证据二：浙江医院解除委托后北京律所无直接经济损失，北京律所未举证委托解除后的直接经济损失，且浙江省丽水市中级人民法院（以下简称丽水中院）再审一审判决驳回浙江医院全部诉讼请求，我方有权解除委托代理协议而非无故解除。

隐瞒证据三：对 2018 年 7 月 23 日委托代理协议（以下简称协议一）和 2018 年 10 月 16 日委托代理协议（以下简称协议二）第七条内容“如甲方无故终止委托，应当付清本协议项下的全部律师费用。如乙方无故终止履行本协议，乙方也应退还甲方交付的费用”，北京律所只提供了前半段而隐瞒了后半段，导致案涉裁决对格式文本进行片面化的解释和认定。

隐瞒证据四：北京律所隐瞒了浙江医院与浙江某律师事务所的二审法律服务委托代理协议，该协议中的委托事项只针对案涉再审案的一审和二审中的诉讼请求的变更与和解，而对浙江高院在代理律师代理权限外的和解调解内容，必须由浙江医院亲自签名和盖章确认，由此导致案涉裁决超出再审代理金额范围计算北京律所的律师费。

隐瞒证据五：北京律所未提供其对双方委托代理协议接案时的风险告知书和谈话笔录等影响风险代理条款效力的证据。

隐瞒证据六：北京律所隐瞒在浙江医院解除协议二后的 2019 年 4 月 19 日前后，其与浙江医院达成同意解除协议二并提出要约签订新的补充协议拟继续代理案件的事实，据此北京律所不能再主张合同权益和要求赔偿损失。

隐瞒证据七：北京律所张某于 2020 年 11 月 23 日向申请人提出要求浙江医院按照协议二第七条约定付清全部律师费用，而截至 2020 年 11 月 23 日浙江医院已经按照协议支付 40 万元律师费，其余的律师费根本不存在。

隐瞒证据八：北京律所隐瞒在接待和履行双方委托代理协议中的违规情况、未按约定张某无故出庭参与庭审、私下收费、不开具发票等，浙江医院提出书面解除通知书合法有据。

隐瞒证据九：北京律所隐瞒双方法律争议应适用《律师法》而非《合同法》以及隐瞒风险代理和一般代理的区别。

隐瞒证据十：北京律所隐瞒协议一关于“再审发回重审后事宜”的内容，而实际诉讼结果具有不确定性，且可以理解为关于再审的事宜未包括再审的二审程序。

隐瞒证据十一：北京律所隐瞒浙江医院有正当理由解除协议二且其并不存在实际损失的证据。

四、仲裁员在仲裁时枉法裁决。仲裁员葛某在首次仲裁和本次仲裁中均为仲裁员。1. 其明知仲裁一事不再理的仲裁规则，在裁决中为北京律所私设再次仲裁的途径和权利；2. 其明知浙江高院再审二审调解书非一审法律文书而未审查一审文书的内容、结果，不按照职权调查一审法律文书的真实情况而片面将浙江医院在二审中对再审事宜作出处分的内容作为裁决的依据；3. 其对委托代理协议的争议标的进行扩大化，增加原争议法律关系以外的争议金额作为计算和支持风险代理费的基数；4. 其未对案涉委托代理协议的解除原因及解除系基于北京律所的过错进行调查；5. 其未按照职权对浙江高院再审二审调解书的事实基础和法律适用等进行全面调查；6. 其未对双方签订委托代理协议进行整体审查，对风险代理效力作出枉法裁决；7. 其对委托代理协议第七条的格式条款作出有利于北京律所的错误理解，并将间接损失故意理解为直接损失，风险代理不应适应该条，北京律所无实际代理行为也当然不适用该条；8. 其应当优先适用《律师法》而故意适用《合同法》，未依法保证委托方权利的行使。

五、该裁决违背社会公共利益。案涉法律关系为委托代理法律服务纠纷，《合同法》为一般法，《律师法》为特别法，案涉裁决应当优先适用《律师法》而故意适用《合同法》，其不当适用《合同法》违反法律的公平正义，进而影响了社会公共利益。

北京律所称：案涉裁决合法有效，不具备法定撤销情形，请求依法驳回浙江医院申请。具体事实和理由如下：

一、案涉裁决合法有效

北仲作出案涉裁决系基于当事人之间有效的仲裁条款约定，双方未对仲裁庭的组成人员及方式提出异议，亦未提出回避申请，仲裁庭组成合法。经过双方举证、质证、辩论后，仲裁庭基于双方提交的证据材料和庭审情况依法作出裁决，裁决合法有效。

二、案涉裁决不具备申请人列举的撤销情形

（一）案涉仲裁裁决不具有《仲裁法》第五十八条第一款第二项之情形。《仲裁法》第五十八条第一款第二项的内容是“裁决的事项不属于仲裁协议的范围或者仲裁委员会无权仲裁的”，此时可参照适用《最高人民法院关于人民法院办理仲裁裁决执行案件若干问题的规定》第十三条对于不予执行仲裁裁决情况下同一内容的规定。该条规定，下列情形经人民法院审查属实的，应当认定为《民事诉讼法》第二百三十七条[①]第二款第二项规定的“裁决的事项不属于仲裁协议的范围或者仲裁机构无权仲裁的”情形：（一）裁决的事项超出仲裁协议约定的范围；（二）裁决的事项属于

① 2023 年修正后为第二百四十八条，下文同。

依照法律规定或者当事人选择的仲裁规则规定的不可仲裁事项；（三）裁决内容超出当事人仲裁请求的范围；（四）作出裁决的仲裁机构非仲裁协议所约定。浙江医院主张案涉裁决违反一事不再理原则，北仲不应受理且无管辖权，缺少事实和法律根据。首先，一事不再理不属于“裁决的事项不属于仲裁协议的范围或者仲裁机构无权仲裁的”法定情形。其次，北仲对案件有管辖权。《北京仲裁委员会仲裁规则》（以下简称《仲裁规则》）第六条管辖权异议规定，“（一）当事人对仲裁协议的存在、效力或者仲裁案件的管辖权有异议，可以向本会提出管辖权异议。管辖权异议应当在首次开庭前以书面形式提出，当事人约定书面审理的，应当在首次答辩期限届满前以书面形式提出。（二）当事人未依照上述规定提出管辖权异议的，视为承认本会对仲裁案件的管辖权……”浙江医院的委托代理人全程参加了仲裁案件，在仲裁期间未提出管辖权异议，应依照《仲裁规则》视为承认北仲对案件的管辖权，其无权在仲裁裁决生效后再提出管辖权异议。另外，首次仲裁案裁决明确并且释明了鉴于尚未达到支付条件，本裁决不妨碍申请人将来在支付律师费的约定条件具备时另行提起仲裁，这相当于法院的驳回起诉，与驳回诉讼请求不同。

（二）案涉裁决不具有《仲裁法》第五十八条第一款第三项之情形。《仲裁法》第五十八条第一款第三项的内容是“仲裁庭的组成或者仲裁的程序违反法定程序的”。《最高人民法院关于适用〈中华人民共和国仲裁法〉若干问题的解释》第二十条规定，《仲裁法》第五十八条规定的“违反法定程序”，是指违反仲裁法规定的仲裁程序和当事人选择的仲裁规则可能影响案件正确裁决的情形。因此，浙江医院所提出的代理人问题和仲裁员问题不符合法定情形。

（三）案涉仲裁裁决不具有《仲裁法》第五十八条第一款第五项之情形。《仲裁法》第五十八条第一款第五项的内容是“对方当事人隐瞒了足以影响公正裁决的证据的”，此时可参照适用《最高人民法院关于人民法院办理仲裁裁决执行案件若干问题的规定》第十六条第一款对于不予执行仲裁裁决情况下同一内容的规定。该条款规定，符合下列条件的，人民法院应当认定为《民事诉讼法》第二百三十七条第二款第五项规定的“对方当事人向仲裁机构隐瞒了足以影响公正裁决的证据的”情形：（一）该证据属于认定案件基本事实的主要证据；（二）该证据仅为对方当事人掌握，但未向仲裁庭提交；（三）仲裁过程中知悉存在该证据，且要求对方当事人出示或者请求仲裁庭责令其提交，但对方当事人无正当理由未予出示或者提交。浙江医院所列举的事实和理由，如并未生效的判决等，首先，因其未生效而不是认定案件基本事实的主要证据，不符合上述第一项规定；其次，北京律所未参与案件，该证据不属于北京律所掌握，而是由浙江医院所掌握，不符合上述第二项规定；最后，该证据不属于申请人在仲裁过程中知悉存在的证据，不符合上述第三项规定。同时，参照《最高人民法院关于人民法院办理仲裁裁决执行案件若干问题的规定》第十六条第二款的规定，“当事人一方在仲裁过程中隐瞒己方掌握的证据，仲裁裁决作出后以己方所隐瞒的证据足以影响公正裁决为由申请不予执行仲裁裁决的，人民法院不予支持”，浙江医院所列举的材料均为其自身作为诉讼参与人所掌握的证据，因此，其在仲裁裁决作出后又以此为由申请撤销仲裁裁决，应当依法不予支持。

（四）案涉裁决不具有《仲裁法》第五十八条第一款第六项之情形。《仲裁法》第五十八条第一款第六项的内容是“仲裁员在仲裁该案时有索贿受贿，徇私舞弊，枉法裁决行为的”。《最高人民法院关于审理仲裁司法审查案件若干问题的规定》第十八条规定，《仲裁法》第五十八条第一款第六项和《民事诉讼法》第二百三十七条第二款第六项规定的仲裁员在仲裁该案时有索贿受贿，徇私舞弊，枉法裁决行为，是指已经由生效刑事法律文书或者纪律处分决定所确认的行为。浙江医院未能提交相关证据证明存在上述情形，且其在案件审理过程中并未申请回避，其请求不应得到支持。

（五）案涉仲裁裁决不具有《仲裁法》第五十八条第三款之情形。《仲裁法》第五十八条第三款的内容是“人民法院认定该裁决违背社会公共利益的，应当裁定撤销”。浙江医院提出的事实和理由缺乏事实和法律依据，无法证明存在上述情形，不应得到支持。

经审查查明，2021 年 1 月 28 日，北仲根据北京律所提交的以浙江医院为被申请人的仲裁申请和双方签订的协议一和协议二中的仲裁条款，受理了首次仲裁案，由葛某担任独任仲裁员。北京律所的仲裁请求为：①浙江医院向北京律所支付律师费用400万元；②浙江医院承担本案仲裁费。2021年7月6日，北仲作出（2021）京仲裁字第2212号裁决书，裁决驳回北京律所的全部仲裁请求；本案仲裁费由北京律所全部承担。该裁决书认为，鉴于协议二第五条约定的律师费的支付条件尚未成就，浙江医院对北京律所没有支付律师费的义务。当然，本案裁决并不妨碍北京律所将来在支付律师费的约定条件已经具备时，另行提起仲裁。

2022年4月27日，北仲根据北京律所提交的以浙江医院为被申请人的仲裁申请和双方签订的协议一和协议二中的仲裁条款，受理本次仲裁案，编号为（2022）京仲案字第××××号，仲裁程序适用自2022年2月1日起施行的《仲裁规则》第七章简易程序的规定，由葛某担任独任仲裁员。北京律所的仲裁请求为：①浙江医院向北京律所支付律师费用250万元；②浙江医院承担本案仲裁费。其基本理由是，浙江高院于2022年3月29日作出（2021）浙民终1350号民事调解书，根据双方合同中关于费用和支付方式的约定，已符合支付律师费用的条件。2022年8月19日，北仲作出案涉裁决书，裁决：①浙江医院向北京律所支付律师费用180万元；②本案仲裁费45 400元由北京律所承担4540元，由浙江医院承担40 860元。

2018年7月23日，浙江医院与北京律所签订协议一，约定浙江医院（甲方）委托北京律所（乙方）就其与浙江欣捷建设有限公司（以下简称欣捷公司）之间的建设施工合同纠纷，向最高人民法院提起再审申请，律师费40万元，甲方应在协议签署后一次性支付；在案件发回重审后双方重新签订委托代理协议，另行商议代理费用。2018年10月16日，双方签署协议二，约定甲方聘请乙方的律师代理其处理与欣捷公司的再审发回重审后事宜（包括但不限于调解、和解）。该协议第五条就费用及支付方式约定，本案律师费按照最终改判判决或调解、和解的最终数额的5%支付，在本案结案、相关执行款项到达甲方指定账户后3日内支付。第七条约定，如甲方终止委托，应当付清本协议项下的全部律师费用。如乙方无故终止履行本协议，乙方应退还甲方已交付的费用。第十一条约定，因本合同引起的或与本合同有关的任何争议，双方均可提请北京仲裁委员会按照其仲裁规则进行仲裁。

2018 年 12 月 4 日，最高人民法院作出（2018）最高法民申 2875 号民事裁定，裁定由最高人民法院提审浙江医院与欣捷公司建设工程施工合同纠纷案；2019 年 1 月 30 日，最高人民法院作出（2018）最高法民再 476 号民事裁定书，裁定将案件发回丽水中院审理。

2019 年 4 月 9 日，浙江医院以书面方式，通知北京律所解除就其与欣捷公司诉讼案的代理关系（包括已执行和未执行的合同）。在案件被发回丽水中院审理后，由于浙江医院已通知解除合同，北京律所未继续提供法律服务。

2021 年 8 月 19 日，丽水中院作出一审判决，驳回浙江医院的诉讼请求。浙江医院不服提起上诉。二审中，浙江医院申请变更诉讼请求，要求欣捷公司赔偿损失 1550 万元及承担本案诉讼费用、保全费、鉴定费。二审中，案件双方当事人达成调解协议。2022 年 3 月 29 日，浙江高院作出（2021）浙民终 1350 号民事调解书。该调解书中确认，欣捷公司支付浙江医院款项 1550 万元；双方同意丽水中院（2021）浙丽民初字第 1 号民事调解书确定的浙江医院给付欣捷公司工程款 1780 万元、违约金 300 万元（合计 2080 万元）及迟延履行金不再支付；双方关于“浙江医院工程”所涉纠纷就此全部了结；等等。

另外，在本院询问中，就“仲裁的程序违反法定程序”一节，浙江医院未能指明相关法律依据或仲裁规则依据，表示请法院依法裁判。

本院认为，本案是当事人申请撤销国内仲裁裁决案件，应依据《仲裁法》第五十八条的规定，对本案进行审查。《仲裁法》第五十八条规定：当事人提出证据证明裁决有下列情形之一的，可以向仲裁委员会所在地的中级人民法院申请撤销裁决：（一）没有仲裁协议的；（二）裁决的事项不属于仲裁协议的范围或者仲裁委员会无权仲裁的；（三）仲裁庭的组成或者仲裁的程序违反法定程序的；（四）裁决所根据的证据是伪造的；（五）对方当事人隐瞒了足以影响公正裁决的证据的；（六）仲裁员在仲裁该案时有索贿受贿，徇私舞弊，枉法裁决行为的。人民法院经组成合议庭审查核实裁决有前款规定情形之一的，应当裁定撤销。人民法院认定该裁决违背社会公共利益的，应当裁定撤销。上述规定是人民法院撤销国内仲裁裁决的法定事由。

一、案涉裁决是否违反了一事不再理原则

浙江医院认为，就双方律师费争议，北仲在首次仲裁案中已全部驳回北京律所的诉讼请求，按照仲裁一裁制和一事不再理原则，北仲无权受理本次仲裁案并作出案涉裁决。北京律所则主张北仲有管辖权。本院认为，仲裁一裁终局制的立法本意是仲裁作为当事人合意选择的较为快捷的商业纠纷解决机制，由仲裁组织一次性解决双方的争议，而不像诉讼存在二审和再审，但并不意味着当事人双方约定仲裁的法律关系项下另有争议的，即不能再行依据仲裁协议提出仲裁申请并由仲裁机构裁决。同时，一事不再理原则的法理宗旨也是对已立案或处理的同一案件不再立案、处理，以避免矛盾裁决、维护仲裁秩序并节省仲裁资源，而同一案件在识别判断上不仅要看是否是同一仲裁事项，还要看是否基于同一事实理由，而不意味着任何情况下对于已经过裁决的同一仲裁事项不再处理。就本案而言，对于协议二项下的律师费用，双方约定“在本案结案、相关执行款项到达甲方指定账户后3日内支付”。在首次仲裁时，该支付条件尚未成就，案涉裁决据此认定浙江医院无支付义务，由此驳回北京律所全部仲裁请求，但同时明确，“本案裁决并不妨碍申请人将来在支付律师费的约定条件已经具备时，另行提起仲裁”。至北京律所提出本次仲裁时，其提出浙江高院再审二审调解书以表明支付条件成就，虽是就律师费用的同一仲裁事项的申请，但已有不同的事实理由，因此与首次仲裁案并非同一案件，按照当事人双方的仲裁协议，北仲有权受理本次仲裁案，并不违反一裁终局制和一事不再理原则。首次仲裁裁决中明确不妨碍约定支付条件具备时另行仲裁，只是立足双方争议、案情实际和法理原则的相应释明，而非以仲裁裁决设定再次仲裁的权利。故对于浙江医院的主张及理由，本院不予认可，案涉裁决不存在违反《仲裁法》第五十八条第一款第二项而应予撤销的情形。对于北京律所的主张，本院认可，但对其理由亦不认可。从法理上讲，对违反一事不再理的仲裁申请，仲裁机构应无权受理。同时，对违反一事不再理的仲裁申请，仲裁机构也不能基于自身仲裁规则和当事人未提出异议就当然取得对纠纷的主管权。

二、仲裁是否违反法定程序

浙江医院认为，北京律所律师蒋某在本次仲裁中既是被申请人一方的原代理人，又是申请人的仲裁委托代理人，仲裁员葛某在首次仲裁和本次仲裁中均担任仲裁员，以上都违反了法定程序。经本院询问，浙江医院未能指明相关法律依据或仲裁规则依据，请法院依法裁判。北京律所主张浙江医院的理由不成立。本院认为，法理上确实不认可双方代理，但双方代理指的是就同一事项代理人同时代理当事人双方，而蒋某在本次仲裁中代理北京律所和基于委托代理协议代理浙江医院处理与欣捷公司的法律诉讼，并非同一事项，不构成双方代理。同时，由同一仲裁员担任关联案件的仲裁员，并不违反北仲的仲裁规则，且有利于准确和高效地处理案件。故，对浙江医院主张案涉裁决违反《仲裁法》第五十八条第一款第三项，本院不予认可。

三、关于是否构成隐瞒证据的问题

浙江医院主张北京律所构成隐瞒证据，并列举十一项隐瞒的证据，北京律所均予以否认。本院认为，《最高人民法院关于人民法院办理仲裁裁决执行案件若干问题的规定》第十六条第一款规定，符合下列条件的，人民法院应当认定为民事诉讼法规定的“对方当事人向仲裁机构隐瞒了足以影响公正裁决的证据的”情形：（一）该证据属于认定案件基本事实的主要证据；（二）该证据仅为对方当事人掌握，但未向仲裁庭提交；（三）仲裁过程中知悉存在该证据，且要求对方当事人出示或者请求仲裁庭责令其提交，但对方当事人无正当理由未予出示或者提交。本案虽然系撤销仲裁裁决审查程序而非不予执行仲裁裁决的审查程序，但《民事诉讼法》关于不予执行国内仲裁裁决的规定与《仲裁法》第五十八条关于撤销国内仲裁裁决的规定基本一致，故上述第十六条关于“隐瞒证据”的认定标准也可参照适用于撤销国内仲裁裁决案件中。

分析浙江医院所称十一项隐瞒证据情况，本身表述即不够清晰、明确，且与其他申请撤裁理由相交织。再具体分析，有的涉及仲裁庭本身对法律问题的判断，无所谓隐瞒证据；有的明显存在于同一合同条款前后，不存在隐瞒；有的浙江医院未证明有该证据存在，也不存在隐瞒；有的不影响案件的处理或对于案件基本事实的认定并无影响，不构成主要证据；有的属于浙江医院和欣捷公司再审案件审理中的证据，不为北京律所所知悉或掌握。特别是，浙江医院并未举证证明，就相关证据其在仲裁过程中要求北京律所出示或请求仲裁庭责令北京律所提交。故浙江医院所称十一项隐瞒证据情况均不能成立，对浙江医院主张案涉裁决违反《仲裁法》第五十八条第一款第五项，本院不予认可。

四、仲裁员是否构成枉法裁判

浙江医院认为，仲裁员葛某构成枉法裁决。北京律所持相反意见。本院认为，《最高人民法院关于审理仲裁司法审查案件若干问题的规定》第十八条规定，《仲裁法》第五十八条第一款第六项和《民事诉讼法》第二百三十七条第二款第六项规定的仲裁员在仲裁该案时有索贿受贿，徇私舞弊，枉法裁决行为，是指已经由生效刑事法律文书或者纪律处分决定所确认的行为。这是认定仲裁员枉法裁决的依据。本案中，浙江医院所提八项问题表达的均是对案件处理的不服，但并未提交生效刑事法律文书或纪律处分的证据，因此不能证明仲裁员构成了枉法裁判。故对浙江医院主张案涉裁决违反《仲裁法》第五十八条第一款第六项，本院不予认可。

五、案涉裁决是否违背社会公共利益

浙江医院认为，案涉裁决对双方委托代理协议的解除在法律适用上应当适用作为特别法的《律师法》而不当适用了作为一般法的《合同法》，违反了法律的公平正义，进而影响了社会公共利益。北京律所持相反意见。本院认为，所谓违反社会公共利益，是指裁决结果违反以社会公众为利益主体的，危害整个社会最根本的法律原则、道德标准的共同利益的情形，其表现形式应当是违背我国法律的基本制度与准则、违背社会和经济生活的基本价值取向，危害社会公共秩序和生活秩序，违背社会全体成员共同普遍认可、遵循的基本道德准则的情形。案涉裁决解决的是当事人双方因委托代理协议产生的律师费给付争议，裁决结果只涉及当事人之间的权利义务，并不属于社会公共利益范畴，如何裁决均不存在违反社会公共利益的问题。且在委托关系解除的法律适用上，并不存在《合同法》《律师法》的法律冲突及冲突下的优先适用问题。《律师法》第三十二条第一款规定，委托人可以拒绝已委托的律师为其继续辩护或者代理，同时可以另行委托律师担任辩护人或者代理人；《合同法》第四百一十条规定：委托人或者受托人可以随时解除委托合同。因解除合同给对方造成损失的，除不可归责于该当事人的事由以外，应当赔偿损失。不难看出，两部法律在给予委托人单方任意解除权上并无不同，不存在冲突，均可适用。但同时，行使单方任意解除权并不妨碍违约一方承担违约责任和赔偿对方的损失。因此，对浙江医院关于案涉裁决违反《仲裁法》第五十八条第三款的主张，本院亦不予认可。

综上，浙江医院的撤裁申请，依据不足，本院不予支持。依据《仲裁法》第五十八条、第六十条之规定，裁定如下：

驳回浙江医院的申请。

申请费400元，由浙江医院负担（已交纳）。

审 判 长　单国钧
审 判 员　朱秋菱
审 判 员　于颖颖

二〇二二年十二月二十九日

法官助理　王 静
书 记 员　高 凡

公司 1 申请撤销仲裁裁决案

北京市第四中级人民法院
民事裁定书

（2020）京 04 民特 721 号

申请人：公司 1，住所地安徽省芜湖市

法定代表人：艾明，总经理

委托诉讼代理人：徐珊珊，安徽深蓝律师事务所律师

被申请人：郭某某，女，汉族，住北京市西城区

委托诉讼代理人：蒋咏俊，北京恒略律师事务所律师

委托诉讼代理人：梁玉婷，北京恒略律师事务所实习律师

被申请人：公司 2，住所地北京市朝阳区

法定代表人：孔欢乐

申请人公司 1 与被申请人郭某某、公司 2 申请撤销仲裁裁决一案，本院于 2020 年 10 月 26 日立案后进行了审查。现已审查终结。

公司 1 称，申请撤销北京仲裁委员会（以下简称北仲）作出的某某号裁决书（以下简称仲裁裁决）。

事实和理由：一、裁决所依据的《出借咨询与服务协议》中公司 1 公章是伪造的，公司 1 未授权任何工作人员签订过该合同。郭某某的出借款 100 万元汇入的是公司 2 的银行账户。郭某某与公司 2 之间的合同存续期间，曾以公司 1 账户名义给郭某某的银行账户汇过几笔利息，但公司 1 的该账户是公司 1 与北京畅融网络科技有限公司（以下简称畅融公司，后该公司更名为北京寅丰联网络科技有限公司）产生借款关系期间，应畅融公

司要求将U盾交由其保管，畅融公司获取该账户后进行冒用才发生的利息给付，由于公司2一方涉嫌非法集资，且数额巨大，郭某某仅是印章被伪造案中数以百计的投资受害者之一，但是其投资损失与公司1无关。二、郭某某依据伪造了公司1印章的《出借咨询与服务协议》申请仲裁，协议中的仲裁条款对公司1是不成立的。三、仲裁庭未依照法定程序向公司1送达，导致公司1未到仲裁庭陈述意见，未对虚假证据进行质证，仲裁庭即缺席裁决，违反了仲裁法定程序和法律规定。

郭某某称，不同意公司1的请求和理由。理由为：一、北仲向公司1的送达符合《北京仲裁委员会仲裁规则》（以下简称《仲裁规则》）。北仲依据《仲裁规则》向公司1营业执照上的住所地邮寄送达了仲裁文书，属于有效送达，不存在仲裁程序违法。北仲正审理的另案中公司1的送达地址与本案相同，公司1出庭，故公司1称其未收到仲裁材料不属实。二、公司1与公司2之间存在委托代理关系，公司1称《出借咨询与服务协议》中公司1公章是伪造的，但根据《全国法院民商事审判工作会议纪要》的规定，代理人委托被代理人，被代理人应承担连带责任，被代理人与代理人事后因公章问题否定效力，法院应不予支持。因此，即使公司1公章被伪造也不影响合同效力。三、从公司1提交的证据来看，公司1作为借款人曾通过公司2与全体投资人达成过借贷关系，公司1委托过公司2借款，依据《民法总则》第一百六十七条的规定，被代理人应承担连带责任，因此，根据仲裁裁决，公司1有义务承担连带还款责任。

公司2未到庭，亦未答辩。

经本院审查查明，2018年9月29日，甲方（出借人）郭某某、乙方（借款人）公司1、丙方公司2签订编号为TY888010910的《出借咨询与服务协议》，协议第14.2条约定：三方一致同意，本协议项下产生的纠纷，三方先行协商解决，协商不成的，任何一方均可向北京仲裁委员会提起仲裁。后郭某某以公司1、公司2为被申请人向北仲提出仲裁申请，北仲于2019年12月31日受理该案。北仲向公司1营业执照上的住所地进行了送达，由于邮寄送达未成功，启动了公证送达程序。在仲裁过程中，公司2提交了书面答辩意见，但未到庭参与庭审。2020年8月21日，北仲作出某某号仲裁裁决：（一）公司 1、公司 2 向郭某某偿还借款本金 100 万元；（二）公司 1、公司 2 向郭某某支付约定期内利息 2 万元；（三）公司 1、公司 2 向郭某某支付暂计至 2019 年 12 月 20 日的逾期利息 26 630 元，并继续向郭某某支付以 100 万元为基数，按照年利率 12% 的标准，自 2019 年 12 月 21 日起计算至公司 1、公司 2 实际付清款项之日止的利息；（四）公司 1、公司 2 向郭某某支付律师费 2 万元；（五）仲裁费 35 223.07 元，全部由公司 1、公司 2 承担，公司 1、公司 2 直接向郭某某支付郭某某代其垫付的仲裁费 35 223.07 元。

公司 1 不服北仲的上述仲裁裁决，向本院提出撤销裁决的申请，本院予以受理。本院审查期间，公司 1 申请对《出借咨询与服务协议》落款处公司 1 的印章的真伪进行鉴定，本院予以准许，并通知郭某某持《出借咨询与服务协议》原件到本院参加鉴定程序启动前的证据交换，但郭某某向本院递交了“拒绝提交《出借咨询与服务协议》进行印章鉴定”的书面意见。

本院认为，本案是当事人申请撤销国内仲裁裁决案件，应依据《仲裁法》第五十八条的规定，对本案进行审查。《仲裁法》第五十八条规定：当事人提出证据证明裁决有下列情形之一的，可以向仲裁委员会所在地的中级人民法院申请撤销裁决：（一）没有仲裁协议的；（二）裁决的事项不属于仲裁协议的范围或者仲裁委员会无权仲裁的；（三）仲裁庭的组成或者仲裁的程序违反法定程序的；（四）裁决所根据的证据是伪造的；（五）对方当事人隐瞒了足以影响公正裁决的证据的；（六）仲裁员在仲裁该案时有索贿受贿，徇私舞弊，枉法裁决行为的。人民法院经组成合议庭审查核实裁决有前款规定情形之一的，应当裁定撤销。人民法院认定该裁决违背社会公共利益的，应当裁定撤销。上述规定是人民法院撤销国内仲裁裁决的法定事由。

本案中，当事人对案涉《出借咨询与服务协议》中公司 1 的公章是否系伪造存在争议，本院根据公司 1 的申请决定启动司法鉴定程序，持有合同原件的郭某某明确拒绝提交合同原件，致使鉴定程序无法启动。根据《最高人民法院关于民事诉讼证据的若干规定》第三十一条第二款“对需要鉴定的待证事实负有举证责任的当事人，在人民法院指定期间内无正当理由不提出鉴定申请或者不预交鉴定费用，或者拒不提供相关材料，致使待证事实无法查明的，应当承担举证不能的法律后果”的规定，郭某某应就其不同意提交鉴定材料承担举证不能的法律后果。经报最高人民法院审核批准，本院根据《仲裁法》第五十八条第一款第一项、《最高人民法院关于适用〈中华人民共和国仲裁法〉若干问题的解释》第十八条的规定，裁定如下：

撤销北京仲裁委员会作出的某某号仲裁裁决中公司 1 向郭某某承担民事责任的部分。

申请费 400 元，由被申请人郭某某、公司 2 负担（于本裁定书送达后七日内交纳）。

审　判　长　朱秋菱
审　判　员　于颖颖
审　判　员　贾丽英

二〇二一年九月二日

法官助理　靳贤泽
书　记　员　郭　怡

张某申请撤销仲裁裁决案

北京市第四中级人民法院
民事裁定书

（2021）京04民特816号

申请人：张某

被申请人：某物业公司

申请人张某与被申请人某物业公司申请撤销仲裁裁决一案，本院于2021年10月12日立案后进行了审查。现已审查终结。

申请人张某称，请求撤销北京仲裁委员会（2021）京仲裁字第3257号裁决书，本案申请费由某物业公司承担。

事实和理由：1. 涉案合同中张某的签字系伪造的，张某与某物业公司之间不存在合法有效合同，也没有有效的仲裁条款，北京仲裁委员会无权管辖该案件。

2. 北京仲裁委员会受理仲裁不当。管辖权异议作为程序法上规定的事项，与实体法确定权利义务的规定分属不同的种类，两者没有任何交叉，更不会互相影响。北京仲裁委员会在收到张某答辩书后没有对其中管辖权异议进行审理，而是认为管辖权异议需要对本案相关实体内容进行审理后才能作出决定是没有任何法律依据的。

综上，本案仲裁裁决违反法定程序，依据仲裁法的相关规定提出申请，请求法院撤销该仲裁裁决。

某物业公司称，请求法院驳回张某的撤裁请求。张某自2003年起一直拖欠某物业公司物业费，包括案涉仲裁案件在内，某物业公司已经先后三次通过仲裁程序向张某追索物业费，并均获支持，而张某始终主张双方不存在有效仲裁协议，均不被支持。在案涉仲裁案件中，张某再次提出管辖权异议，但拒不出示鉴定书原件进行质证，且未经仲裁庭许可擅自退庭，在此情况下，仲裁庭对管辖权问题专门进行了充分的审查。某物业公司认为张某的撤销仲裁裁决申请无事实根据和法律依据，应依法予以驳回。

一、本案争议双方之间存在有效仲裁协议已为多份生效裁判文书所确认，北京仲裁委员会依法有权管辖该案件。本案诉争合同已经依法成立并生效且双方存在有效仲裁协议，已经北京仲裁委员会（2009）京仲裁字第0854号裁决书、（2013）京仲中裁字第0015号中间裁决书、（2013）京仲裁字第0508号裁决书及北京市第三中级人民法院（2015）三中民（商）特字第05697号民事裁定书等多份生效裁判文书所确认。

自2001年起，某物业公司为张某提供物业服务至今。张某自2003年起一直拖欠物业费，为此，某物业公司曾于2009年、2013年、2021年先后三次就本案合同项下争议向北京仲裁委员会提起仲裁，请求裁决张某支付相应期间的物业费，均得到支持。

在2009年仲裁案件中，第二次开庭时仲裁庭询问张某对仲裁庭管辖是否有异议，张某明确回答“无异议”，仲裁庭依法认定“双方物业服务协议有效成立”，并裁决张某向某物业公司支付欠付的2003年至2009年物业费。

在2013年仲裁案件中，张某以合同中的签名非其本人所签为由，对仲裁协议效力提出异议。仲裁庭经全面审查张某在2009年仲裁案件中意思表示情况及其推翻此前意思表示的原因后，作出中间裁决，认定仲裁庭具有管辖权，并最终裁决张某支付2009年7月1日至2012年6月29日物业费。

2013年仲裁案件裁决作出后，张某又于2015年向北京市第三中级人民法院申请确认仲裁协议无效，北京市第三中级人民法院经审理后认可仲裁机构对仲裁协议效力的认定，驳回了张某要求确认仲裁协议无效的申请。

本案诉争2021年仲裁案件中，张某虽然以合同中的签名非其本人所签为由，对仲裁协议效力提出异议，但并未提交司法鉴定意见书原件也未进行当庭质证，甚至在开庭过程中未经仲裁庭许可中途退庭，不配合仲裁程序的正常进行。因此，仲裁庭认为“被申请人（张某）关于协议书系伪造的主张没有有效证据予以证明。其提供的所谓司法鉴定意见书未向仲裁庭出示原件，也没有经过当庭质证，申请人（某物业公司）主张该份材料不具有证明效力，仲裁庭对此予以支持”。据此，仲裁庭依法认定北京仲裁委员会对该案具有管辖权，并最终裁决张某向某物业公司支付2012年6月30日至2015年12月10日物业费。

综上，本案合同已经依法成立并生效及双方存在有效仲裁协议已为多份生效裁判文书所确认。张某多次以相同理由针对本案合同及双方仲裁协议的效力向仲裁庭或法院提出异议，均被驳回。张某在本案的诉争2021年仲裁案件中也未提交任何有效证据证明本案合同签字系伪造，仲裁庭依法认定本案合同的效力并依法作出仲裁裁决，不存在任何实体或程序瑕疵。

二、张某提交的中天司法鉴定中心的鉴定意见不具有证据效力，不能作为认定案件事实的依据。张某提交的鉴定意见系其在2015年被北京市第三中级人民法院驳回确认仲裁协议无效的申请后，又向北京市西城区人民法院起诉，要求确认本案合同无效的民事案件中提出。张某取得鉴定意见后即向北京市西城区人民法院申请撤回起诉，该鉴定意见并未经过法院质证程序。

《民事诉讼法》第七十八条①规定，“当事人对鉴定意见有异议或者人民法院认为鉴定人有必要出庭的，鉴定人应当出庭作证。经人民法院通知，鉴定人拒不出庭作证的，鉴定意见不得作为认定事实的根据；支付鉴定费用的当事人可以要求返还鉴定费用”。《最高人民法院关于民事诉讼证据的若干规定》第三十四条第一款规定，“人民法院应当组织当事人对鉴定材料进行质证。未经质证的材料，不得作为鉴定的根据”。第三十七条规定，“人民法院收到鉴定书后，应当及时将副本送交当事人。当事人对鉴定书的内容有异议的，应当在人民法院指定期间内以书面方式提出。对

① 2023年修正后为第八十一条。

于当事人的异议，人民法院应当要求鉴定人作出解释、说明或者补充。人民法院认为有必要的，可以要求鉴定人对当事人未提出异议的内容进行解释、说明或者补充”。

根据上述规定，诉讼案件当事人有权向人民法院申请鉴定，鉴定机构出具鉴定意见后，人民法院应将副本送交双方当事人，由当事人对鉴定意见发表意见，当事人对鉴定意见有异议的，鉴定人应当出庭作证，鉴定人拒不出庭作证的，鉴定意见不得作为认定事实的根据。因此，张某提交的鉴定意见未经质证、异议程序，也未得到法院采信，不具备证据能力，不得作为认定案件事实的依据。

同时，鉴定意见中的检材（本案合同）的签字形成时间为 2001 年，但张某仅提供了 2015 年鉴定时当场书写的笔迹作为比对样本，无法提供任何其他客观形成的比对样本。检材形成时间和样本形成时间并非同一时期，且相距时间过长，不具备得出有效鉴定结论的条件，某物业公司对该鉴定意见不予认可。

三、无论张某是否在合同上签名，其接受物业管理服务并且交纳物业费的事实即可说明合同已经依法成立并且生效。

某物业公司与张某于 2001 年 6 月 30 日签订《某某园前期物业管理服务协议》，自 2001 年张某入住某某园小区至今，一直接受某物业公司提供的物业管理服务，双方存在物业管理服务合同关系。对此，张某也认可与某物业公司订立合同的事实，具体见北京仲裁委员会（2009）京仲裁字第 0854 号裁决书第 2 页所载，“被申请人确认已经按 1.98 元每平方米交纳了第一年的物业费”。无论张某是否在合同上签名，其接受物业管理服务并且交纳物业费的事实即可说明合同已经依法成立并且生效。《合同法》第三十六条规定，“法律、行政法规规定或者当事人约定采用书面形式订立合同，当事人未采用书面形式但一方已经履行主要义务，对方接受的，该合同成立”。第四十四条第一款规定，“依法成立的合同，自成立时生效”。《北京市物业管理办法》第二十六条第一款规定，“物业服务企业未与业主签订书面物业服务合同，但事实上提供了物业服务，并履行了告知义务的，物业服务企业有权要求业主履行相关义务”。根据上述规定，即使案涉协议并非为某物业公司所签，但其行为表示其已认可并实际履行了案涉协议。

四、某物业公司对此次法大法庭科学技术鉴定研究所所作的司法鉴定意见书真实性无异议，但认为张某在2009年仲裁案件中明确表示对仲裁机构的管辖无异议，仲裁机构已取得了对双方之间的物业管理服务合同纠纷的管辖权。

综上，某物业公司认为张某申请撤销仲裁裁决的全部理由均无事实根据和法律依据，恳请依法驳回张某的全部请求，维护某物业公司的合法权益。

经本院审查查明：

一、(2009) 京仲裁字第0854号裁决案详情

2009年6月12日，北京仲裁委员会根据某物业公司向该会提交的仲裁申请书以及落款为2001年6月30日《某某园前期物业管理服务协议》中仲裁条款的约定，受理了某物业公司与张某关于上述协议项下的争议仲裁案。某物业公司要求张某支付2003年6月30日至2009年6月30日的物业管理费17 041.62元、前述物业费暂计至2008年12月31日的滞纳金55 981.72元。该案适用自2008年4月1日起施行的《北京仲裁委员会仲裁规则》的规定。在该案审理过程中，张某第一次经合法通知，无正当理由未到庭。仲裁庭对该案进行了缺席审理。第二次庭审中，张某到庭参加了仲裁，其当时并未委托代理人。仲裁庭询问：北京仲裁委员会对本案有管辖权，双方是否有异议？某物业公司、张某答：无异议。在该案审理过程中，针对某物业公司出示的《某某园前期物业管理服务协议》，张某表示协议不是张某签订的，张某办入住手续的时候没有签协议。北京仲裁委员会于2009年10月10日作出（2009）京仲裁字第0854号裁决书。

二、(2013) 京仲裁字第0508号裁决案详情

2012年12月26日，北京仲裁委员会根据某物业公司向该会提交的仲裁申请书以及落款为2001年6月30日《某某园前期物业管理服务协议》中仲裁条款的约定，受理了某物业公司与张某上述协议项下的争议仲裁案。该案适用自2008年4月1日起施行的《北京仲裁委员会仲裁规则》

中简易程序的规定。张某请求确认该仲裁协议无效，北京仲裁委员会对该案没有管辖权，并申请对《某某园前期物业管理服务协议》张某的签名进行鉴定。

2013 年 7 月 30 日，北京仲裁委员会作出（2013）京仲中裁字第 0015 号中间裁决书，该裁决认为，（一）某物业公司补充证据 1，即前案第二次开庭笔录上有张某的亲笔签字，张某对该笔录的真实性亦不持异议。该笔录第 1 页中明确记载："仲裁庭：北京仲裁委员会对本案（指前案，仲裁庭注）有管辖权，双方是否有异议？申请人、被申请人：无异议。"该页笔录下面有张某的亲笔签字，可见张某对前案仲裁庭就前案有管辖权是不持异议的。结合某物业公司证据 2 可知，前案所审理的合同与本案合同为同一合同，因此可知张某在前案开庭审理时对北京仲裁委员会就本案合同所引起之争议享有管辖权是不持异议的。张某称，前案仲裁庭在其已明确告知本案合同不是张某所签的情况下，仍然依据一份虚假的合同作出仲裁裁决。但是，《仲裁法》第二十条第二款规定："当事人对仲裁协议的效力有异议，应当在仲裁庭首次开庭前提出。"从某物业公司补充证据 1 可以看出，在前案第二次开庭时张某都未对仲裁协议效力提出异议，所以其称前案仲裁庭作出前案裁决书没有依据是不能成立的。现张某在本案中就北京仲裁委员会对本案合同引起之争议的管辖权提出异议，属于对前案中所作意思表示的推翻，而其理由是其不懂法律，故在前案中没有提管辖权异议。对此，仲裁庭认为，如前所述，当事人对仲裁协议效力有异议应当在仲裁庭首次开庭前提出，张某在前案中并未在上述规定期间提出异议，在前案仲裁庭询问时亦表示对管辖无异议。且没有证据表明张某上述意思表示是在受到胁迫或重大误解的情况下作出的，故应当认定为其真实意思表示，张某关于不懂法律因此没有提出管辖异议的抗辩不能成立。鉴于张某在前案中对北京仲裁委员会就本案合同的管辖权没有提出异议，其在本案中对北京仲裁委员会就本案合同的管辖权提出异议，也就是对前案中所作意思表示予以推翻，对此仲裁庭不能给予支持。（二）根据《最高人民法院关于民事诉讼证据的若干规定》第九条[①]第一款第五项的规定可知，除非有相反证据足以推翻，已为仲裁机构的生效裁决所确认的事实，无须当事人举证证明。仲裁庭注意到，前案裁决书中明确写道："张某否认某物业公司提交的物业服务协议上的签字为其本人所签，但承认已按1.98元交纳第一年物业费；结合张某自入住以来实际接收某物业公司物业管理服务的情况，仲裁庭认定双方物业服务协议有效成立。"由此可见，本案合同在某物业公司与张某之间已经有效成立已为生效仲裁裁决所确认，属于事实。张某在本案中以本案合同非其所签而否认本案合同在某物业公司和张某之间有效成立，仲裁庭不能支持。综合以上理由，仲裁庭认为，北京仲裁委员会对本案具有管辖权，张某提出的管辖权异议不能成立，应予驳回。仲裁庭就该案的管辖权问题作出中间裁决如下：北京仲裁委员会对本案有管辖权，本案程序继续进行。2013年9月3日，北京仲裁委员会作出（2013）京仲裁字第0508号裁决书。

三、（2015）三中民（商）特字第05697号案详情

2015年4月14日，北京市第三中级人民法院受理了张某申请确认仲裁协议效力一案，该院经审查认为，张某向北京仲裁委员会提出管辖权异议，北京仲裁委员会在（2013）京仲中裁字第0015号中间裁决书中驳回该异议，并进行了裁决，属于仲裁机构对仲裁协议的效力已经作出决定的情形，故该案不属于人民法院的受案范围，应当予以驳回。2015年5月4日，该院作出（2015）三中民（商）特字第05697号裁定书，驳回张某要求确认《某某园前期物业管理服务协议》中的仲裁条款为无效的申请。

四、（2021）京仲裁字第3257号案详情

2021年6月3日，北京仲裁委员会根据某物业公司向该会提交的仲裁申请书以及落款为2001年6月30日《某某园前期物业管理服务协议》中仲裁条款的约定，受理了某物业公司和张某在上述协议项下的争议仲裁案。该案适用自2019年9月1日起施行的《北京仲裁委员会仲裁规则》的规定。某物业公司仲裁请求为请求张某向某物业公司支付2012年6月30日

① 2019年修正后为第十条。

至2021年6月29日的物业费25 562.43元，张某向某物业公司支付自2012年6月30日至2021年6月29日物业费的滞纳金25 562.43元。

张某于2021年6月16日提交《仲裁答辩书》称，因张某与某物业公司没有签订本案合同，某物业公司提供的协议系伪造，张某不同意某物业公司向北京仲裁委员会申请仲裁，故北京仲裁委员会没有管辖权。某物业公司认为，本案争议双方之间存在有效仲裁协议已为多份生效裁判文书所确认，且张某提交的鉴定意见不具有证据效力，不能作为本案认定案件事实的依据。北京仲裁委员会认为，针对张某的管辖权异议，需要对本案相关实体内容进行审理后才能作出决定，故于2021年6月30日作出复函并送达双方当事人，授权仲裁庭对张某的管辖权异议作出决定。

2021年10月12日，北京仲裁委员会作出（2021）京仲裁字第3257号裁决书，裁决：（一）张某向某物业公司支付物业费9780.61元；（二）张某向某物业公司支付滞纳金2500元；（三）本案仲裁费17 000元（包括仲裁员报酬12 000元、机构费用5000元，已由某物业公司全额预交），由某物业公司负担5100元，张某承担11 900元，张某直接向某物业公司支付某物业公司代其垫付的仲裁费11 900元。在仲裁庭意见部分，仲裁庭认为，张某提出仲裁协议系伪造，北京仲裁委员会对本案没有管辖权的异议不能成立。理由如下：其一，张某提出的同样异议及理由均已被北京仲裁委员会多份生效裁决书驳回，且多份生效裁决文书均认定北京仲裁委员会具有管辖权。其二，张某关于协议书系伪造的主张没有有效证据予以证明。其提供的所谓司法鉴定意见书未向仲裁庭出示原件，也没有经过当庭质证，某物业公司主张该份材料不具有证明效力，仲裁庭对此予以支持。另外，数年前张某就提出该鉴定，但没有证据证明法院或仲裁庭予以认定其具有法律效力。综上，北京仲裁委员会对本案有管辖权。

五、张某提交的鉴定意见书的由来

2015年，张某将某物业公司诉至北京市西城区人民法院，请求确认《某某园前期物业管理服务协议》无效，并在该案中申请对《某某园前期物业管理服务协议》中“张某”的签名是否为本人所签进行鉴定。北京市西城区人民法院委托中天司法鉴定中心对《某某园前期物业管理服务协议》《住房验收交接表》落款中的“张某”是否为本人所写进行司法鉴定。鉴定样本为张某当场书写的本人签名，另外，张某提供了2001年前后的中国工商银行个人住房贷款申请审批表、商品房买卖合同借据借款、个人购房借款合同作为鉴定样本，某物业公司对此不予认可，表示无法确认。北京市西城区人民法院对张某提供的除本人当场书写的签名之外的样本未予采用。2016年1月29日，中天司法鉴定中心作出中天司鉴中心〔2015〕文鉴字第78号鉴定意见书，鉴定意见为《某某园前期物业管理服务协议》《住房验收交接表》中“张某”签名不是张某本人所写。后张某从北京市西城区人民法院撤回了起诉。

六、本案的鉴定情况

在本院审查过程中，张某申请对《某某园前期物业管理服务协议》中“张某”签名是否为本人所签进行鉴定，本院依法委托法大法庭科学技术鉴定研究所进行鉴定，2022年6月24日，法大法庭科学技术鉴定研究所作出法大〔2022〕文痕鉴字第97号司法意见书，结论为检材（《某某园前期物业管理服务协议》）第6页落款“签订人：”处的“张某”签名与样本中的“张某”签名不是同一人书写。

本院认为，本案是当事人申请撤销国内仲裁裁决案件，应依据《仲裁法》第五十八条的规定，对本案进行审查。《仲裁法》第五十八条规定：当事人提出证据证明裁决有下列情形之一的，可以向仲裁委员会所在地的中级人民法院申请撤销裁决：（一）没有仲裁协议的；（二）裁决的事项不属于仲裁协议的范围或者仲裁委员会无权仲裁的；（三）仲裁庭的组成或者仲裁的程序违反法定程序的；（四）裁决所根据的证据是伪造的；（五）对方当事人隐瞒了足以影响公正裁决的证据的；（六）仲裁员在仲裁该案时有索贿受贿，徇私舞弊，枉法裁决行为的。人民法院经组成合议庭审查核实裁决有前款规定情形之一的，应当裁定撤销。人民法院认定该裁决违背社会公共利益的，应当裁定撤销。上述规定是人民法院撤销国内仲裁裁决的法定事由。本院根据上述规定，对张某申请撤销仲裁裁决的事由论述意见如下：

仲裁协议是争议得以提交仲裁解决的前提和基础。张某与某物业公司之间是否存在仲裁协议，此问题直接影响双方的纠纷解决方式，属于需要解决的先决问题，人民法院应予审查。

一、张某与某物业公司之间并未签署有效的仲裁协议。

某物业公司提交仲裁的依据为《某某园前期物业管理服务协议》中的仲裁条款，法大法庭科学技术鉴定研究所鉴定意见书显示《某某园前期物业管理服务协议》中的签名并非张某所签，某物业公司又未能提供证据证明该签名系张某授权他人签署，因此，张某与某物业公司之间不存在有效的仲裁协议。

二、张某不认可仲裁条款的真实性，并在（2021）京仲裁字第3257号仲裁案中提出管辖权异议，北京仲裁委员会无权因张某在（2009）京仲裁字第0854号仲裁案中关于仲裁庭对该案管辖权无异议的意思表示取得对（2021）京仲裁字第3257号争议案件的管辖权。

（2009）京仲裁字第0854号仲裁案中，张某认可北京仲裁委员会对该案的管辖权，但明确在庭审中提出《某某园前期物业管理服务协议》不是本人所签。该案适用2008年4月1日起施行的《北京仲裁委员会仲裁规则》（以下简称2008规则），2008规则第六条规定，（一）当事人对仲裁协议的效力或者仲裁案件的管辖权有异议，应当在首次开庭前以书面形式提出；书面审理的，应当在首次答辩期限届满前以书面形式提出。（二）当事人未依照前述规定提出异议的，视为承认该仲裁协议的效力或者本会对仲裁案件的管辖权。（三）当事人对仲裁协议的效力有异议的，可以请求本会作出决定或者请求人民法院作出裁定。一方请求本会作出决定，另一方请求人民法院作出裁定的，由人民法院裁定。（四）当事人对仲裁协议的效力或者仲裁案件的管辖权提出异议的，可以由本会或者由本会授权仲裁庭作出决定。仲裁庭的决定既可以以中间裁决的形式作出，又可以在终局裁决中作出。张某本人并非法律专业人士，其当时虽未对仲裁协议效力提出异议，但在仲裁庭审中已明确表示不认可该协议为本人签署，实际上已对仲裁协议的真实性予以否认，在此种情况下，北京仲裁委员会取得对（2009）京仲裁字第0854号仲裁案的管辖权是基于当事人的同意而非基于有效存在的仲裁协议，在当事人未明示，仲裁机构亦未释明相应后果的情形下，不能视同当事人同意仲裁机构取得该案之外该协议项下今后所有争议的管辖权。张某在之后的仲裁案件、确认仲裁协议效力等案件中，一直称协议中的签名系伪造，坚持认为北京仲裁委员会对此后的仲裁案件无管辖权。（2021）京仲裁字第3257号仲裁案适用2019年9月1日起施行的北京仲裁委员会仲裁规则（以下简称2019仲裁规则），2019仲裁规则第六条规定，（一）当事人对仲裁协议的存在、效力或者仲裁案件的管辖权有异议，可以向本会提出管辖权异议。管辖权异议应当在首次开庭前以书面形式提出，当事人约定书面审理的，应当在首次答辩期限届满前以书面形式提出。（二）当事人未依照上述规定提出管辖权异议的，视为承认本会对仲裁案件的管辖权……张某在该案审理中，提出了管辖权异议，且司法鉴定意见书能够证明仲裁条款并非张某签署，因此，北京仲裁委员会并未取得对（2021）京仲裁字第3257号仲裁案项下争议的管辖权。

三、张某与某物业公司之间的物业合同纠纷，系平等主体之间发生的合同纠纷，不属于《仲裁法》第三条规定的不能仲裁的纠纷范围。张某与此有关的主张，缺乏法律依据，本院不予支持。

四、《最高人民法院关于人民法院办理仲裁裁决执行案件若干问题的规定》第十五条规定，符合下列条件的，人民法院应当认定为民事诉讼法第二百三十七条[①]第二款第四项规定的“裁决所根据的证据是伪造的”情形：（一）该证据已被仲裁裁决采信；（二）该证据属于认定案件基本事实的主要证据；（三）该证据经查明确属通过捏造、变造、提供虚假证明等非法方式形成或者获取，违反证据的客观性、关联性、合法性要求。《某某园前期物业管理服务协议》落款中的“张某”的签名经鉴定与张某的签名不一致，某物业公司又未能提供其他证据证明该签名系张某授权他人所签，故此，《某某园前期物业管理服务协议》不符合证据客观性等要求，张某依据《仲裁法》第五十八条第一款第四项请求撤销仲裁裁决，证据充分，本院予以支持。

五、仲裁庭的组成或者仲裁的程序违反法定程序，是指违反仲裁法规

① 2023年修正后为第二百四十八条。

定的仲裁程序和当事人选择的仲裁规则可能影响案件正确裁决的情形。2019 仲裁规则第六条第四项规定，本会或者本会授权的仲裁庭有权就仲裁案件的管辖权作出决定。仲裁庭的决定可以在仲裁程序进行中作出，也可以在裁决书中作出。故此，北京仲裁委员会授权仲裁庭对张某的管辖权异议作出决定符合仲裁规则，并不存在仲裁程序违法情形。

综上，张某与某物业公司之间不存在有效的仲裁协议，《某某园前期物业管理服务协议》不符合证据客观性等要求，北京仲裁委员会（2021）京仲裁字第 3257 号裁决书应予撤销。经向北京市高级人民法院报核，依据《仲裁法》第五十八条、第六十条，《最高人民法院关于仲裁司法审查案件报核问题的有关规定》第二条第二款之规定，裁定如下：

撤销北京仲裁委员会（2021）京仲裁字第 3257 号裁决书。

申请费 400 元、鉴定费 5700 元，由被申请人某物业公司负担（于裁定书生效之日起七日内交纳）。

审　判　长　　于颖颖
审　判　员　　朱秋菱
审　判　员　　贾　毅

二〇二三年二月六日

法官助理　　刘　鹏
书　记　员　　王玉婷

李某申请撤销仲裁裁决案

北京市第四中级人民法院
民事裁定书

（2023）京04民特1206号

申请人：李某

被申请人：王某

被申请人：张某

申请人李某与被申请人王某、张某申请撤销仲裁裁决一案，本院于2023年11月22日立案后进行了审查。现已审查终结。

李某称，申请撤销北京仲裁委员会（以下简称北仲）作出的（2023）京仲裁字第××××号裁决书（以下简称案涉裁决）。

事实和理由：申请人李某与被申请人王某、张某因《借款保证合同》引起的仲裁纠纷一案，经北仲审理，于2023年10月25日作出案涉裁决。在仲裁过程中，该案独任仲裁员严重枉法裁决，仲裁庭组成及仲裁程序违反法定程序，且裁决内容有不属于仲裁协议范围的内容，根据《仲裁法》第五十八条的规定，裁决书应当依法予以撤销。具体理由如下：

一、在仲裁案中，独任仲裁员存在严重枉法裁决的情形，对我国《民事诉讼法》及《最高人民法院关于民事诉讼证据的若干规定》（以下简称《民事证据规定》）中关于证据规则的基本常识性规定存在严重违反的情形，对《最高人民法院关于审理民间借贷案件适用法律若干问题的规定》（以下简称《民间借贷司法解释》）关于民间借贷纠纷审理基本要求的规定亦存在严重违反的情形。在作出仲裁裁决书时，该仲裁员不作任何解释，故意违背上述法律规定进行裁决，明显属于枉法裁判的情形，且情节严重，损害了李某的合法权益，案涉裁决应依法予以撤销。

（一）李某在仲裁案中曾向仲裁庭表示，引发仲裁案的合同的关键性信息并非李某亲手书写，该事实在庭审中已被王某当庭确认。但李某收到裁决书时，发现在仲裁庭意见中，仲裁员认为就该事实李某未申请笔迹鉴定，因此认定该合同系李某的真实意思表示，该情形明显属于严重违反基本民事证据规则的情形，属于仲裁员枉法裁决，裁决书应依法予以撤销。仲裁案系王某依据《借款保证合同》（以下称案涉合同）向北仲申请要求李某向其承担还款义务而引发。在仲裁案中，李某一再表明，李某与王某并不认识，张某也是如此表示。关于这一事实，王某的仲裁案代理人及仲裁案证人均在仲裁案庭审中明确认可，虽然上述陈述中又主张在借款之时证人介绍了王某与李某认识，但王某并未提供任何证据予以证明。因此，对于王某在仲裁案中所依据的合同的真实性及整个借款过程的合理性的确认，就尤为重要，仲裁庭应严格按照法律的规定进行审查。

王某在仲裁案中提交的案涉合同关键信息处均非李某亲笔手写，除末页之外，亦没有李某的签字确认。李某曾在庭审中表示，因李某与仲裁案的证人有其他仲裁案案外投资事宜导致的经济往来，因此曾配合证人签署过一系列的文件（该行为也仅是形式上的配合），仲裁案中王某提出的案涉合同的格式与文字就与上述一系列案外文件的格式与文字完全一致。该些文件并非有向任何人借款的意思表示，并且基于信任，李某签署相关文件时，并未仔细阅读，很多文件均是空白的，并没有填写信息，这一点张某的当庭陈述亦可证明。仲裁案证人本身亦认为李某有欠其钱款的主张，与仲裁案有明显的利害关系。在上述种种情形下，对于案涉合同是否能代表李某的真实意思表示应当谨慎且公正地予以审查。

在庭审中，李某明确说明了案涉合同除落款签字外，任何关键信息均非其本人书写，仲裁庭在庭审调查时，王某亦确认这些文字为“当时是公司员工写的”，因此对于上述事实双方并未产生争议，根本无鉴定的必要。在裁决书中李某却看到，该仲裁员描述上述情形时认为“李某对手写字迹提出口头异议，未提出笔迹鉴定申请”，就结合了本案并未审查清楚的证据及有严重利害关系的证人的证言认定了该案涉合同是当事人的真实意思表示，明显偏向仲裁申请人王某一方，严重违反法律规定，枉法裁判。

根据《民事证据规定》第三十条第一款之规定，人民法院在审理案件过程中认为待证事实需要通过鉴定意见证明的，应当向当事人释明，并指定提出鉴定申请的期间。此款规定是民事证据规则中的基本常识，如对此规定不知晓，则根本不符合被聘任为仲裁员的条件。根据该规定可知，对于李某提出异议的笔迹双方并未存有争议，已经达成一致确认，并不属于需通过鉴定意见证明的事实，并且，根据庭审笔录可知，该仲裁员亦没有向李某释明该事实需通过鉴定证明，更没有指定鉴定申请的期间。现该仲裁员又在事后罔顾法律与事实，为其枉法裁决强行将责任推卸给李某一方，严重损害了李某的利益，因此，案涉裁决根据《仲裁法》之规定，应依法予以撤销。

（二）因民间借贷所引发的虚假诉讼频发，《民间借贷司法解释》特别规定了审理关于民间借贷案件应符合的流程与标准。李某在仲裁案中从借贷金额、款项交付、当事人的经济能力等所有方面均对王某的主张及证据提出了质疑，在该仲裁员明确应对上述问题进行审查的前提下，仅将李某的意见进行了摘抄，就直接引用了并未审查清楚的事实，在毫无说理及解释的情形下直接作出认为“上述事实可形成证据链，相互印证该系列合同的签署情况……”的认定，并毫无理据地作出“整个交易、借款过程未见有违常理之处”的荒谬结论，明显是罔顾法律与事实，枉法裁决的行径，裁决书应依法予以撤销。

在仲裁案中，王某作为仲裁案申请人提出的请求及其提供的证据根本不能做到相互呼应，且漏洞百出，亦不符合《民间借贷司法解释》规定的应查证清楚的标准。李某在仲裁案中已经多次强调和指出，但王某并未直接予以回应，亦未再继续提供证据证明，而该仲裁员在未对相关事实进行查证的情形下，仅根据与仲裁案有利害关系的证人的认可，即得出了李某应归还王某案涉“借款”的结论，明显属于枉法裁判。

李某曾指出仲裁案中大量的漏洞与瑕疵：（1）李某并未收到过任何自王某处转出的款项，案涉合同中手写指定该案的证人李某刚接收所谓借款的条款，该字迹既非王某所写，也未有其他证据证明王某进行过指定由证人代收款项，证人李某刚收到该款项后，亦没有提供任何证据证明将该款项转给过王某；（2）王某提交的李某所谓还款的证据，系李某因其他经济活动支付给证人的账户的，并非支付给王某，也未备注系给王某的还款，王某亦未提供证据证明王某曾向李某告知过或向李某指定过所谓还款由证人代收，更重要的是，李某提供的证据已经表明李某向证人支付的款项是与证人的公司有关的前述案外经济活动相关的经济往来，并不是支付给王某的，该证据王某亦认可了真实性；（3）李某、张某与证人以及相关公司的案外投资事宜系李某为证明李某与证人之间存在其他经济往来而提供，而王某作为证明李某有借款需求的证据提供，但对于王某提出的该部分证据，李某与张某均对该部分事实提出了质疑，尤其是该部分合同有骑缝章不连贯等严重的漏洞，李某亦不认可王某在仲裁中就该部分事实提出的主张，王某就该部分的事实提供的证据本身亦没有达到证据确实充分能够认定事实的证明标准，但因上述投资纠纷并非为仲裁案应解决的争议，李某证明其与证人之间有其他经济往来，转账凭证并不能指向王某，李某已完成了举证责任（同时该仲裁员既未将其作为案件争议焦点，亦未引导各方继续举证予以证明）；（4）李某还曾指出王某并未证明其支付所谓借款的合理资金来源，王某在公开查询到的信息中仅显示为证人公司的监事，王某没有证明其收入水平足以支付仲裁案中的巨额借款，更无法解释将巨额资金借给不曾相识的人的合理性，以及证人将其所谓的李某无法还钱的风险转嫁给证人认为的亲密合作伙伴即王某的合理性，上述法律规定要求审查清楚的事项王某均未提供证据予以证明或解释；（5）李某还曾指出，王某与证人主张系李某无法完成回购义务才产生的资金危机从而导致产生借款用途，但该所谓回购义务李某并未认可，且王某提供的证据显示，其所谓“借款”时，其证据中显示的所谓回购义务都尚未产生，王某的主张明显无法自圆其说。

根据《民间借贷司法解释》第十五条及第十六条之规定，审理民间借贷纠纷，应当结合借贷金额、款项交付、当事人的经济能力。当地或当事人之间的交易方式、交易习惯、当事人财产变动情况及证人证言等综合因素查证事实是否发生，应当严格审查借贷发生的原因、时间、地点、款项来源、交付方式、款项流向及借贷双方的关系经济状况等判断是否属于虚假诉讼。在仲裁案中，所谓的出借人明显不具备出借能力，其所依据的理由明显不符合常理，亦不能提交债权凭证，其提供的凭证还有伪造的可能，应当严格按照该司法解释的规定进行审查，如不能证明借款的真实性，关于借款的主张应依法予以驳回。李某提出的上述质疑，王某并未提供证据予以证明，该仲裁员在庭审调查时亦没有进行细致的询问，在作出裁决书时，对上述情形没有任何合理的解释及证据证明的情形下，就径自认为在整个借款过程中没有有违常理之处，明显系该仲裁员偏向王某一方，利用仲裁案件一裁终局且裁决不容易被撤销的实际情况而肆意枉法裁决。因此，裁决书按照《仲裁法》之规定，应当予以撤销。

（三）仲裁案中的证人李某刚及仲裁案申请人王某均已经自认证人与仲裁案存在明显的利害关系。李某在仲裁案中亦向仲裁庭提出过相关异议，并根据《民事证据规定》向仲裁庭指出王某提出的证据及证人证言均为瑕疵证据，既不能单独作为定案证据，又不能相互进行佐证，更不能达到补强证据的效果。但在裁决书中，该仲裁员多次以该证人的证言为依据直接认定了相关事实，明显违反了《民事证据规定》的规定，属于枉法裁决，且情节恶劣，裁决书应依法予以撤销。

根据证人李某刚在其提交的声明中可知，其自认与王某为商业合作关系，共同投资某投资控股有限公司（以下简称投资公司）、某文化艺术有限公司等。在其接受询问时亦说明，其介绍王某借钱给李某是因为“我们对这件事都负有一定的商业关系”，王某“也是投资人，也有责任，这个钱回不来，不能说我是董事长就由我一个人负担，我应该负担一部分，其他股东也应该承担”，并且一直主张李某向王某借钱是为了归还证人的钱。从上述事实可知，证人与仲裁案及王某是有深度的利益捆绑的，且王某是否能自李某处得到钱款对证人是有影响的，尤其是按照证人的主张，其介绍王某借钱给李某是为了归还证人自己，那么其更有动机要帮助王某要回所谓的借款。证人甚至有为实现其自己的目的以王某的名义制作出仲裁案的动机。因此，根据《民事证据规定》第九十条之规定，上述证人的证言并不能单独作为定案的依据。

同时，根据《民事证据规定》第九十条之规定，瑕疵证据不仅不能单独作为认定案件事实的依据，瑕疵证据之间，同样不能起到相互补强的效果。根据最高人民法院民事审判第一庭2020年1月第1版《最高人民法院新民事诉讼证据规定理解与适用》中在对《民事证据规定》第九十条在审判实践中需注意的问题中表明，补强证据指增强或担保主证据证明力的证据，补强证据本身必须具备证据能力和证明力，该条所列的证据，在没有补强证据的情况下，不能单独作为认定案件事实的根据，本身证明力薄弱的证据不能作为另一个证据的补强证据，如当事人提供了与其有利害关系的两个证人所作的证言，在此情况下，这两份证人证言之间，相互不能作为补强证据。由上述观点可知，王某在仲裁案中提供的包括证人证言在内的证据全部为瑕疵证据，既不能单独证明仲裁案中其主张的事实，又不能作为相互的补强证据，不具备证据能力，属于不能证明其主张的情形。

根据仲裁案裁决书及相关证据可知，王某提交的证据在客观形式本身就存在瑕疵，关于王某提出的借款背景更加没有进行详细审查，因此王某提出的证据属于瑕疵证据，根本不能起到证明其目的的证明效果。而在仲裁庭意见中，该仲裁员记录了李某提出的质疑，却不作任何的解释及说明，甚至是在王某未能完成举证责任的情形下即作出了认定。如关于诉讼时效的问题，该仲裁员直接认为，证人李某刚认可李某向其转账的共计80万元为向王某的还款，结合前述分析（但该仲裁员并未在裁决书中作出任何有效分析）及认定意见（该仲裁员的认定又均毫无依据），即认定了该80万元应当认定为基于案涉合同的还款。该80万元的性质正是李某提出了相关证据进行异议的。王某并未提供其告知过李某向证人支付还款的证据，该还款记录亦没有相关向王某还款的备注，在李某提供了证据证明证人主动表明这些还款是为了“向公司交代”的情形下，王某亦没有提供证据进行反驳，王某自行提供的聊天记录更是与李某的主张相符。在此种明显有证据证明李某主张的情形下，该仲裁员仍强行认定王某的仲裁主张成立，明显是偏向王某一方，枉法裁决，该裁决书应依法予以撤销。

（四）李某在仲裁案中提交了相关证据，王某提供的证据亦能予以印证，证明即便李某主张的债权真实存在，其提起仲裁请求亦已超过了诉讼时效的保护期，该些证据在裁决书中明确被记载，王某亦认可了李某提交证据的真实性。在裁决书中，在有明确证据的情形下该仲裁员或是将上述证据遗漏，或是故意罔顾事实，枉法裁决，认定李某未提交证据，也没有其他证据予以印证，严重侵害了李某的利益，案涉裁决应依法予以撤销。裁决书第 28 页关于双方举证情况中对仲裁申请人（仲裁案王某）提交的证据明确写明“6. 李某与李某刚的微信聊天记录”。裁决书第 20 页亦记录了李某在仲裁案中提出的该证据的内容“证人 2019 年 1 月 29 日与李某说‘这两天打个 30 万加上上次的 20 万还剩 150 万年后再说，我也好跟公司交代一下’”。王某亦在仲裁案中提供了相关的聊天记录作为证据，可以看出李某与相关人员的沟通并非系由于与王某的借款关系而进行。由此可以看出，对于上述证据，仲裁庭是收到且已经知悉内容的。在上述证据中证人描述的钱款及时间，与仲裁案中的申请人王某提出的所谓还款的凭证记录的金额与时间是能够对应的，这一点各方在仲裁中均是认可的，同时该几笔款项并未备注是向王某进行还款。根据聊天内容可知，证人已确认该几笔钱款是与其公司有关的，并非所谓的还款。因此，假设王某的所谓借款是真实的，其也已经超过了诉讼时效的保护期限。

如前文所述，王某在仲裁案中从未提出证据证明其向李某指示过借款的还款向证人李某刚支付，对于相关问题亦未作出合理解释。李某收到裁决书后却发现，裁决书第 35 页关于诉讼时效的仲裁庭意见中，该仲裁员并未对上述没有证据证明的情形进行任何的评述及分析，并未认为王某未完成举证责任，而是直接认为出借人及本就有利害关系且证言不能成立的证人均认可上述款项是还款，并且在仲裁各方均认可存在仲裁案案外投资事宜的情形下，该仲裁员仍认为李某主张有其他经济往来但“未能提供证据予以证明”，更加认为未能发现其他能够印证李某主张的诉讼时效问题的证据。该仲裁员的上述行为，明显是遗漏本案重要证据及双方已确认的客观事实，明显偏向仲裁申请人王某一方的徇私舞弊、枉法裁决的行为，案涉裁决应按照法律规定予以撤销。

（五）仲裁各方均认可李某、张某及其公司与证人及其公司之间存在案外的投资事宜，因此必然有其他案外相关经济往来。如前所述，仲裁员认为李某就此主张没有提出证据予以证明，明显是枉法裁决的情形。

如前文所述，关于李某与证人之间的经济往来是由于其他案外事宜引起的这一事实是有充分的证据证明的，也是有各方的陈述及举证进行印证的，否则无论哪一方，其在仲裁中的逻辑都是不能自洽的。在上述情形下，仲裁员认为仅就是否有其他经济往来这一事实李某没有提出证据证明，明显是偏向一方当事人，枉法裁决，因此案涉裁决应依法予以撤销。

综上事实可知，在法律有明确规定的情形下，在有证据证明仲裁案的相关情形符合法律规定的条件时，该仲裁员仍无视法律规定，无视当事人的证据，不作任何解释，径自违背法律的规定进行裁决。根据《刑法》第三百九十九条之一关于枉法仲裁罪的规定可知，在仲裁中故意违背事实和法律作枉法裁决，情节严重的构成该罪。根据该规定可知，只要该仲裁员有违背事实和法律进行裁决的，就属于枉法裁决，只是在符合法定情形时才构成犯罪。但在《仲裁法》第五十八条的规定中，仅规定仲裁员在裁决时有枉法裁决的情形时就可以撤销裁决书，而非要求必须达到犯罪的标准，因此本案中该仲裁员的行为明显符合枉法裁决的情形，案涉裁决应依法予以撤销。

二、在仲裁案中，该名仲裁员存在超出仲裁协议范围进行裁决的情形。关于李某、张某及某网络科技有限公司（以下简称网络科技公司）与仲裁案证人李某刚及其投资公司之间的投资事宜，即李某前述的案外投资事宜，李某在仲裁中提及只为证明李某与证人之间存在其他原因的经济往来，二人之间的转账行为与王某无关。该事实被王某在仲裁案中亦作为借款背景提出，虽然其主张的具体权利义务关系李某并未认可，但李某与证人之间存在其他经济往来的事实却已被确认，李某在仲裁中已完成举证责任，此种情形下仲裁员认为李某主张有其他经济往来但未提供证据，本身已属于枉法裁决。但就该投资事宜的纠纷本身，并非仲裁案案涉合同争议的事实，该事宜中各方具体的事实情况及权利义务不应在仲裁案中进行审理和确认。在仲裁案中，在李某对王某关于该投资事宜的举证提出了各项质疑且王某并未再进行举证的情形下，该仲裁员直接在裁决书中将关于该部分事宜的权利义务予以确认，认为李某借款的背景事实成立，等同于在仲裁案中直接认定了李某就投资事宜应承担的义务。此种行为属于超出仲裁协议的范围裁决的情形，并且严重剥夺了李某的抗辩权，给李某的实体权利造成了严重的损害，裁决书依照《仲裁法》第五十八条之规定，应予以撤销。

通过仲裁案的案卷记录及李某前述内容可知，仲裁案证人李某刚系与仲裁案有利害关系的证人，原因即为其与李某、张某及其持有的投资公司之间有相关的投资事宜，且证人一直主张李某对其持有的投资公司负有回购的义务。但上述事宜并非仲裁案的案涉合同内容，更不包括在案涉合同的仲裁协议范围。因此，如证人认为李某对其持有的投资公司应承担相应的义务，应另案提出主张，并经过严格的举证质证，在维护各方的诉讼或仲裁权利的条件下，由审判机关作出认定。尤其是在本案中，作为独任审理的仲裁员，应具备上述基本常识，不应对非案涉的争议进行审理和认定，否则属于严重侵害当事人权利的行为。

通过裁决书可知，王某将上述事宜作为李某的借款背景进行举证，但李某已在仲裁中提出了异议，王某的上述相关证据并未做到证据确实充分，未能使其主张的情形达到能够清楚认定的程度。在王某对于李某的质疑作出回应时，其仅是空口无凭地进行了并不符合逻辑的辩解，并未再提供任何证据予以证明。在仲裁员作出裁决时，仅依据王某的没有证据证明的主张、有利害关系的证人的证言以及连形式上的完整性都不具备的合同，就作出了借款背景成立且全程无有违常理之处的认定，上述情形除属于如前文所述的枉法裁决之外，更是超出仲裁协议的范围裁决，严重损害了李某的利益。

如此复杂的投资活动，李某是否实际负有回购义务，即便是作为正式案件审理，亦需要双方充分地举证并经严格的庭审调查等程序才能审查清楚。在仲裁案中，该仲裁员并未就该部分事实进行详细审查，亦未将其作为应查证的基本事实并组织各方进行举证，就作出了认定，实际上就是在剥夺了李某抗辩权利的基础上，直接认定了李某的回购义务，此种行为严重损害了李某的合法权益，且违反了仲裁程序。因此，案涉裁决应依法予以撤销。

三、根据前述事实可知，该仲裁员的行为同时构成了仲裁案的仲裁程序违反法定程序的情形。

（一）关于鉴定问题，该仲裁员未按照法律及《仲裁规则》规定的程序进行组织。

根据北仲《仲裁规则》第三十五条之规定，即便当事人未申请鉴定但仲裁庭认为需要鉴定的，也可通知当事人确定鉴定人。如前文所述，《民事证据规定》第三十条第一款规定，人民法院在审理案件过程中认为待证事实需要通过鉴定意见证明的，应当向当事人释明，并指定提出鉴定申请的期间。因此，如果该仲裁员认为前述李某提及的问题即便已被双方认可但仍需要鉴定的，应当按照程序性的规定向李某释明，并组织相关工作。但其既未释明，又以李某未提出鉴定申请为理由之一不支持李某的主张，那么该仲裁员除有枉法裁决的情形之外，仲裁的程序亦违反了法定程序，案涉裁决同样应予以撤销。

（二）关于诉讼时效的证据问题，该仲裁员将影响案件结果的关键证据遗漏。

如李某前述意见，裁决书及仲裁案卷已明确记载了李某及王某提交的证据内容，但仲裁庭在作出认定时认为李某并未提交相关证据，且无其他证据予以印证。因此，仲裁员除有枉法裁决的情形外，仲裁认定时还遗漏了仲裁案的重要证据，亦属于违反了法定程序的情形，案涉裁决应予以撤销。

（三）关于剥夺李某陈述和辩论的机会，该仲裁员违反了法律及《仲裁规则》规定的审理程序并损害了法律及《仲裁规则》赋予当事人的合法程序权利。

《仲裁法》第一条规定，仲裁应公平地仲裁经济纠纷，保护当事人的合法权益。北仲《仲裁规则》第二十五条亦规定，无论采取何种审理方式，仲裁庭均应当公平、公正地对待各方当事人，给予各方当事人陈述和辩论的合理机会。

但如前文所述，就仲裁案案外的投资事宜，不属于仲裁案仲裁协议约束的范围内的争议，李某没有义务就该事宜中的权利义务争议在仲裁案中进行主张，仲裁庭亦不应予以审理和认定。如仲裁庭认为该问题应在仲裁案中审查清楚，应按照《仲裁法》及《仲裁规则》的规定，充分保护当事人的程序及实体权利，向当事人予以示明。但该仲裁员在审理时并未对其进行细致审理，亦未示明该问题为仲裁案审理应查明的基本事实或争议焦点，引导当事人就该问题应充分进行举证，然后在王某亦没有充分完成举证责任的前提下，径自支持了其主张，认定了李某的义务，剥夺了李某就该问题抗辩的权利。上述情形除有超出仲裁协议范围仲裁、枉法裁判的情形外，亦严重违反了仲裁的程序，仲裁的程序违反法定程序，按照《仲裁法》第五十八条之规定，案涉裁决应予以撤销。

（四）关于证据提交，该仲裁员违背了法律及《仲裁规则》规定的审理中关于举证的程序性规定。

北仲《仲裁规则》第三十三条关于证据提交的规定，与《民事证据规定》及《民事诉讼法》的规定基本一致。当事人未能提交证据，应当承担不利后果。但根据申请人前述主张可知，王某作为仲裁案的申请人，对其主张的事实并未提供证据进行证明，对于明显缺乏合理性的主张，仅凭当事人自己的解释及有利害关系的证人的证言，仲裁庭即认定其主张成立，除有枉法裁判的情形外，明显亦未按照法律规定的程序进行审理，严重损害了李某的合法权利，裁决书应当予以撤销。

四、根据李某指出的前述全部问题可知，该名仲裁员在审理裁决的过程中，明显违反了北仲《仲裁规则》规定的应独立、公正仲裁的规定，且对法律规定的熟悉与运用及审理的能力明显不能胜任仲裁员尤其是独任仲裁的仲裁员，因此李某认为仲裁案中仲裁庭的组成违反法定程序，因此案涉裁决应当予以撤销。

根据李某前述的陈述可知，仲裁案在审理过程中该独任仲裁员明显没有遵守《仲裁法》《仲裁规则》及其自身的承诺，没有公正地对案件进行审理。根据前述种种问题可知，暂且不讨论其是否公正，就其审理案件的过程亦可看出，其对法律规定并不熟知，且审理过程中也并未能对案件进行应有的法庭调查及分析，作出裁决时更没有任何的法理及事实分析。李某认为，仅从上述事实来看，该仲裁员亦不符合一名仲裁员尤其是独任仲裁员的能力要求，不能胜任独任审理的任务，因此仲裁委指派其担任仲裁案的独任仲裁员，明显属于仲裁庭的组成违法的情形，根据《仲裁法》第五十八条之规定，裁决书应当予以撤销。

综上所述，案涉裁决明显存在《仲裁法》第五十八条规定的多种情形，严重损害了李某的合法权利，因此根据该条规定，裁决书应当予以撤销。

王某称，一、案涉裁决并无《仲裁法》第五十八条规定的情形。

本案中王某与李某等人于 2017 年签署的案涉合同有明确的仲裁条款，赋予了北仲管辖权。仲裁案仲裁庭的组成符合北仲《仲裁规则》的规定，举证、质证和庭审过程也符合法律和仲裁规则的规定。独任仲裁员依法仲裁，并无任何徇私枉法行为，仲裁裁决也并不违背社会公共利益，依法应予维持。

二、李某在合同笔迹签字鉴定问题上混淆案件基本事实。

李某、张某、网络科技公司于 2017 年 8 月 3 日签署的《借款保证合同》是由时任投资公司的法律顾问王律师联系李某、张某签署的，王某已经明确《借款保证合同》上除甲、乙、丙方的签章部分外，其他文字内容由王律师手写，王某为此向仲裁庭提供了书面说明。王律师手写的内容系合同当事人地址、联系方式等空白信息，但是合同签章是由李某及相关当事方自行完成的。本案中仲裁庭提及的李某未申请鉴定是指未申请对李某在合同尾页签字的鉴定而不是对王律师手写内容的鉴定。王律师手写部分的内容王某亦认可不是李某所写，根本无须鉴定。李某在此，混淆基本事实，干扰法庭审查。李某虽没有在案涉合同每一页上签字，但是合同上有李某实际控制的网络科技公司加盖骑缝章，李某、张某在仲裁程序中均当庭核实了原件，张某对《借款保证合同》真实性没有任何异议。此外，王某提供了相关转账记录予以佐证案涉合同的真实性，因此案涉合同的真实性毋庸置疑。

三、仲裁案件仲裁庭并未超裁。

仲裁庭对涉案借款背景和成因的调查并非超裁。仲裁庭对涉案借款背景和成因的调查是基于李某否认借款，而对借款的真实性做的进一步调查，裁决书裁定的内容还是借款事宜，裁决书并没有对借款背景和成因作出决定。仲裁庭没有简单依据王某出具的“借条”就直接认定借贷关系，而是谨慎地调查了整个借款的背景和成因，正是仲裁庭依法、严谨裁决的表现。

四、本案借款的形成成因和过程。

本案借款的产生源于李某对2013年9月18日投资公司以增资扩股的方式投资网络科技公司投资款的回购义务。《增资扩股协议》约定由投资公司向网络科技公司投资500万元，同时李某（彼时为网络科技公司股东及实控人）承诺回购该笔投资，投资公司向网络科技公司打款200万元，后续300万元增资款由于李某未按照《增资扩股协议》第2.2条约定办理房产抵押手续而未完成投资。对于投资公司投资的回购，李某是第一回购义务人，张某只是保证人，因此后续的借款合同均以李某作为借款人，张某作为保证人。

回购条件触发后，由于李某无法向投资公司支付回购款，因此于2015年4月29日向李某刚借款以支付回购款，李某与李某刚《借款保证合同》签署并履行后，李某的相关回购义务得到履行，同时李某与李某刚之间形成新的借款合同关系。后由于无法向李某刚偿还剩余借款，李某为履行与李某刚的《借款保证合同》，经李某刚介绍于2017年8月3日向王某借款，并与王某签署了案涉合同，该合同签署并履行后，李某对李某刚的债务得到履行，同时李某与王某之间形成新的借款合同，从而形成本案的借贷关系。

李某与李某刚《借款保证合同》及案涉合同均由张某和网络科技公司承担无限连带担保责任，也印证了本案的借款产生的根源在于李某对投资公司投资网络科技公司投资款的回购义务。王某是与李某刚共同投资的投资公司的投资人。李某是否能偿还投资公司的股权回购款与王某利益息息相关，该笔款项不管是谁借给李某，最终如果无法收回，相关损失最终都要由投资公司的投资人承担。因此，在李某刚需要用资金，而李某无法偿还对李某刚的欠款时，李某刚协调李某找到王某，由王某借款给李某偿还李某对李某刚的欠款，并由张某和网络科技公司做无限连带责任担保。对于以上事实，李某刚在仲裁程序中也已经出庭作证并出具书面说明。因此，在本案中不管是谁借款给李某，李某都会认为这是在处理因对网络科技公司（聊天记录中李某称为“永华那个破公司”）投资而产生的债务，王某和李某刚也都会认为要回涉案借款都是最终为投资公司减损的。

五、本案借款关系事实清楚，证据确实充分，李某申请撤销仲裁裁决实属恶意利用撤销程序，拖延执行。

张某称，没有意见。

经审查查明，北仲根据王某提交的以李某、张某为仲裁被申请人的仲裁申请，于2022年10月8日受理了各方之间因案涉合同所引起的争议仲裁案，该案编号为（2022）京仲案字第××××号，适用北仲自2022年2月1日起施行的《北京仲裁委员会仲裁规则》（以下简称《仲裁规则》）第七章简易程序的规定。

王某提出以下仲裁请求：1. 李某向王某归还借款本金200万元，张某承担连带责任；2. 李某向王某支付借款利息（暂计至2022年9月19日）1 112 332元，张某承担连带责任；3. 李某以借款本金200万元为基数，按年利率14.6%的标准，向王某支付自2022年9月20日起至实际支付之日止的利息，张某承担连带责任；4. 李某支付王某该案已付律师费2万元，张某承担连带责任；5. 由李某、张某承担该案仲裁费。

关于案涉合同效力及借款关系的真实性的问题。李某在仲裁中对案涉合同的真实性提出异议，称合同中前两页关键信息明显不是李某所填写，李某对合同约定内容并不知悉。仲裁庭认为，李某虽对合同前两页中的手写字迹提出口头异议，但未否认合同尾页其本人签名的真实性，也未向仲裁庭提出笔迹鉴定申请；张某没有否认该合同系其自己所签。因此，仲裁庭结合该案现有的证据材料和庭审查明情况认为案涉合同是双方当事人真实的意思表示，不违反法律法规的强制性规定，应认定为有效。

关于案涉借款关系的真实性，李某在仲裁中称其未曾收到过该笔借款。该案合同中手写借款指定收款人“李某刚”与王某存在利益关系，王某未能举证证明李某曾指示王某将借款支付至李某刚账户，也未证明李某刚收到该笔款项后转款给李某，王某提交的相关债权凭证存在伪造的可能。李某没有借款需求、与王某也并不相识，王某未能证明其具备相应的经济能力并合理说明资金来源。王某所称案涉借款关系产生的背景和原因不符合常理，李某与证人李某刚之间系其他经济往来，李某与案外人之间的投资事宜与本案无关。李某认为，王某未能证明其与李某之间存在直接款项往来，也未能依据《民间借贷司法解释》规定对资金来源、借款动机、双方关系等事项作出符合常理的解释，双方之间不存在真实的借款关系。王某针对借款事实的发生背景和原因向仲裁庭作出解释，并提交了投资公司与李某、张某等签署的关于网络科技公司的《增资扩股协议》及附件四《股权转让协议》、附件五《抵押担保合同》，李某刚与李某、网络科技公司的《借款保证合同》及《股权质押合同》等证据证明案涉借款背景。王某称，李某曾与李某刚签订《借款保证合同》，向李某刚借款 300 万元。该笔借款是李某为履行《增资扩股协议》项下回购义务。后李某向李某刚偿还 100 万元，仍余 200 万元欠款。本案借款即李某为履行其对李某刚的还款义务，经李某刚介绍，李某向王某借款。王某确认李某刚介绍其给李某，双方确不熟识，故王某授权李某刚与李某交涉借款、催款事宜。此外，李某与张某、案外人李某刚、案外人投资公司、案外人网络科技公司等各方之间签署的合同，均由各方签字盖章，是合法有效的。基于仲裁案查明事实，仲裁庭确认案涉合同系真实合法有效且对双方当事人具有约束力，鉴于李某否认案涉借款事实并提出上述抗辩，仲裁庭对该案借款过程、借款原因等相关事实进行进一步审查。仲裁庭查明，王某提供了一份《增资扩股协议》，表明2013 年9 月18 日，张某作为甲方、李某作为乙方、案外人赵某涛、黄某楠分别作为丙方、丁方，投资公司为戊方，网络科技公司作为目标公司，签署《增资扩股协议》。协议签字页甲方处显示“张某”签字、乙方处显示“李某”签字、丙方及丁方处由相应自然人签字、戊方处显示投资公司盖章及法定代表人李某刚签字、目标公司处显示网络科技公司盖章及法定代表人张某签字。协议约定，投资公司拟向网络科技公司投资，同意以货币出资方式出资 500 万元，其中 5.26 万元计入网络科技公司实收资本，剩余 494.74 万元计入网络科技公司资本公积。协议第 2 条约定，上述出资由投资公司在协议文件签署生效后三日内，向网络科技公司先期出资 200 万元。2013 年 9 月 22 日，投资公司分两次向网络科技公司银行账户转账共计 200 万元；2014 年 4 月 21 日，李某刚向网络科技公司银行账户转账 100 万元。2014 年 4 月 21 日，李某手写《借据》：“本人于 4 月 21 日向李某刚个人借款 100 万元人民币，并且证明已收到此 100 万元款项。”2015 年 4 月 29 日，李某刚作为出借人甲方与李某作为借款人乙方、张某及网络科技公司作为保证人丙方签署《借款保证合同》。合同约定借款本金为 300 万元，借款期限自 2015 年 3 月 9 日至 2015 年 8 月 8 日，借款利息按照月利率 2%。合同末尾甲方处由李某刚签字、乙方处由李某签字，丙方处由张某签字、网络科技公司加盖公章。2015 年 11 月 9 日，李某向李某刚银行账户转账 100 万元。仲裁庭注意到，上述事实可以形成证据链，相互印证该系列合同的签署情况、约定内容及所涉当事人各方之间的资金往来等事实，仲裁庭认为虽然没有直接证据表明王某支出的 200 万元款项李某确已收到，但现有的证据材料可以印证王某所陈述的案涉借款关系产生的背景事实，而整个交易、借款过程未见有违常理之处。同时，仲裁庭注意到，李某对其抗辩主张亦未能提供充分证据予以证明。故此，仲裁庭基于案涉合同的约定内容及签署背景、综合考察双方借款关系发生的整个过程、结合双方各自的举证情况，认定本案合同项下的借款关系真实有效。

另外，李某在仲裁中主张债权已超过诉讼时效，理由是案涉合同约定借款期限为 2017 年 8 月 3 日至 2018 年 2 月 2 日，王某至迟应在 2021 年 2 月 2 日前向李某主张还款，而李某于 2018 年 9 月 19 日、2019 年 1 月 31 日、2022 年 3 月 18 日、2022 年 5 月 23 日进行的四笔转账不构成诉讼时效中断的效果。对此仲裁庭认为，李某在 2018 年至 2022 年陆续向李某刚银行账户转账共计 80 万元。出借人王某及实际收款人李某刚均认可该几笔款项作为李某向王某的还款。在该案借款关系产生的一系列事实的背景下，李某支付 80 万元应当认定为基于案涉合同的还款行为。至于李某抗辩称该笔款项系其与李某刚之间的其他经济往来，李某未能提供证据予以证明，仲裁庭也未发现存在其他可以印证李某该种说法的证据。故认定李某在 2018 年至 2022 年还款行为引起诉讼时效中断，王某提起本案仲裁主张债权未超过三年的诉讼时效期间。

2023 年 10 月 25 日，仲裁庭作出案涉裁决，裁决内容为：1. 李某向王某支付借款本金 200 万元及截至 2022 年 9 月 19 日的利息 1 112 332 元，并向王某支付以本金 200 万元为基数，按照年利率 14.6% 的标准，按日计息（日利率计算公式为年利率 ÷360 天），自 2022 年 9 月 20 日起计算至实际付清之日止的利息；2. 李某向王某支付律师费 2 万元；3. 驳回王某的其他仲裁请求；……

李某在向本院提交的《代理意见》中补充一项撤裁理由，认为案涉合同、《增资扩股协议》《股权转让协议》、李某刚与李某签订的《借款保证合同》《股权质押合同》、李某刚证言均系被伪造的证据。理由是：1.《股权转让协议》，王某在仲裁时没有提交原件，《股权转让协议》骑缝章仅有投资公司加盖，且明显可以看出有其他骑缝章；2.《增资扩股协议》的骑缝章并不连续，且还有并非合同主体的北京华创公司的盖章；3.《借款保证合同》第 2 页及最末尾签字页也没有骑缝章；4.《股权质押合同》仅第一页有半枚骑缝章，尾页没有任何骑缝章。经询，李某确认其主张案涉合同被伪造的理由为，案涉合同第一页、第二页上手写部分内容非李某所填写。李某认可上述《增资扩股协议》《股权转让协议》、李某刚与李某签订的《借款保证合同》《股权质押合同》的尾页部分“李某”签名的真实性。

另外，王某在仲裁中提交证据“借款保证合同签署过程说明以及王律师受王某委托多次向李某、张某催款的聊天记录”。李某在仲裁审理中对王律师与李某的聊天记录真实性认可，但不认可该证据的合法性、关联性、证明目的。王某在本案中亦提交该证据证明案涉合同的签署过程，以及案涉借款到期后，王律师受托多次向李某、张某催款等事实。根据 2018 年 9 月 5 日王律师与李某的微信聊天记录，王律师向李某发送了涉案合同三页完整内容。经询，李某在本案中认可王律师在 2018 年通过微信向其发送过案涉合同。

本院认为，本案是当事人申请撤销国内仲裁裁决案件，应依据《仲裁法》第五十八条的规定，对本案进行审查。《仲裁法》第五十八条规定：当事人提出证据证明裁决有下列情形之一的，可以向仲裁委员会所在地的中级人民法院申请撤销裁决：（一）没有仲裁协议的；（二）裁决的事项不属于仲裁协议的范围或者仲裁委员会无权仲裁的；（三）仲裁庭的组成或者仲裁的程序违反法定程序的；（四）裁决所根据的证据是伪造的；（五）对方当事人隐瞒了足以影响公正裁决的证据的；（六）仲裁员在仲裁该案时有索贿受贿，徇私舞弊，枉法裁决行为的。人民法院经组成合议庭审查核实裁决有前款规定情形之一的，应当裁定撤销。人民法院认定该裁决违背社会公共利益的，应当裁定撤销。上述规定是人民法院撤销国内仲裁裁决的法定事由。

一、关于李某提出的裁决的事项不属于仲裁协议范围的主张

《最高人民法院关于人民法院办理仲裁裁决执行案件若干问题的规定》第十三条规定，下列情形经人民法院审查属实的，应当认定为《民事诉讼法》第二百三十七条[①]第二款第二项规定的“裁决的事项不属于仲裁协议的范围或者仲裁机构无权仲裁的”情形：（一）裁决的事项超出仲裁协议约定的范围；（二）裁决的事项属于依照法律规定或者当事人选择的仲裁规则规定的不可仲裁事项；（三）裁决内容超出当事人仲裁请求的范围；（四）作出裁决的仲裁机构非仲裁协议所约定。依据该规定，判断仲裁裁决是否超裁，分为“裁决的事项不属于仲裁协议的范围”或者“仲裁委员会无权仲裁”这两种情形。上述第一项内容，属于“裁决的事项不属于仲裁协议的范围”；上述第二项、第三项、第四项内容，均属于“仲裁委员会无权仲裁”的情形。本案中，李某认为仲裁员在裁决中认定李某借款的背景事实成立，相当于直接认定李某在《增资扩股协议》项下投资事宜应承担的回购义务，该部分认定内容超出案涉仲裁协议范围，符合上述第一项内容，构成超裁。对此，本院认为，从案涉裁决的内容及依据来看，王某基于案涉合同的仲裁协议向北仲提起仲裁申请，仲裁审理的是案涉合同各方在履行合同中发生的争议，与李某相关的审理焦点是李某是否应承担案涉合同项下的还款责任。王某的仲裁请求以及仲裁裁决的内容均在案涉仲裁协议的范围内。

王某在仲裁中提交了《增资扩股协议》等合同以证明案涉借款产生的背景，仲裁员对《增资扩股协议》等合同进行证据分析，最后在结合全案

① 2023 年修正后为第二百四十八条。

证据后采信了王某所述案涉借款关系产生的背景事实。本院认为，仲裁庭对借款背景进行审查系全面审查案件的需要，但应当明确的是，仲裁案并不涉及对《增资扩股协议》等合同的当事人权利义务关系进行审查，案涉裁决并未对《增资扩股协议》等合同的当事人权利义务直接作出认定，李某所称案涉裁决直接认定李某在《增资扩股协议》项下投资事宜应承担的义务的意见，依据不足，本院不予采信。

综上，本院认为，案涉裁决内容不存在裁决的事项超出仲裁协议约定的范围之情形，本院对李某关于超裁的撤裁理由不予采信。

二、关于李某提出的仲裁程序违反法定程序的主张

根据《最高人民法院关于适用〈中华人民共和国仲裁法〉若干问题的解释》第二十条的规定，《仲裁法》第五十八条规定的“违反法定程序”，是指违反仲裁法规定的仲裁程序和当事人选择的仲裁规则可能影响案件正确裁决的情形。本案中，李某提出以下几点程序违法的理由：

其一，案涉合同前两页手写字迹部分非李某所填写这一事实已经由李某和王某双方认可，但仲裁庭仍然认为该部分手写字迹内容需要鉴定，仲裁庭对其认为应当鉴定的事项未向当事人进行释明，违反法定程序。本院认为，仲裁庭在裁决书中对合同效力作出认定一节中有以下论述“李某虽对合同前两页中的手写字迹提出口头异议，但未否认合同尾页其本人签名的真实性，也未向仲裁庭提出笔迹鉴定申请；张某没有否认该合同系其自己所签。因此仲裁庭结合该案现有的证据材料和庭审查明情况认为案涉合同是双方当事人真实的意思表示，不违反法律法规的强制性规定，应认定为有效”。李某认为仲裁庭上述表述“未向仲裁庭提出笔迹鉴定申请”指向的鉴定事项为双方并无争议的“合同前两页中的手写字迹”，王某则认为鉴定事项指向李某在案涉合同尾页的签名，双方对仲裁庭的表述存在不同的理解。本院认为，李某在仲裁中对案涉合同的真实性提出异议，称合同前两页关键信息非李某所填写，其对合同约定内容并不知悉。王某认可案涉合同前两页手写字迹内容非李某所填写，系时任某某投资法律顾问王律师填写。因此“案涉合同前两页手写字迹内容非李某本人所填写”系双方确认的事实，并无争议。在此前提下，李某对仲裁庭前述表述所作出的

解读，本院难以采信。更为重要的是，《仲裁法》以及《仲裁规则》对仲裁庭是否必须向当事人行使释明权均未有明确规定，本院认为“释明权”属于仲裁庭对案件实体裁量权的范畴，仲裁庭是否行使释明权等问题不属于仲裁司法审查案件的审查范围。综上，本院对李某所提该项仲裁程序违法的主张不予支持。

其二，仲裁庭遗漏审查李某提交的关于诉讼时效的证据，违反法定程序。本院认为，关于诉讼时效的问题，仲裁庭在对诉讼时效作出认定一节中有以下论述：“至于李某抗辩称该笔款项系其与李某刚之间的其他经济往来，李某未能提供证据予以证明，仲裁庭也未发现存在其他可以印证李某该种说法的证据。故认定李某在 2018 年至 2022 年还款行为引起诉讼时效中断，王某提起本案仲裁主张债权未超过三年的诉讼时效期间。”李某在本案中称仲裁庭在上述论述中提到李某“未能提交相关证据”，据此主张仲裁庭遗漏审查其提交的关于诉讼时效的证据。本院认为，李某的上述主张实际系对仲裁庭举证责任分配、证据采信、事实认定的实体异议，并不涉及仲裁庭在程序上遗漏审查证据的问题，故本院对李某所提该项程序违法的主张不予支持。

其三，仲裁庭超出仲裁协议范围审理仲裁案外投资事宜，在与案外投资相关的审理中未能充分保护李某的程序和实体权利，剥夺李某的陈述和辩论的权利，违反法定程序。本院认为，辩论权作为当事人的基本权利，贯穿仲裁程序的各个环节，结合本案中当事人提交的仲裁庭审笔录等证据，李某关于其辩论权被剥夺的主张缺乏事实依据，本院不予采信，对李某所提该项程序违法的主张不予支持。

此外，李某还提出仲裁庭违反《仲裁规则》关于举证的程序性规定，相关主张均涉及实体范畴，不属于本案审查范围，本院对此不作审查。至于李某所提仲裁庭组成违反法定程序的主张，其主要理由为该独任仲裁员缺乏胜任仲裁员的工作能力等，李某的相关主张缺乏法律、《仲裁规则》及事实依据，本院对此均不予支持。

三、关于李某提出的裁决所根据的证据是伪造的主张

《最高人民法院关于人民法院办理仲裁裁决执行案件若干问题的规定》

第十五条规定，符合下列条件的，人民法院应当认定为民事诉讼法规定的“裁决所根据的证据是伪造的”情形：（一）该证据已被仲裁裁决采信；（二）该证据属于认定案件基本事实的主要证据；（三）该证据经查明确属通过捏造、变造、提供虚假证明等非法方式形成或者获取，违反证据的客观性、关联性、合法性要求。本案中，李某称案涉合同系被伪造的证据，理由是该合同的第一页和第二页手写部分内容均非李某所填写。本院认为，李某就上述理由亦向仲裁庭提出过，根据仲裁裁决书，仲裁庭在认定案涉合同效力一节，对李某的该主张进行回应，仲裁庭考虑到李某未否定案涉合同尾页李某本人签名的真实性，结合该案相关证据情况作出案涉合同合法有效的认定。需要指出的是，仲裁司法监督程序并非仲裁案件的二审环节，人民法院仅在法律规定的范围内对仲裁活动进行有限监督。因此仲裁庭关于案涉合同效力所作认定，属于仲裁庭职权范围，依法不属于本案审查范围，本院对此不予涉及。李某在本案中应对其伪造证据的主张提交充分证据予以证明。李某在本案中亦认可案涉合同尾页其签名的真实性，但称其只签署合同尾页，签署时并不知晓合同其他内容。本院认为，李某认可有其本人签名的合同尾页页眉处载明“借款保证合同”，该页第十一条违约事件条款载明“乙方未能依照本合同约定按期足额清偿借款本金的”等情形，而李某又在该页乙方签名处签署姓名。根据合同尾页以上内容，李某在尾页上签署姓名时完全有能力知晓其签署的这份文件的性质。更为重要的是，根据2018年9月5日王律师与李某的微信聊天记录，王律师向李某发送了案涉合同三页内容，李某在本案中对此亦认可。结合以上两个方面，李某在本案中称其不知晓案涉合同内容，合同前两页被变造，相关主张均缺乏事实依据，本院对其主张难以采信。

此外，王某在仲裁中为证明案涉借款背景，提交了证据《增资扩股协议》《股权转让协议》、李某刚与李某签订的《借款保证合同》《股权质押合同》，且李某刚作为证人出庭作证。李某在本案中对上述合同尾页部分“李某”签名的真实性均认可，但主张其只签署合同尾页，不知晓和合同其他页的内容，还对各合同的形式真实性提出异议，本院在审查查明部分就李某的意见进行表述，在此不再赘述。本院认为，李某在本案中针对合同形式真实所提的异议均不足以证明合同确实存在“确属通过捏造、变造、提供虚假证明等非法方式形成或者获取”的情形，故本院对李某该项伪造证据的主张亦不予支持。

综上，李某以证据伪造为由主张撤销仲裁裁决，依据不足，本院不予支持。

四、关于李某提出的仲裁员枉法裁决的主张

《仲裁法》第五十八条第一款第六项规定的仲裁员在仲裁该案时有索贿受贿、徇私舞弊、枉法裁决行为，是指已经由生效刑事法律文书或者纪律处分决定所确认的行为。李某并未向本院提供生效刑事法律文书或者纪律处分决定证明仲裁员有枉法裁判的行为，其在本案中主张仲裁员有枉法裁决行为的相关主张均系对仲裁案件事实认定的异议，涉及仲裁庭审理权限，并非仲裁案件司法审查范围，故本院对李某关于仲裁员枉法裁决的撤裁理由亦不予支持。

综上，李某的撤裁申请，依据不足，本院不予支持。依据《中华人民共和国仲裁法》第五十八条、第六十条之规定，裁定如下：

驳回李某的申请。

申请费400元，由李某负担（已交纳）。

审　判　长　　王　静
审　判　员　　贾　毅
审　判　员　　朱秋菱

二〇二四年一月二十二日

法官助理　　程　宏
书　记　员　　高　凡

浙江舟山某石油化工有限公司申请撤销仲裁裁决案

北京市第四中级人民法院
民事裁定书

（2023）京04民特394号

申请人：浙江舟山某石油化工有限公司

被申请人：某油品销售有限公司

申请人浙江舟山某石油化工有限公司与被申请人某油品销售有限公司申请撤销仲裁裁决一案，本院于2023年4月13日立案后进行了审查。现已审查终结。

浙江舟山某石油化工有限公司称，申请撤销北京仲裁委员会作出的（2023）京仲裁字第××号仲裁裁决。事实与理由：浙江舟山某石油化工有限公司与某油品销售有限公司分别于2020年12月18日、2021年1月5日、2021年1月6日签订《成品油购销合同》各1份，均约定纠纷由北京仲裁委员会仲裁的仲裁条款。后因纠纷，某油品销售有限公司以浙江舟山某石油化工有限公司经催告拒不交货为由要求解除案涉合同，并赔偿其损失，向北京仲裁委员会申请仲裁。北京仲裁委员会经审理，于2023年1月31日作出（2023）京仲裁字第××号仲裁裁决。对于上述仲裁裁决，浙江舟山某石油化工有限公司认为本案仲裁庭的组成或者仲裁程序违反法定程序、仲裁规则，以及某油品销售有限公司隐瞒了足以影响公正裁决的证据，符合《仲裁法》第五十八条第一款第三项、第五项之规定，应当予以撤销。具体而言：一、本案首席仲裁员有使浙江舟山某石油化工有限公司产生对其独立、公正仲裁的合理怀疑情况，而首席仲裁员未事先披露，剥夺了浙江舟山某石油化工有限公司申请回避的权利，严重违反法定程序。本案首席仲裁员由北京仲裁委员会指定，而其与某油品销售有限公司存在利害关系，未予信息披露，违反《仲裁法》及《北京仲裁委员会仲裁规则》，导致仲裁程序违反法定程序及仲裁规则，可能影响案件正确裁决。本案纠纷中，由于浙江舟山某石油化工有限公司和某油品销售有限公司未按期共同选定首席仲裁员，北京仲裁委员会主任指定高某担任首席仲裁员，而根据北京仲裁委员会网站及告知浙江舟山某石油化工有限公司的仲裁员信息披露情况，仅显示高某：专业为“公司/国际贸易/海商/保险”，法律专业为“金融类合同、买卖合同、投资类合同、运输合同”，领域为“交通运输、行业仓储和邮政业、金融、通用航空业”，教育经历为“北京科技大学工业管理工程专业本科、中央财经大学货币银行学硕士研究生、对外经济贸易大学国际法学博士研究生”以及办案情况等。本案裁决后，浙江舟山某石油化工有限公司偶然知悉，高某现就职的某科技租赁股份有限公司在年度公告中发布的高某工作履历如下：“其自 2011 年 11 月至 2019 年 6 月担任某空运发展股份有限公司的董事。其于 2016 年 1 月至 2019 年 6 月在该公司担任总经理，主要负责该公司的整体运营及管理，并于 2017 年 1 月至 2019 年 8 月担任该公司的法人代表。其自 2003 年 1 月至 2016 年 12 月担任某外运股份有限公司董事会秘书和公司秘书，主要负责秘书事务；2010 年 1 月至 2019 年 6 月担任某外运股份有限公司总法律顾问，主要负责法律事务；2019 年 6 月至 2021 年 2 月担任本公司董事会秘书、财务负责人；2019 年 6 月至今担任本公司公司秘书。”经了解，高某曾任董事、法定代表人或董事会秘书、公司秘书的某外运股份有限公司、某空运发展股份有限公司、某科技租赁股份有限公司均与某油品销售有限公司存在股权关联关系：1. 某油品销售有限公司的两个股东之一的某科技发展有限公司（持股 50%），系中国某物资股份有限公司全资子公司，而中国某物资股份有限公司的股东某结算有限公司（持股 0.61%），同时持股某外运股份有限公司 1.50% 的股份。2. 某油品销售有限公司的两个股东之一的某科技发展有限公司（持股 50%），系中国某物资股份有限公司全资子公司，而中国某物资股份有限公司的股东某结算有限公司（持股

0.61%），同时持有北京某酒店（集团）股份有限公司 2.30% 股份，而该公司持有某空运发展股份有限公司 0.9654% 的股份。3. 某油品销售有限公司的两个股东之一的某科技发展有限公司（持股 50%），系中国某物资股份有限公司全资子公司，而中国某物资股份有限公司的股东某结算有限公司（持股 0.61%），同时持有北京某科技集团股份有限公司 1.2% 股份，而该公司持有某科技租赁股份有限公司 1.65% 的股份。上述公司持股份额均在前十股东之列，出资金额巨大。根据《仲裁法》第三十三条、第三十四条，以及《仲裁规则》第二十二条、第二十三条的规定，披露的高某信息均无其任职经历，而上述任职经历显示其所供职单位与仲裁一方当事人某油品销售有限公司存在股权关联关系，且考虑某外运股份有限公司、某科技租赁股份有限公司所从事业务或投资方向与某油品销售有限公司及股东某科技发展有限公司、某华北销售有限公司存在业务范围领域相同或相关，均系全国范围内行业规模较大公司，可能存在业务关联或合作关系。结合高某在上述公司担任重要职务（主要涉及法律事务、董事会秘书职责），足以使浙江舟山某石油化工有限公司对于首席仲裁员高某是否与本案纠纷或某油品销售有限公司一方人员存在直接或间接的利害关系，履职“独立性、公正性”产生合理怀疑。在北京仲裁委员会、高某未披露上述信息情况下，浙江舟山某石油化工有限公司无法行使申请仲裁员回避的权利，违反仲裁法及仲裁规则。二、某油品销售有限公司隐瞒了足以影响公正裁决的证据，该证据直接影响仲裁结果。本案仲裁庭在计算某油品销售有限公司损失时，认为存在两种情形：“如果申请人（引文中的申请人均指向仲裁申请人某油品销售有限公司，下同）已经事先与买受人订立了转售合同，其将不得不从市场上按市价采购石油向买受人交付，从而不能实现相应的销售利润；如果申请人没有事先与第三方订立转售合同，申请人因无法按照市场价格出售石油，同样不能实现相应的销售利润”“本案中，申请人按照第二种情形主张销售利润损失”。实际上，某油品销售有限公司和浙江舟山某石油化工有限公司交易，其作为贸易商仅系为特定上游公司代购油品，事先与第三方订立转售合同，故不存在“无法按照市场价格出售石油”，也不存在“其将不得不另行从市场上按市价采购石油向买受人交付”的情况，某油品销售有限公司案涉 3 份合同并未存在任何实际损失。某油品销售有限公司故意隐瞒上述转售合同情况，造成仲裁裁决书认定损失金额错误，符合《仲裁法》所规定撤销仲裁情形。综上，北京仲裁委员会（2023）京仲裁字第××号仲裁裁决存在程序违法以及某油品销售有限公司故意隐瞒足以影响公正裁决的证据，应予依法撤销，恳请人民法院依法支持。

某油品销售有限公司称，一、高某的任职公司与某油品销售有限公司根本不存在股权关联关系。（一）某结算有限公司仅为相关股份的名义持有人，以此为由认为高某的任职公司与某科技发展有限公司、某华北销售有限公司有股权关联关系在逻辑上是不通的。由《内地与香港股票市场交易互联互通机制若干规定》可知，某结算有限公司为沪港通或深港通香港联交所投资人买卖上交所或深交所股票的名义持有人，其持有的某外运股份有限公司 1.5% 股份、中国某物资股份有限公司 0.61% 股份、北京某科技集团股份有限公司 1.2% 股份，均为沪港通或深港通的香港证券投资人持有的二级市场股票，其不享有该等股票的实际权益，该等股票的投票权及资产收益权均由香港投资人享有，因此，高某曾任职或正任职的某外运股份有限公司、某科技租赁股份有限公司与某油品销售有限公司根本不存在股权关联关系。浙江舟山某石油化工有限公司的逻辑是，因为某外运股份有限公司、中国某物资股份有限公司和北京某科技集团股份有限公司都是香港投资者的投资标的，持有某油品销售有限公司 50% 股权的某科技发展有限公司的唯一股东为中国某物资股份有限公司，某结算有限公司持有北京某酒店（集团）股份有限公司 2.3% 的股份，北京某酒店（集团）股份有限公司持有某科技租赁股份有限公司 1.65% 的股份，所以，某油品销售有限公司和某外运股份有限公司和某科技租赁股份有限公司就存在股权关联关系。这种逻辑显然是荒谬的，因为某结算有限公司只是中国某物资股份有限公司等的名义持有人，对该等公司不具有股东权利，不会干预这些公司的经营。（二）即使某结算有限公司是相关股份的实际权利人，其持有的相关股份也很少，不足以认定某油品销售有限公司和某外运股份有限公司或某科技租赁股份有限公司存在可用以质疑高某先生公正性和关联性的股权关联关系。某结算有限公司间接持有某油品销售有限公司0.305%（0.61%×50%）的股权，间接持有某外运股份有限公司1.522195%（1.5%+2.3%×0.965%）的股份，间接持有某科技租赁股份有限公司0.0198%（1.2%×1.65%）的股权，如此稀少的间接持股比例根本不构成具有法律意义的股权关联关系，更不是质疑高某公正性和独立性的理由，浙江舟山某石油化工有限公司这种逻辑就和因国有出资的出资人都是国有资产监督管理委员会就主张所有具有国资成本的公司都是关联公司一样错误。二、某油品销售有限公司在仲裁案中披露了某油品销售有限公司与第三人签订转售合同的情况，不存在隐瞒证据的情况。某油品销售有限公司在仲裁程序中提交的证据9《关于××的合同处理函》，其中明确载明某油品销售有限公司向第三人某华东销售有限公司转售某油品销售有限公司从浙江舟山某石油化工有限公司采购的油品的转售价格和转售数量，不存在隐瞒向第三方转售的情形，不存在隐瞒证据的情况。三、仲裁庭认定某油品销售有限公司存在转售利润损失是仲裁庭的权力，不容浙江舟山某石油化工有限公司质疑，人民法院也不应审查该内容。浙江舟山某石油化工有限公司主张某油品销售有限公司隐瞒证据的实际目的是质疑仲裁裁决结果，但仲裁裁决书的说理和裁决结果都是仲裁庭的权力，根据仲裁一裁终局的法律原则，浙江舟山某石油化工有限公司无权质疑仲裁裁决书的说理过程和裁决结果，人民法院也不应审查仲裁裁决书的说理过程和裁决结果，应驳回浙江舟山某石油化工有限公司的申请请求。综上，浙江舟山某石油化工有限公司的申请没有事实和法律依据，依法应予以驳回其申请请求。

经本院审查查明，2021年12月14日，北京仲裁委员会根据某油品销售有限公司向该会提交的仲裁申请书以及三份《成品油购销合同》中的仲裁条款及有关法律规定，受理了本案双方当事人之间争议仲裁案。该案适用自2019年9月1日起施行的《北京仲裁委员会仲裁规则》中普通程序的规定。

仲裁期间，双方当事人各自选定一名仲裁员。由于双方没有共同选定首席仲裁员，依据仲裁规则由北京仲裁委员会主任指定高某担任该案首席仲裁员。

经审理，仲裁庭于2023年1月31日作出（2023）京仲裁字第××号裁决：（一）浙江舟山某石油化工有限公司向某油品销售有限公司支付合同一项下赔偿金4 440 000元；（二）浙江舟山某石油化工有限公司向某油品销售有限公司支付合同二项下赔偿金4 540 000元；（三）浙江舟山某石油化工有限公司向某油品销售有限公司支付合同三项下未开具增值税专用发票的违约金100 000元；（四）浙江舟山某石油化工有限公司向某油品销售有限公司支付律师费250 000元；（五）本案仲裁费127 785.53元（已由某油品销售有限公司全额预交），由某油品销售有限公司承担12 778.55元，由浙江舟山某石油化工有限公司承担115 006.98元。

本院审查期间，浙江舟山某石油化工有限公司称仲裁期间某油品销售有限公司隐瞒了将油品对外转售的证据，具体包括某油品销售有限公司和某华东销售有限公司的两份采购确认单以及某油品销售有限公司和苏州某有限公司的一份购销合同。浙江舟山某石油化工有限公司将上述三份合同文件作为证据向本院提交。经询，浙江舟山某石油化工有限公司称上述证据系其在仲裁裁决作出后才取得。浙江舟山某石油化工有限公司还表示，"仲裁庭已经明确询问对方'买油后卖给了谁'，而且'转售利润'应该由对方来举证，故我方没有对此进行深究"。某油品销售有限公司否认"隐瞒证据"的事实，其表示仲裁期间已经提交《关于中海油中铁的合同处理函》，其中记载了涉案合同转售情况，仲裁期间浙江舟山某石油化工有限公司或者仲裁庭均未要求提交相应合同。

本院认为，本案是当事人申请撤销国内仲裁裁决案件，应依据《仲裁法》第五十八条的规定，对本案进行审查。该条规定内容为，当事人提出证据证明裁决有下列情形之一的，可以向仲裁委员会所在地的中级人民法院申请撤销裁决：（一）没有仲裁协议的；（二）裁决的事项不属于仲裁协议的范围或者仲裁委员会无权仲裁的；（三）仲裁庭的组成或者仲裁的程序违反法定程序的；（四）裁决所根据的证据是伪造的；（五）对方当事人隐瞒了足以影响公正裁决的证据的；（六）仲裁员在仲裁该案时有索贿受贿，徇私舞弊，枉法裁决行为的。人民法院经组成合议庭审查核实裁决有前款规定情形之一的，应当裁定撤销。人民法院认定该裁决违背社会公共利益的，应当裁定撤销。上述规定是人民法院撤销国内仲裁裁决的法定事由。

就本案而言，浙江舟山某石油化工有限公司主要围绕“（首席）仲裁员披露程序”以及“对方当事人隐瞒了足以影响公正裁决的证据”两项事由提出撤销仲裁裁决的申请。就此本院分别进行审查。

关于“仲裁员信息披露”。浙江舟山某石油化工有限公司此处主要指向首席仲裁员高某，认为信息披露不充分，影响其行使申请高某回避的权利。就此本院认为，每一个人都是社会生活的组成部分，必然具备基本的社会属性，因此将社会关系链条无限延长时任意两个人都可能建立关联关系，甚至有可能超出当事人本人的合理预期。因此，仲裁员就利益关系的披露，应当以基于一般人认知标准可能引起当事人合理怀疑的信息为准，而不能无限扩张，否则极有可能适得其反，造成令人无所适从动辄得咎的不良后果。就本案而言，暂且不论某结算有限公司只是代持机构，就按照浙江舟山某石油化工有限公司所陈述的“关联关系”链条而言，明显过于漫长，不符合一般人的普遍认知。据此，本院对浙江舟山某石油化工有限公司主张基于仲裁员信息披露事项构成仲裁程序违法的意见不予采信。

关于“对方当事人隐瞒了足以影响公正裁决的证据”。《最高人民法院关于人民法院办理仲裁裁决执行案件若干问题的规定》第十六条规定，“符合下列条件的，人民法院应当认定为民事诉讼法第二百三十七条[①]第二款第五项规定的‘对方当事人向仲裁机构隐瞒了足以影响公正裁决的证据的’情形：（一）该证据属于认定案件基本事实的主要证据；（二）该证据仅为对方当事人掌握，但未向仲裁庭提交；（三）仲裁过程中知悉存在该证据，且要求对方当事人出示或者请求仲裁庭责令其提交，但对方当事人无正当理由未予出示或者提交。当事人一方在仲裁过程中隐瞒己方掌握的证据，仲裁裁决作出后以己方所隐瞒的证据足以影响公正裁决为由申请不予执行仲裁裁决的，人民法院不予支持”。虽然本案系撤销仲裁裁决审查程序而并非不予执行仲裁裁决审查程序，但《民事诉讼法》第二百四十

① 2023年修正后为第二百四十八条。

四条[①]第二款、第三款关于不予执行国内仲裁裁决的规定与《仲裁法》第五十八条关于撤销国内仲裁裁决的规定基本一致，故最高人民法院前述司法解释亦可以在撤销国内仲裁裁决案件中参照适用。具体到本案中，浙江舟山某石油化工有限公司指称某油品销售有限公司隐瞒了对外出售油品的证据，但该部分证据并非仅为某油品销售有限公司所掌握，且在裁决作出后很短的时间内浙江舟山某石油化工有限公司即已经取得相关证据（涉案裁决于2023年1月31日作出，浙江舟山某石油化工有限公司于同年4月向本院申请撤销该裁决的同时即提交了转售相关合同文件），也没有证据证明仲裁期间浙江舟山某石油化工有限公司曾要求某油品销售有限公司予以提交，因此本案不符合关于“隐瞒证据”的规定情形。据此，本院对浙江舟山某石油化工有限公司关于某油品销售有限公司隐瞒证据的意见亦不予采信。

综上，本院对浙江舟山某石油化工有限公司要求撤销涉案裁决的申请不予支持。依照《中华人民共和国仲裁法》第五十八条、第六十条的规定，裁定如下：

驳回浙江舟山某石油化工有限公司的申请。

申请费400元，由申请人浙江舟山某石油化工有限公司负担（已交纳）。

审　判　长　　崔智瑜
审　判　员　　贾　毅
审　判　员　　朱秋菱

二〇二三年六月八日

法官助理　　邱治朝
书　记　员　　郭　涵

---

① 2023年修正后为第二百四十八条。

宁波某派国际贸易有限公司申请撤销仲裁裁决案

北京市第四中级人民法院
民事裁定书

（2023）京04民特678号

申请人：宁波某派国际贸易有限公司。

被申请人：武汉某闻财税服务有限公司。

申请人宁波某派国际贸易有限公司与被申请人武汉某闻财税服务有限公司申请撤销仲裁裁决一案，本院于2023年7月3日立案后进行了审查。现已审查终结。

宁波某派国际贸易有限公司称：1. 申请撤销（2023）京仲案字第00098号仲裁裁决书；2. 本案申请费由武汉某闻财税服务有限公司承担。事实和理由：涉案（2023）京仲案字第00098号仲裁裁决书，符合《中华人民共和国仲裁法》第五十八条第一款第二项、第四项、第六项及第三款规定的法定可撤销情形，应予撤销。具体理由如下：

一、本案仲裁庭认定武汉某闻财税服务有限公司承继了某泰（湖北）税务师事务所有限公司在《宁波某派国际贸易有限公司与某泰（湖北）税务师事务所有限公司之财务顾问协议》（以下简称《财务顾问协议一》）中权利义务这一事实的关键证据系某泰（湖北）税务师事务所有限公司与武汉某闻财税服务有限公司于2022年6月29日签订的《协议》，而该份证据显属伪造。案涉裁决依据该份证据，认定某泰（湖北）税务师事务所有限公司在《财务顾问协议一》中已履行的义务视为武汉某闻财税服务有限公司的履行，明显错误。案件中先后涉及三份财务顾问协议，即2022年4

月25日《财务顾问协议一》、2022年7月1日《宁波某派国际贸易有限公司与海南某富投资合伙企业（有限合伙）、武汉某闻财税服务有限公司之财务顾问协议》（以下简称《财务顾问协议二》）以及2022年9月15日《宁波某派国际贸易有限公司与海南某富投资合伙企业（有限合伙）、武汉税闻财务服务有限公司之财务顾问协议之补充协议》（以下简称《补充协议》）。《财务顾问协议一》项下，某泰（湖北）税务师事务所有限公司工作人员向某仅于2022年4月22日至2022年5月14日期间向宁波某派国际贸易有限公司引荐了武汉市某阳投资发展集团有限公司，传递了几次资料，安排了一次线上路演，此后再未以某泰（湖北）税务师事务所有限公司的名义与武汉市某阳投资发展集团有限公司、宁波某派国际贸易有限公司做任何的沟通、协调工作。2022年7月1日，宁波某派国际贸易有限公司、武汉某闻财税服务有限公司协商解除《财务顾问协议一》，该协议解除后，某泰（湖北）税务师事务所有限公司的权利义务已经终止，而武汉某闻财税服务有限公司作为与《财务顾问协议一》无关的主体，能否获取报酬应当以其是否履行《财务顾问协议二》及《补充协议》予以认定。由于涉案融资方案、尽职调查及投决会等均早在《财务顾问协议二》签订前完成，武汉某闻财税服务有限公司事实上并未按照《财务顾问协议二》提供任何融资顾问服务，武汉某闻财税服务有限公司无权获取任何报酬。武汉某闻财税服务有限公司为了营造、达到证明其已履行合同的目的，故意编造了《协议》，依据该协议约定，武汉某闻财税服务有限公司承接某泰（湖北）税务师事务所有限公司在《财务顾问协议一》中的权利义务，从而将某泰（湖北）税务师事务所有限公司履行《财务顾问协议一》的行为嫁接至武汉某闻财税服务有限公司，通过这种“移花接木”的方式造成武汉某闻财税服务有限公司已经履行合同义务的错觉，仲裁庭没有对该证据的形成过程和背景予以辩证考量，直接采信了该份虚假的证据，并由此得出武汉某闻财税服务有限公司已经履行合同义务的结论，属于枉法裁决。该份证据系伪造、虚假证据表现在以下方面：1. 从该份《协议》提交的时间来看，武汉某闻财税服务有限公司申请仲裁时所提交的证据中并无《协议》，而是在宁波某派国际贸易有限公司提出仲裁反请求，主张《财务顾问协议一》解除后双方权利义务已随之终止且互不向对方主张权利后，武汉某闻财税服务有限公司为了对此予以抗辩，才事后编造了《协议》，并在庭审时作为证据提交。2. 从该份《协议》的内容表述来看，《协议》内容与《解除协议》内容相互矛盾。该《协议》第1条约定，甲方（某泰（湖北）税务师事务所有限公司）同意转让且乙方（武汉某闻财税服务有限公司）同意继承甲方在《财务顾问协议一》项下的全部权利和义务。《解除协议》第一条约定，经甲、乙双方一致同意自2022年6月29日解除双方2022年4月25日签订的《财务顾问协议一》，甲乙双方全部权利义务随之终止，相互不再以任何形式要求对方履约或者追究对方违约责任。对比两份协议关于《财务顾问协议一》项下权利义务承继的约定，《解除协议》中已明确《财务顾问协议一》不再具有任何法律效力，宁波某派国际贸易有限公司、某泰（湖北）税务师事务所有限公司的权利义务都已终止，双方都已放弃对《财务顾问协议一》的履行或因已履行《财务顾问协议一》的行为可能产生的违约责任和后果。而《协议》中却是将某泰（湖北）税务师事务所有限公司在《财务顾问协议一》中的权利义务转移至武汉某闻财税服务有限公司，即并未放弃《财务顾问协议一》中的权利义务。二者明显自相矛盾。再者，结合武汉某闻财税服务有限公司提交这两份证据的先后顺序，武汉某闻财税服务有限公司是在提出仲裁申请时先提交了《解除协议》，然后在庭审过程中后提交了《协议》，对武汉某闻财税服务有限公司而言，既然《协议》可以起到将《财务顾问协议一》中某泰（湖北）税务师事务所有限公司的履行行为转移至武汉某闻财税服务有限公司的效果，其未在申请仲裁时一并提交，不合常理。3. 从《协议》的签订主体来看，只有某泰（湖北）税务师事务所有限公司与武汉某闻财税服务有限公司，并未包括宁波某派国际贸易有限公司，明显违反常理且与法律规定相悖。《协议》中有关《财务顾问协议一》权利义务的承继，必然会影响到宁波某派国际贸易有限公司的合法权益，在宁波某派国际贸易有限公司不知晓也未参与的情况下，对宁波某派国际贸易有限公司不产生任何概括承继的法律后果。涉案《财务顾问协议一》第4.3条约定，“乙方（某泰（湖北）税务师事务所有限公司）可将自己在本协议的全部或部分权利、义务转让给其他任何第三人（丙方），双方约定以乙方的书面通知甲方（宁波某派国际贸易有限公司），并取得甲方书面同意为准”。如果某泰（湖北）税务师事务所有限公司将《财务顾问协议一》项下权利义务转移给武汉某闻财税服务有限公司，须向宁波某派国际贸易有限公司发出书面通知，并取得宁波某派国际贸易有限公司书面同意，方可发生权利义务转移的结果。但是本案中，某泰（湖北）税务师事务所有限公司向武汉某闻财税服务有限公司转移权利义务，并未经宁波某派国际贸易有限公司同意，且在汪某法与向某的聊天记录中从未提及由武汉某闻财税服务有限公司承接某泰（湖北）税务师事务所有限公司权利义务的事宜。而且仲裁庭审时宁波某派国际贸易有限公司当庭对此提出异议，但仲裁庭依然我行我素，径行裁决认定这一虚假证据，显属违法裁判。4. 从该份协议的签订时间来看，《协议》的签订时间是 2022 年 6 月 29 日，《解除协议》签订的时间是 2022 年 7 月 1 日。既然《协议》是将《财务顾问协议一》权利义务交由武汉某闻财税服务有限公司承接，那么顺理成章应在后续签订的《解除协议》中来体现该承接的意思表示方符合常理。但是事实并非如此，两份协议中反映的是相互矛盾的意思表示，足以说明武汉某闻财税服务有限公司为达到证明其已履行《财务顾问协议一》的目的，伙同某泰（湖北）税务师事务所有限公司无中生有、弄虚作假，捏造《协议》的客观事实。5. 从某泰（湖北）税务师事务所有限公司退出《财务顾问协议一》的时间来看，《协议》与《解除协议》均作出不同约定。《协议》第 3 条约定，“上述解除协议及新的财务顾问协议签订后，甲方不再是合同主体，不再享有权利义务，由乙方继续履行甲方在原财务顾问协议中的权利义务”，结合本案《解除协议》《财务顾问协议二》签订的时间为 2022 年 7 月 1 日，按照前面表述，某泰（湖北）税务师事务所有限公司退出《财务顾问协议一》的时间应为 2022 年 7 月 1 日，但根据《解除协议》第一条的约定，某泰（湖北）税务师事务所有限公司退出《财务顾问协议一》的时间应为 2022 年 6 月 29 日，武汉某闻财税服务有限公司为达到将《财务顾问协议一》项下某泰（湖北）税务师事务所有限公司权利义务转移至武汉某闻财税服务有限公司以及宁波某派国际贸易有限公司同意武汉某闻财税服务有限公司承接某泰（湖北）税务师事务所有限公司权利义务的目的，编造漏洞百出的《协议》。6. 某泰（湖北）税务师事务所有限公司与武汉某闻财税服务有限公司在股东构成上有一定的关联度，二者存在共同的利益，某泰（湖北）税务师事务所有限公司与武汉某闻财税服务有限公司合谋捏造《协议》，存在主观上的合理动机。某泰（湖北）税务师事务所有限公司与武汉某闻财税服务有限公司法定代表人同为喻某青，喻某青控股的某青教育培训有限公司持有武汉某闻财税服务有限公司 100% 股权，因两家公司存在一定的关联性，在利益上具有高度的一致性，这为某泰（湖北）税务师事务所有限公司主动配合、协助武汉某闻财税服务有限公司编造证据，骗取国有资金，提供了合理的动机。综上，某泰（湖北）税务师事务所有限公司与武汉某闻财税服务有限公司于 2022 年 6 月 29 日签订的《协议》，明显系一份伪造的证据，是武汉某闻财税服务有限公司为达到将某泰（湖北）税务师事务所有限公司推荐武汉市某阳投资发展集团有限公司的行为与其自身予以绑定，并由此收取财务顾问费、骗取国有资金的非法目的。而仲裁庭罔顾《协议》的多处矛盾以及宁波某派国际贸易有限公司的当庭异议，未辨明《协议》真假，径行认定该证据，并以此为基础认定武汉某闻财税服务有限公司对某泰（湖北）税务师事务所有限公司在《财务顾问协议一》项下的权利义务予以了承继，显属错误裁判，涉案裁决书依法应当予以撤销。

二、涉案裁决违背社会公共利益，应当予以撤销。（一）武汉某闻财税服务有限公司没有按照《财务顾问协议二》约定履行合同义务，不仅未成功引荐合适投资人，而且未能履行该协议中约定的全面协助宁波某派国际贸易有限公司拟定融资战略、准备融资推介文件、设计融资方案以及提供融资交易服务过程中沟通的基本义务。武汉某闻财税服务有限公司从未就促成宁波某派国际贸易有限公司与投资人之间达成交易进行任何工作，其消极行为已经构成违约，根本无权主张报酬。涉案裁决却认定武汉某闻财税服务有限公司有权获得报酬，违反了公平原则、诚实信用的原则，应当依法撤销。1. 某派项目融资规划、投资意向书系由海南某富投资合伙企业（有限合伙）执行事务合伙人栗某宏提出，武汉市某阳投资发展集团有限公司通过深入调研和沟通后，在栗某宏提出的融资规划的基础上，设计并提出详尽的融资方案，该融资方案最终得以表决通过。不论是某泰（湖北）税务师事务所有限公司、武汉某闻财税服务有限公司还是向某，均未参与融资方案制定，未推动项目的落地，对融资事宜的促成没有任何实质性的贡献。2022 年 4 月 8 日，宁波某派国际贸易有限公司与北京某富投资管理中心（普通合伙）签订《宁波某派国际贸易有限公司与北京某富投资管理中心（普通合伙）财务顾问框架协议》（以下简称“《财务框架协议》”），约定宁波某派国际贸易有限公司聘请栗某宏为宁波某派国际贸易有限公司提供财务顾问服务。2022 年 5 月 20 日，栗某宏以宁波某派国际贸易有限公司融资顾问身份代表宁波某派国际贸易有限公司向武汉市某阳投资发展集团有限公司付某琴提出某派项目融资规划；5 月 26 日，栗某宏向付某琴发送《某阳投资 – 宁波某派投资意向书》，通过管理层 MBO 及增资方式对某派项目投资；5 月 27 日，武汉市某阳投资发展集团有限公司、武汉某创科技有限公司（系武汉市某阳投资发展集团有限公司下属二级子公司）与宁波某派国际贸易有限公司签订《投资意向书》。并且，从 2022 年 5 月 11 日至 2022 年 7 月 11 日，栗某宏与武汉市某阳投资发展集团有限公司付某琴多次沟通磋商融资规划、融资方案及投资协议。2. 在栗某宏、宁波某派国际贸易有限公司与武汉市某阳投资发展集团有限公司设计、沟通、磋商融资方案的过程中，武汉市某阳投资发展集团有限公司即开始同步联系某商集团（注：宁波某派国际贸易有限公司并未载明该公司全称，亦未提交记载该公司全称的任何证据，本院此处只能照抄宁波某派国际贸易有限公司撤销仲裁裁决申请书原文信息，下同），与其进行多轮谈判，着手引进最大投资人事宜。某派投资方案通过后，武汉市某阳投资发展集团有限公司牵头成立、搭建了两个投资平台，并主导、制定并安排相关方签署了一系列投资协议。基于宁波某派国际贸易有限公司的行业优势及投资亮点，经武汉市某阳投资发展集团有限公司汇报后，该项目得到了汉阳区委、区政府的高度重视。为帮助汉阳区招商引资，增强汉阳区资本的凝聚力，武汉市某阳投资发展集团有限公司作为某商集团大股东，在区委区政府的大力支持下，拟借助某商集团资金方面的雄厚实力和在市场方面的号召力，引入某商集团共同投资某派项目。通过多轮艰难沟通、协调，武汉市某阳投资发展集团有限公司最终说服了某商集团，就投资路径达成一致，即武汉市某阳投资发展集团有限公司首先完成对宁波某派国际贸易有限公司的MBO收购，搭建武汉峰轮投资平台；而后某商集团与武汉市某阳投资发展集团有限公司共同出资6000万元成立第二个投资平台某商创新致远；随后，由前述两个投资平台共同对某派项目进行投资。其中，某商集团下属某商大健康公司（注：宁波某派国际贸易有限公司并未载明该公司全称，亦未提交记载该公司全称的任何证据，本院此处只能照抄宁波某派国际贸易有限公司撤销仲裁裁决申请书原文信息）出资5400万元。因此，本轮投资完全是由武汉市某阳投资发展集团有限公司主导，且基于武汉市某阳投资发展集团有限公司区属国资平台的优势，得到了区政府的大力支持与协调，最终引入了其母公司某商集团作为最大投资人才促成了本轮融资的成功，某盟科技（注：宁波某派国际贸易有限公司并未载明该公司全称，亦未提交记载该公司全称的任何证据，本院此处只能照抄宁波某派国际贸易有限公司撤销仲裁裁决申请书原文信息，下同）亦由武汉市某阳投资发展集团有限公司成功引入。而整个过程，无论是某泰（湖北）税务师事务所有限公司、武汉某闻财税服务有限公司还是向某，均未参与，而且其中需要投入的精力、专业能力、社会资源、平台等，也是其社会关系、社会地位、综合能力所无法企及的。3. 某派项目本轮投资人为武汉市某阳投资发展集团有限公司、某商集团、某盟科技，某泰（湖北）税务师事务所有限公司向某仅向宁波某派国际贸易有限公司推荐了武汉市某阳投资发展集团有限公司，且在宁波某派国际贸易有限公司与某泰（湖北）税务师事务所有限公司解除《财务顾问协议一》后，某泰（湖北）税务师事务所有限公司放弃了《财务顾问协议一》中权利义务，武汉某闻财税服务有限公司在《财务顾问协议二》下未履行任何义务，武汉市某阳投资发展集团有限公司根本不能成为武汉某闻财税服务有限公司推荐的投资人，并且，本轮的另外两个投资人某商集团、某盟科技均是由武汉市某阳投资发展集团有限公司引荐，并最终促成某派项目的成功融资。因此武汉某闻财税服务有限公司未履行财务顾问的任何义务，无权获取任何报酬。（二）在宁波某派国际贸易有限公司已经提出系受欺诈支付的融资顾问费，并主张撤销该付款行为后，仲裁庭却枉顾客观事实及法律，认为宁波某派国际贸易有限公司在获得融资后向武汉某闻财税服务有限公司支付一半融资顾问服务费的行为即表明对武汉某闻财税服务有限公司服务认可，该裁决观点严重违背了守法及公序良俗原则，损害了社会公共利益，无疑是在鼓励、支持侵权方通过不正当、不道德、违法的手段和方式肆意践踏、损害受害方的权益，而受害方在知晓权益受损通过法律途径合法维权的情况下，反而成为背负责任及负有过错的一方，荒谬至极。作为某泰（湖北）税务师事务所有限公司、武汉某闻财税服务有限公司指定联系人的向某，多次向宁波某派国际贸易有限公司宣称其在汉阳区有关系，如“因为汉阳区内这样的外贸企业少，政策给的足，关系也很近”“汉阳区如果搞不定，再去东湖高新区，这两个区都是书记直接关系”“我们是直接区委徐书记沟通以后，安排招商局谢局长介绍过去的”“我到时候带你去见一下谢局长，包括后期看有没有必要去拜访一下徐书记”“这个项目相对来说为什么会落得这么快？第一个是汉阳区本来有这样的规划，第二个是我哥直接将这个资料发给徐书记的，所以会推进得稍微快一些”。而当宁波某派国际贸易有限公司提到区委书记时，向某也从未否认。向某始终刻意营造其与区委书记关系很近，可以直接推动项目落地的假象，欺骗宁波某派国际贸易有限公司本次交易能够顺利落地，是其背后的社会关系、政府资源、平台起的重要作用。直到武汉市某阳投资发展集团有限公司向宁波某派国际贸易有限公司披露了投资方案落地的全过程后，宁波某派国际贸易有限公司才知道向某除了推荐武汉市某阳投资发展集团有限公司之外，其根本就没有政府资源和平台，整个项目能够融资成功，完全是靠武汉市某阳投资发展集团有限公司国资平台的背景、资源和运作。根据《中华人民共和国刑法》第二百六十六条规定，“诈骗公私财物，数额较大的，处三年以下有期徒刑、拘役或者管制，并处或者单处罚金；数额巨大或者有其他严重情节的，处三年以上十年以下有期徒刑，并处罚金；数额特别巨大或者有其他特别严重情节的，处十年以上有期徒刑或者无期徒刑，并处罚金或者没收财产。本法另有规定的，依照规定。”在《财务顾问协议一》解除后，向某作为武汉某闻财税服务有限公司的指定联系人未将其不作为的事实告知宁波某派国际贸易有限公司，而是继续以消极的、不告知的方式误导宁波某派国际贸易有限公司，继续营造系其用强大社会关系力推项目落地的虚假事实，并在投资协议全部签订完毕之后，多次向宁波某派国际贸易有限公司催款。武汉某闻财税服务有限公司明知自身从未履行《财务顾问协议二》项下任何顾问义务，还故意隐瞒真实情况并索要报酬，宁波某派国际贸易有限公司被骗向武汉某闻财税服务有限公司支付一半顾问费的行为，不应当视为其对武汉某闻财税服务有限公司提供服务的认可，也不能成为宁波某派国际贸易有限公司应当继续支付剩余顾问费的理由。在宁波某派国际贸易有限公司多次提出要求返回报酬后，武汉某闻财税服务有限公司仍拒不返回，其行为已构成诈骗罪。《最高人民法院、最高人民检察院关于办理诈骗刑事案件具体应用法律若干问题的解释》（法释〔2011〕7号）第一条第一款规定，“诈骗公私财物价值三千元至一万元以上、三万元至十万元以上、五十万元以上的，应当分别认定为刑法第二百六十六条规定的‘数额较大’、‘数额巨大’、‘数额特别巨大’”。本案中武汉某闻财税服务有限公司骗取金额高达156万元，因此，某泰（湖北）税务师事务所有限公司、武汉某闻财税服务有限公司、向某符合诈骗罪的定罪依据，应被追究刑事责任。民事法律保护民事主体的合法权益，禁止通过非法的行为获取利益，行为方式的合法合理是判断行为人能否享受报酬请求权的依据，无视社会公德，无视诚实信用，无视法律的不合法、不合理的行为不应当得到保护。法律明确规定，民事主体从事民事活动，不得违反法律，不得违背公序良俗。本案中向某等隐瞒事实真相，以欺诈的方式获取不正当利益，相应行为已经严重违反法律，也有违公众对社会公德的要求，其无权获取报酬。

三、涉案仲裁员枉法裁决，损害宁波某派国际贸易有限公司的合法权益。（一）《财务顾问协议二》中提供财务顾问服务的主体有两方，武汉某闻财税服务有限公司与海南某富投资合伙企业，其中关于财务顾问的权利与义务的约定具体明确，武汉某闻财税服务有限公司未能履行财务顾问义务，就不应获得报酬。仲裁员故意曲解《财务顾问协议二》中融资顾问义务的约定，直接将武汉某闻财税服务有限公司义务认定为侧重寻找投资人，而无须履行其他义务，武汉某闻财税服务有限公司只要寻找了投资人，不管其是否履行了其他义务，也不管其是否促成了本次交易，武汉某闻财税服务有限公司就可以获取全部报酬，与《财务顾问协议二》明显相悖。涉案《财务顾问协议二》第3.1条明确约定宁波某派国际贸易有限公司聘请海南某富投资合伙企业为其融资总顾问，聘请武汉某闻财税服务有限公司为其具体融资顾问，并对融资财务顾问的服务范围进行了明确详尽的约定，即两家财务顾问均应履行该服务范围内的义务。然后，《财务顾问协议二》通过第四条“乙方权利义务”以及第五条“丙方权利义务”，进一步对海南某富投资合伙企业、武汉某闻财税服务有限公司的工作内容进行了区分。《财务顾问协议二》第4.1条、4.2条约定，乙方为宁波某派国际贸易有限公司长期固定合作财务顾问，在丙方协助下，为宁波某派国际贸易有限公司寻找、选择目标公司，并直接或间接通过丙方向甲方提供有关咨询意见，以协助甲方选定适意的目标公司并协助甲方和目标公司相关负责人沟通。同时，《财务顾问协议二》第5.1条约定，丙方会同乙方协助甲方寻找、选择目标公司，并向甲方提供有关咨询意见，以协助甲方选定适意的目标公司并协调甲方和目标公司相关负责人沟通。由此可见，《财务顾问协议二》在3.1条约定的两家财务顾问均应履行义务的基础上，随即在第四条、第五条明确约定了武汉某闻财税服务有限公司对海南某富投资合伙企业还负有协助的义务。随后，三方通过签订补充协议的方式，进一步明确了顾问费的支付方式为分开支付，即宁波某派国际贸易有限公司按实际收到的融资款计算并分别支付给海南某富投资合伙企业、武汉某闻财税服务有限公司。本案中，仲裁员一方面认为根据《财务顾问协议二》第4条、第5条的约定，武汉某闻财税服务有限公司的行为侧重于寻找投资人，另一方面又认为《财务顾问协议二》中未对武汉某闻财税服务有限公司在寻找、选定、策划、实施等环节的义务作出详尽的约定，既然《财务顾问协议二》的约定对武汉某闻财税服务有限公司、海南某富投资合伙企业的财务顾问服务的义务不明确，那么仲裁员又是如何得出武汉某闻财税服务有限公司仅仅只需要寻找投资人，而无需提供制定投融资方案、协助宁波某派国际贸易有限公司与投资人相关负责人沟通等义务的结论呢？即便如仲裁员所认为的，武汉某闻财税服务有限公司只需负责寻找投资人，无需参与制定融资方案和沟通协调等工作，《财务顾问协议二》中的融资顾问有两方，武汉某闻财税服务有限公司和海南某富投资合伙企业，在宁波某派国际贸易有限公司已经举证证明海南某富投资合伙企业对本次项目的投融资做了大量的工作的情况下，海南某富投资合伙企业亦有权依据《财务顾问协议二》获取报酬。《财务顾问协议二》第6.1条约定总财务顾问费的计算方式，《补充协议》第1条约定，“甲方收到目标公司或其大股东或相关股东的投资款的15个工作日内，甲方应向乙方指定账户、丙方指定账户，按甲方实际收到融资款计算分别支付应付给乙、丙方的财务顾问费……”总的融资顾问服务费金额为312万元，上述协议均未明确约定武汉某闻财税服务有限公司、海南某富投资合伙企业促成本轮融资后应分别获得的报酬，属于约定不明。根据《中华人民共和国民法典》第九百六十三条的规定，“中介人促成合同成立的，委托人应当按照约定支付报酬。对中介人的报酬没有约定或约定不明确，依据本法第五百一十条的规定仍不能确定的，根据中介人的劳务合理确定……”因此，应当依据武汉某闻财税服务有限公司在本轮交易中所提供的劳务及贡献大小来酌情认定其应获得的报酬，海南某富投资合伙企业至少应获得50%以上的财务顾问服务费。然而，本案仲裁员却将《财务顾问协议二》下全部顾问服务费裁决均由武汉某闻财税服务有限公司享有，则已经严重侵害了海南某富投资合伙企业的合法权益。因宁波某派国际贸易有限公司尚未向海南某富投资合伙企业支付财务顾问费，不排除海南某富投资合伙企业向宁波某派国际贸易有限公司主张报酬，这意味着宁波某派国际贸易有限公司本应只支付一次总的顾问费312万元的情况下，还要额外承担更多的费用，宁波某派国际贸易有限公司权益将严重受损。（二）仲裁员错误分配举证责任，宁波某派国际贸易有限公司已经举证证明武汉某闻财税服务有限公司谎称其有强大的社会关系、政府背景，宁波某派国际贸易有限公司基于错误认识才向武汉某闻财税服务有限公司支付报酬等基础事实，在宁波某派国际贸易有限公司已完成举证责任的情况下，应由武汉某闻财税服务有限公司来举证证明其已切实履行《财务顾问协议二》下财务顾问义务的事实。但武汉某闻财税服务有限公司没有完成举证义务，其应承担举证不能的不利法律后果。本案中，武汉某闻财税服务有限公司作为仲裁申请人，理应就其主张的已履行财务顾问义务的事实进行充分的举证，但至庭审结束，不论是其主张的向某运用其与区委书记的直接关系大力推动项目落地的事实，还是武汉某闻财税服务有限公司履行了其他财务顾问义务的事实，武汉某闻财税服务有限公司均未能举出充分有效的证据予以证明。显然，武汉某闻财税服务有限公司未能完成其作为仲裁申请人的本证证明义务，其仲裁请求不应得到仲裁庭的支持。

四、在仲裁庭审过程中，武汉某闻财税服务有限公司提交了其与某泰（湖北）税务师事务所有限公司于2022年6月29日签订的《协议》，如果该份协议不被认定是伪造的，那么按照协议的约定武汉某闻财税服务有限公司就承接了某泰（湖北）税务师事务所有限公司在《财务顾问协议一》项下的全部权利和义务，包括管辖条款。根据《财务顾问协议一》第10.1条的约定，双方如果发生争议应向原告住所地人民法院起诉。《财务顾问协议一》虽然解除了，但依据《民法典》第五百零七条的规定，不影响争议解决条款的效力，那么所涉案件应当由原告住所地人民法院即武汉东湖新技术开发区法院诉讼管辖。因此涉案仲裁裁决书违反了仲裁法第五十八条第一款第二项的规定，应当予以撤销。

综上，宁波某派国际贸易有限公司认为，涉案仲裁根据的证据系伪造的，仲裁员存在枉法裁判的行为，且该仲裁裁决损害了社会公共利益，根据《中华人民共和国仲裁法》的相关规定，应当予以撤销。

武汉某闻财税服务有限公司称，本案并不符合《中华人民共和国仲裁法》第五十八条规定的撤销裁决的情形，宁波某派国际贸易有限公司主张撤销仲裁裁决缺乏事实与法律依据，应当依法驳回其申请。具体理由如下：

一、仲裁庭不存在根据伪造的证据进行裁决的事实，本案不符合《中华人民共和国仲裁法》第五十八条第一款第四项规定的可撤销情形。第一，依据裁决书第15至17页，仲裁庭是根据某泰（湖北）税务师事务所有限公司、宁波某派国际贸易有限公司以及武汉某闻财税服务有限公司在本案合同以及相关合同项下一系列意思表示和法律行为，认定各方均认可某泰（湖北）税务师事务所有限公司在《财务顾问协议一》项下已经履行的合同权利义务由武汉某闻财税服务有限公司承继，不存在根据伪造证据进行裁决的事实。第二，某泰（湖北）税务师事务所有限公司与武汉某闻财税服务有限公司签订的《协议》是双方真实意思表示，该《协议》由协议当事人加盖公章，内容客观真实，合法有效，武汉某闻财税服务有限公司根本不存在伪造证据的事实。依据仲裁庭审笔录第11页最后一行及第12页第一行，《协议》的原件已在仲裁阶段交由宁波某派国际贸易有限公司核实，原件与复印件一致，宁波某派国际贸易有限公司主张武汉某闻财税服务有限公司伪造证据没有任何依据。第三，《解除协议》明确约定新的财务顾问协议更换乙方为武汉某闻财税服务有限公司签署，即宁波某派国际贸易有限公司已经同意某泰（湖北）税务师事务所有限公司的权利义务由武汉某闻财税服务有限公司承继，与《协议》的意思表示一致，不存在内容相互矛盾的情况。在某泰（湖北）税务师事务所有限公司与宁波某派国际贸易有限公司签署的《财务顾问协议一》履行过程中，宁波某派国际贸易有限公司于2022年6月23日、2022年6月26日分别提出增加海南某富投资合伙企业为融资总顾问，修改财务顾问费计算方式。2022年6月29日，向某作为某泰（湖北）税务师事务所有限公司指定联系人提出将三方财务顾问协议中的“某泰（湖北）税务师事务所有限公司”变更为武汉某闻财税服务有限公司，并向宁波某派国际贸易有限公司发送了新的三方财务顾问协议。各方对上述修改内容均同意后，某泰（湖北）税务师事务所有限公司便与武汉某闻财税服务有限公司签署了《协议》，约定新的财务顾问协议主体更换为武汉某闻财税服务有限公司，由武汉某闻财税服务有限公司继续履行某泰（湖北）税务师事务所有限公司在《财务顾问协议一》项下的权利义务。2022年7月1日，宁波某派国际贸易有限公司与某泰（湖北）税务师事务所有限公司签署的《解除协议》明确约定“甲乙双方确认新的财务顾问协议更换乙方为武汉某闻财税服务有限公司签署”，该内容与《协议》约定内容相一致，且在宁波某派国际贸易有限公司与某泰（湖北）税务师事务所有限公司签署《解除协议》的同时，宁波某派国际贸易有限公司与武汉某闻财税服务有限公司签署了《财务顾问协议二》，足以证明双方均认可某泰（湖北）税务师事务所有限公司的权利义务由武汉某闻财税服务有限公司承继。综上，仲裁庭根据各方一系列的意思表示及行为综合认定《财务顾问协议一》项下已经履行的合同权利义务由武汉某闻财税服务有限公司承接并无任何不当，根本不存在伪造证据的事实，更不存在依据伪造证据进行裁决的情形。

二、涉案裁决并不存在违背社会公共利益的情形，本案不符合《中华人民共和国仲裁法》第五十八条第三款规定的可撤销情形。第一，案涉裁决并未涉及社会公共利益。《财务顾问协议二》是各方真实意思表示，合法有效，各方当事人应严格按照协议约定履行。裁决书根据协议约定裁决宁波某派国际贸易有限公司向武汉某闻财税服务有限公司支付财务顾问费，仅涉及宁波某派国际贸易有限公司自身利益，与社会公共利益无关。而支付财务顾问费的资金是否来源于国有资本，与违反社会公共利益之间并无必然关系，且宁波某派国际贸易有限公司亦未提供证据证明该资金来源于国有资本，因此，不能就此认定裁决书违反了社会公共利益。第二，武汉某闻财税服务有限公司已经履行完毕《财务顾问协议二》项下义务，有权依据协议约定获取报酬，不存在违背社会公共利益情形。在武汉某闻财税服务有限公司与宁波某派国际贸易有限公司签订《财务顾问协议二》后，武汉某闻财税服务有限公司继续指定向某作为联系人及实际执行人，为宁波某派国际贸易有限公司继续提供咨询、沟通、协调等财务顾问服务。在向某的不懈努力下，最终促成宁波某派国际贸易有限公司及其关联方与武汉市某阳投资发展集团有限公司相关单位签署了一系列投资协议，并实际取得股权投资7200万元及债权投资4800万元，合计1.2亿元。结合前述事实以及《财务顾问协议二》第5.1条以及第3.3条的约定，武汉某闻财税服务有限公司已经按照协议约定履行了全部合同义务。因此，武汉某闻财税服务有限公司有权依据《财务顾问协议二》第6.1条约定获得财务顾问费。第三，武汉某闻财税服务有限公司从未进行过欺诈，更不可能诈骗，宁波某派国际贸易有限公司主张武汉某闻财税服务有限公司欺诈及诈骗没有任何依据。宁波某派国际贸易有限公司的法定代表人及法务总监均参与了签订及履行《财务顾问协议二》的全过程，对于武汉某闻财税服务有限公司协助宁波某派国际贸易有限公司与目标公司建立联系、安排线上路演、传递资料等服务工作并未否认。基于对武汉某闻财税服务有限公司工作内容的认可，才与武汉某闻财税服务有限公司确认财务顾问总费用为312万元，武汉某闻财税服务有限公司并不存在所谓的欺诈以及诈骗的行为。在双方已经确认财务顾问费用金额的情况下，宁波某派国际贸易有限公司应严格按照约定诚信履行，现宁波某派国际贸易有限公司捏造武汉某闻财税服务有限公司欺诈、诈骗等事实，企图达到逃避支付财务顾问费的目的，严重违背了诚实信用原则，该主张应当不予支持。因此，宁波某派国际贸易有限公司关于裁决违反社会公共利益的主张不能成立。

三、本案的仲裁员不存在枉法裁决的情形，不符合《中华人民共和国仲裁法》第五十八条第一款第六项规定的可撤销情形。第一，本案的仲裁员根据双方提供的证据以及庭审内容，依法作出裁决，并不存在故意曲解融资顾问义务约定，进行枉法裁决的事实。首先，《财务顾问协议二》第5条明确约定了丙方的权利与义务，第5.1条约定“丙方会同乙方协助甲方寻找、选择目标公司，并向甲方提供有关的咨询意见，以协助甲方选定适意的目标公司并协调甲方和目标公司相关负责人沟通。”依据武汉某闻财税服务有限公司提供的与汉阳区政府、汉阳区招商局以及目标公司相关人员进行接洽的证据等，足以证明武汉某闻财税服务有限公司已经履行了前述义务。其次，基于武汉某闻财税服务有限公司提供的服务，最终促成了宁波某派国际贸易有限公司与目标公司签订投资协议，获得投资款。依据《财务顾问协议二》第3.3条“若甲方与目标公司签订相关协议，融资款并已实际到达甲方指定账户，则视为乙方、丙方已完成本协议项下的融资服务”的约定，武汉某闻财税服务有限公司已经完成了本协议项下的融资服务。再次，宁波某派国际贸易有限公司在获取投资款后，与武汉某闻财税服务有限公司确认了应当支付给武汉某闻财税服务有限公司的财务顾费，并已实际支付156万元财务顾问费。且武汉某闻财税服务有限公司在其投资人提出异议之前，对于武汉某闻财税服务有限公司提供的服务内容、费用支付等均未提出任何异议。2022 年 10 月 9 日，武汉某闻财税服务有限公司还按宁波某派国际贸易有限公司的要求开具了剩余 156 万元的发票，宁波某派国际贸易有限公司财务徐某婷对该 156 万元的发票亦进行了接收，要求开具发票并接收的行为进一步证实宁波某派国际贸易有限公司对于武汉某闻财税服务有限公司所提供的顾问服务的认可。仲裁员综合本案的证据及有关事实，认定武汉某闻财税服务有限公司已经履行合同义务，有权依据协议约定获取报酬，并无不当。第二，《财务顾问协议二》第 6 条对丙方财务顾问费的计算及支付方式进行了明确约定，不存在约定不明的情况。《财务顾问协议二》第 6 条丙方财务顾问费的计算及支付方式第 6. 1 条约定“6. 1. 1 股权融资财务顾问费率（包含转老股、增资、可转债（转股后）行使）按照固定比例方式计算（按目标公司投资甲方的总投资额），比例为 4%”“6. 1. 2 债权融资按照实际到资的年化率与年化利率 8% 之差额为顾问费率”，已经对武汉某闻财税服务有限公司财务顾问费的计算方式进行了明确约定。且宁波某派国际贸易有限公司与武汉某闻财税服务有限公司对于财务顾问费的总金额 312 万元也进行了确认，武汉某闻财税服务有限公司已开具了全额增值税专用发票，不存在约定不明的情况。案外人海南某富投资合伙企业作为宁波某派国际贸易有限公司财务总顾问，其与宁波某派国际贸易有限公司就融资事宜已经另行签订了相关顾问协议，其是否应当取得财务顾问费系宁波某派国际贸易有限公司与案外人海南某富投资合伙企业之间的事宜，与武汉某闻财税服务有限公司无关。因此，仲裁员根据宁波某派国际贸易有限公司与武汉某闻财税服务有限公司之间的协议以及双方对财务顾问费进行确认的行为综合认定宁波某派国际贸易有限公司应向武汉某闻财税服务有限公司支付财务顾问费，并不存在枉法裁决情形。第三，宁波某派国际贸易有限公司提供的证据不足以证明武汉某闻财税服务有限公司存在欺诈的事实，应由宁波某派国际贸易有限公司自行承担举证不能的后果，仲裁员不存在举证责任分配错误的情形。如前所述，武汉某闻财税服务有限公司已经履行了合同义务，不存在欺诈的事实。仲裁裁决书对于不构成欺诈已进行充分的论述，宁波某派国际贸易有限公司主张其受到欺诈应由其提供充分的证据予以证明，但其未提供充分证据，故应当由其自行承担举证不能的后果。仲裁员举证责任分配正确，不存在枉法裁决的事实。

四、《财务顾问协议二》已经明确约定了仲裁条款，北京仲裁委员会对于本案享有管辖权，本案不符合《中华人民共和国仲裁法》第五十八条第一款第二项规定的可撤销情形。案涉纠纷所依据的合同系《财务顾问协议二》，并非宁波某派国际贸易有限公司与某泰（湖北）税务师事务所有限公司之间签订的《财务顾问协议一》，在本案合同即《财务顾问协议二》第11条第11.1款已经明确约定“本协议项下发生的任何纠纷，应首先通过友好协商的方式解决，协商不成任何一方可将争议提交北京仲裁委员会按其仲裁规则在北京进行裁决”的情况下，北京仲裁委员会对于本案当然享有管辖权，有权对本案进行裁决。另外，宁波某派国际贸易有限公司在整个仲裁庭审活动中，均明确表示对北京仲裁委员会的管辖无异议，且宁波某派国际贸易有限公司亦依据《财务顾问协议二》向北京仲裁委员会提出了反请求。在其答辩以及庭后提交的代理意见中，宁波某派国际贸易有限公司亦未就仲裁管辖问题提出异议。宁波某派国际贸易有限公司的一系列行为足以说明宁波某派国际贸易有限公司认可该协议中约定的仲裁条款。因此，宁波某派国际贸易有限公司主张北京仲裁委员会无权仲裁没有任何事实依据与法律依据，该撤销理由不能成立。

综上，本案不存在《中华人民共和国仲裁法》第五十八条规定的撤销裁决的任一情形，宁波某派国际贸易有限公司主张撤销仲裁裁决缺乏事实依据与法律依据，应当依法予以驳回。

经本院审查查明，2023年1月19日，北京仲裁委员会根据武汉某闻财税服务有限公司向该会提交的仲裁申请书以及《财务顾问协议二》中的仲裁条款及有关法律规定，受理了武汉某闻财税服务有限公司以及宁波某派国际贸易有限公司之间争议仲裁案。该案适用自2022年2月1日起施行的《北京仲裁委员会仲裁规则》中简易程序的规定。

仲裁期间，宁波某派国际贸易有限公司提出仲裁反请求，北京仲裁委员会予以受理。

仲裁庭经审理于2023年6月1日作出（2023）京仲案字第00098号裁

决：（一）宁波某派国际贸易有限公司向武汉某闻财税服务有限公司支付财务顾问费156万元；（二）宁波某派国际贸易有限公司向武汉某闻财税服务有限公司支付律师费、保全费共计68 000元；（三）驳回武汉某闻财税服务有限公司的其他仲裁请求；（四）驳回宁波某派国际贸易有限公司的全部仲裁反请求；（五）本案本请求仲裁费39 329.5元（具体构成略，已由武汉某闻财税服务有限公司全额预交），由武汉某闻财税服务有限公司承担7 865.9元，由宁波某派国际贸易有限公司承担31 463.6元，宁波某派国际贸易有限公司应直接向武汉某闻财税服务有限公司支付武汉某闻财税服务有限公司代其垫付的仲裁费31 463.6元；反请求仲裁费52 370.26元（具体构成略，已由宁波某派国际贸易有限公司全额预交），全部由宁波某派国际贸易有限公司承担。

另查，本院审查期间宁波某派国际贸易有限公司提交了某泰（湖北）税务师事务所有限公司和武汉某闻财税服务有限公司于2022年6月29日签订的《协议》（即宁波某派国际贸易有限公司主张伪造的证据）以及2022年7月1日宁波某派国际贸易有限公司与某泰（湖北）税务师事务所有限公司签订的《解除协议》。《解除协议》约定，宁波某派国际贸易有限公司与某泰（湖北）税务师事务所有限公司于2022年4月25日签订《财务顾问协议一》，经双方友好协商一致同意自2022年6月29日解除前述协议，新的财务顾问协议更换为武汉某闻财税服务有限公司签署。《协议》约定，某泰（湖北）税务师事务所有限公司与宁波某派国际贸易有限公司于2022年4月25日签署《财务顾问协议一》，2022年6月23日宁波某派国际贸易有限公司提出在原协议基础上增加海南某富投资合伙企业作为财务总顾问，将财务顾问协议变更为三方协议，经协商某泰（湖北）税务师事务所有限公司同意转让且武汉某闻财税服务有限公司同意承继某泰（湖北）税务师事务所有限公司在《财务顾问协议一》项下的全部权利和义务。

本院认为，本案是当事人申请撤销国内仲裁裁决案件，应依据《中华人民共和国仲裁法》第五十八条的规定，对本案进行审查。《中华人民共和国仲裁法》第五十八条规定：当事人提出证据证明裁决有下列情形之一的，可以向仲裁委员会所在地的中级人民法院申请撤销裁决：（一）没有仲裁协议的；（二）裁决的事项不属于仲裁协议的范围或者仲裁委员会无权仲裁的；（三）仲裁庭的组成或者仲裁的程序违反法定程序的；（四）裁决所根据的证据是伪造的；（五）对方当事人隐瞒了足以影响公正裁决的证据的；（六）仲裁员在仲裁该案时有索贿受贿，徇私舞弊，枉法裁决行为的。人民法院经组成合议庭审查核实裁决有前款规定情形之一的，应当裁定撤销。人民法院认定该裁决违背社会公共利益的，应当裁定撤销。上述规定是人民法院撤销国内仲裁裁决的法定事由。

本院审查期间，宁波某派国际贸易有限公司提出多项撤销仲裁裁决的事由，本院分别予以审查判断。

关于“伪造证据”。现宁波某派国际贸易有限公司指称仲裁期间武汉某闻财税服务有限公司伪造了与某泰（湖北）税务师事务所有限公司之间签订的《协议》（落款时间2022年6月29日），但综合审查本案事实，武汉某闻财税服务有限公司与某泰（湖北）税务师事务所有限公司于2022年6月29日签订的《协议》与宁波某派国际贸易有限公司与某泰（湖北）税务师事务所有限公司于2022年7月1日签订的《解除协议》内容相互呼应，并不存在实质性矛盾。另一方面，本院注意到根据裁决书的记载，仲裁庭审查判断涉案合同效力以及合同签订与履行事项期间并未提及该《协议》，也就是说仲裁庭并未将该协议作为认定案件事实的基本证据。基于上述意见，本院对宁波某派国际贸易有限公司指称武汉某闻财税服务有限公司伪造证据的主张不予采信，对其依据“伪造证据”为由要求撤销涉案仲裁裁决的申请不予支持。

关于“裁决违背社会公共利益”。本院认为，就撤销仲裁裁决案件而言，违背社会公共利益应指向违背以社会公众为利益主体的涉及整个社会最根本的法律、道德的共同利益，其表现形式一般是违背我国法律的基本制度与准则，违背社会和经济生活的基本价值取向，危害社会公共秩序和生活秩序，违背社会全体成员普遍认可和遵循的基本道德准则。本案中涉案仲裁裁决结果仅涉及案件当事人之间的利益衡量，不具有明显的外部效应，原则上应与“社会公共利益”无关。本院审查期间，宁波某派国际贸易有限公司提出某泰（湖北）税务师事务所有限公司、武汉某闻财税服务有限公司以及上述公司工作人员向某对其构成欺诈，武汉某闻财税服务有限公司基于非法行为而获益违背社会公德，故而构成违反社会公共利益。就此本院认为，本院对于武汉某闻财税服务有限公司与宁波某派国际贸易有限公司的沟通过程并不了解，实际上宁波某派国际贸易有限公司就其该部分主张亦没有向本院提交任何证据，但即便宁波某派国际贸易有限公司所述均为事实（此处仅为论述需要，不代表本院已经认定宁波某派国际贸易有限公司所述内容属实），某泰（湖北）税务师事务所有限公司及武汉某闻财税服务有限公司工作人员向某“刻意营造其与当地领导关系很近可以推动项目落地的假象”，背后的本相是宁波某派国际贸易有限公司冀图通过政治掮客获取不正当利益。在本院看来，如果武汉某闻财税服务有限公司真的与当地领导存在利益输送，通过非正当手段促成公共资金向宁波某派国际贸易有限公司进行融资，确有可能构成对社会公共利益的侵害，但如果仅仅是宁波某派国际贸易有限公司自身被打着政治掮客幌子的骗子所欺骗（同样，本院此处表述仅基于回应宁波某派国际贸易有限公司意见的行文需要，不代表本院认定武汉某闻财税服务有限公司存在欺诈行为），且仲裁庭未能识别并认定相应欺诈行为，充其量也不过是宁波某派国际贸易有限公司自食其果，无涉社会公共利益。据此，本院对宁波某派国际贸易有限公司关于涉案裁决“违背社会公共利益”的意见不予采信。

关于“枉法裁决”。《最高人民法院关于审理仲裁司法审查案件若干问题的规定》第十八条规定，“《中华人民共和国仲裁法》第五十八条第一款第六项和《中华人民共和国民事诉讼法》第二百三十七条第二款第六项规定的仲裁员在仲裁该案时有索贿受贿，徇私舞弊，枉法裁决行为，是指已经由生效刑事法律文书或者纪律处分决定所确认的行为”。本院审查期间未发现涉案仲裁员因本次仲裁案件受到刑事处罚或者纪律处分，因此本案不符合“枉法裁决”的规定情形。事实上，宁波某派国际贸易有限公司所指认的“枉法裁决”事项，均属于仲裁庭对案件事实的认定，而仲裁庭认定事实是否正确原则上不属于人民法院仲裁司法监督程序的审查范围，只要仲裁员没有基于特殊利益考量故意作出错误裁决的意图，均与“枉法裁决”无关。据此，本院对宁波某派国际贸易有限公司关于“仲裁员枉法裁决”的意见不予采信。

关于“无权仲裁”。本案基本事实是，武汉某闻财税服务有限公司依据《财务顾问协议二》中的仲裁条款提起仲裁程序，本院审查期间宁波某派国际贸易有限公司依据《财务顾问协议一》相关管辖约定对仲裁庭管辖权提出质疑，明显存在错位。事实上，无论某泰（湖北）税务师事务所有限公司与武汉某闻财税服务有限公司于2022年6月29日签订的《协议》是否属实，均不影响仲裁庭基于《财务顾问协议二》中的仲裁条款而对该协议项下争议享有的管辖权。更令本院诧异的是，仲裁期间宁波某派国际贸易有限公司还提出了仲裁反请求，明确以自己实际行为接受北京仲裁委员会管辖权。在仲裁失利后，宁波某派国际贸易有限公司却反过来以“无权仲裁”为由申请撤销涉案仲裁裁决，既缺乏基本的事实依据，又违背民事活动包括民事诉讼活动中应当遵循的诚实信用基本原则。据此，本院对宁波某派国际贸易有限公司关于“无权仲裁”的意见不予采信。

综上，宁波某派国际贸易有限公司各项意见均不成立。依据《中华人民共和国仲裁法》第五十八条、第六十条的规定，裁定如下：

驳回宁波某派国际贸易有限公司的申请。

申请费400元，由申请人宁波某派国际贸易有限公司负担（已交纳）。

审 判 长　　崔智瑜
审 判 员　　贾　毅
审 判 员　　朱秋菱

二〇二三年八月二十四日

法官助理　　邱治朝
书 记 员　　郭　涵

随州某棉业有限责任公司申请撤销仲裁裁决案

北京市第四中级人民法院
民事裁定书

（2023）京04民特1229号

申请人：随州某棉业有限责任公司。

被申请人：中国某管理有限公司。

申请人随州某棉业有限责任公司与被申请人中国某管理有限公司申请撤销仲裁裁决一案，本院于2023年11月27日立案后进行了审查。现已审查终结。

随州某棉业有限责任公司称：1. 申请撤销北京仲裁委员会（2023）京仲裁字第3125号仲裁裁决书；2. 由中国某管理有限公司承担本案诉讼费和随州某棉业有限责任公司支付的律师代理费。

事实和理由：一、中国某管理有限公司隐瞒了足以影响公正裁决的证据，仲裁庭给予掩盖。中国某管理有限公司在仲裁庭开庭前提交的证据清单中列有证据四《关于调整国储棉轮出检验结果允差判定标准的函》、2018年8月22日国家发展改革委员会的答复和解释、《关于请提前做2015/2016年度国家储备棉轮出准备工作的函》所附《国储棉轮出检验结果允差判定标准》，未提交证据，以所谓涉及国家秘密为由注明当庭提交，而仲裁庭开庭时又以线上开庭不宜提交为由仍拒不提交证据四。随州某棉业有限责任公司依据《中华人民共和国政府信息公开条例》规定当庭指出政府信息公开为一般原则，其不当庭提交证据四的理由不成立。（2022）京仲案字第2757号仲裁案已于2023年5月25日开庭，之后仲裁案又通知随州某棉业有限责任公司到庭核对证据，随州某棉业有限责任公司均回复开庭已经发表质证意见，开庭之后仲裁庭不应再组织质证，同时说明随州某棉业有限责任公司因资金困难无法到庭。然而仲裁庭逾期组织质证，无事实依据地认定“仲裁庭认为中国某管理有限公司庭审时已携带证据原件，随州某棉业有限责任公司于庭审时陈述称其不需要核对证据原件，后又提出希望核对证据四的原件。仲裁庭作出了核对原件的安排，但随州某棉业有限责任公司未按仲裁庭安排进行原件的核对”。随州某棉业有限责任公司从未述称不需要核对证据四的原件，中国某管理有限公司庭审时已携带证据四原件而当庭不提交，这不仅是对仲裁庭的蔑视，更是隐瞒证据，开庭之后，仲裁庭明知随州某棉业有限责任公司资金困难不愿线下参加仲裁活动，却偏偏反复通知随州某棉业有限责任公司到北京参加其逾期组织的线下质证，随州某棉业有限责任公司有理由认为仲裁庭是在掩盖中国某管理有限公司隐瞒证据的行为。

二、歪曲仲裁条款，前置程序未履行，仲裁庭对涉案纠纷并无仲裁权。《国家储备棉购销合同》第十条约定：“争议可由当事人双方协商解决；协商不成，可报请全国棉花交易市场调解；协商或调解不成，当事人双方同意由北京仲裁委员会仲裁。”随州某棉业有限责任公司在庭审前后明确抗辩涉案纠纷仲裁约定有调解且由全国棉花交易市场调解的前置程序，但仲裁庭仍然仲裁道：“从文意上看，协商和调解都用了‘可’字，即协商和调解是双方发生争议时可选择的解决方式，并未体现出必须经过协商和调解后才能提起仲裁。因此，协商和调解并非仲裁前的必经程序。因此，仲裁庭认为中国某管理有限公司有权直接提出本案仲裁申请。”合同约定的仲裁条款为“协商或调解不成，当事人双方同意由北京仲裁委员会仲裁”，法律常识告诉我们该仲裁条款中设置有“协商或调解不成”的前置程序，语法常识告诉我们这个句子中“协商或调解不成”系条件状语。仲裁庭不顾常识，歪曲仲裁条款作出中国某管理有限公司可直接申请仲裁的错误事实认定。

三、仲裁庭故意歪曲事实，枉法裁判。（一）中国某管理有限公司没有证据证实涉案棉花系随州某棉业有限责任公司所交付的，仲裁庭故意歪曲事实，认定系随州某棉业有限责任公司所出售。随州某棉业有限责任公司早已按约定将棉花交付给中国某管理有限公司，交付后的棉花均归中国某管理有限公司所有，由其占有、处置与管理，现涉案棉花是否为随州某棉业有限责任公司9年前所交付棉花，中国某管理有限公司并未提交充足的证据予以证实，仲裁庭开庭前后，随州某棉业有限责任公司提出检验时随州某棉业有限责任公司不在场不知情，涉案棉花非本公司所交付，并多次声明如果确系本公司所交付，中国某管理有限公司可以退货。然而仲裁庭歪曲中国某管理有限公司所提交的证据事实，认定涉案棉花系本公司所交付。（二）随州某棉业有限责任公司不应对案涉棉花质量负责，更不应终身负责，仲裁庭歪曲事实，枉法裁定随州某棉业有限责任公司对“棉花质量终身负责”。仲裁过程中，随州某棉业有限责任公司根据双方签订的《国家储备棉购销合同》约定的《中国某管理总公司〈2013年度棉花临时收储预案〉实施办法》的规定，抗辩质量责任应由中国某管理有限公司和加工企业共同负责，中国某管理有限公司关于质量损害的主张不符合合同约定和规范性文件的规定，但仲裁庭却无视层级高的规范性文件的规定，执意偏袒中国某管理有限公司，在规范性文件冲突时执意选择低层级且与法律规定相冲突的文件，枉法裁决。双方所签26公份《国家储备棉购销合同》第二条均约定：质量标准按照《中国某管理总公司〈2012年度棉花临时收储预案〉实施办法》或《中国某管理总公司〈2013年度棉花临时收储预案〉实施办法》及有关规定执行，而《中国某管理总公司〈2013年度棉花临时收储预案〉实施办法》第41条规定：“收储棉花的质量由加工企业负责。”国家发改委等部委发布并公告的《2013年度棉花临时收储预案》第十四条规定：“中国某管理总公司作为国家委托的临时收储预案执行责任主体，对其临时收储棉花的数量、质量价格和库存管理等负总责。”据此涉案储备棉的质量应当由中国某管理有限公司和加工企业共同负责。仲裁庭偏偏依据《2012年度棉花临时收储交易办法》，而该文件与《中国某管理总公司〈2013年度棉花临时收储预案〉实施办法》在质量责任主体的规定上存在冲突。前者系由全国棉花交易市场制定，并未获得相关部委的授权，而《中国某管理总公司〈2013年度棉花临时收储预案〉

实施办法》系依国家发改委等部委授权制定，其效力高于《2012年度棉花临时收储交易办法》和《2013年度棉花临时收储交易办法》。同时《2012年度棉花临时收储交易办法》第二十一条规定："交储企业对交储的棉花实行质量终负责制，出库时发现掺杂使假、棉花大样与原验结果严重不符等问题交储企业须承担相应的经济和法律责任。"《2013年度棉花临时收储交易办法》第二十二条也作了相同的规定。而《中华人民共和国产品质量法》和国务院第314号令即《棉花质量监督管理条例》均无此类规定，前述两个文件中的规定违背了规范性文件的制定"不得任意作出减损公民、法人和其他组织合法权益或者增加其义务"的法制原则。与国务院办公厅《关于全面推行行政规范性文件合法性审核机制的指导意见》（国办发〔2018〕115号）"是否存在没有法律、法规依据作出减损公民、法人和其他组织合法权益或者增加其义务的情形"规定精神不符。所以《2012年度棉花临时收储交易办法》和《2013年度棉花临时收储交易办法》中关于"交储企业对交储的棉花实行质量终负责制"的规定不应作为仲裁的依据。仲裁庭在"裁决书"第8页裁决道："《2012年度棉花临时收储交易办法》和《2013年度棉花临时收储交易办法》已并入本案合同，是合同不可或缺的组成部分，故交储企业对交储棉花终身负责。"令人忧虑的是什么遮住了仲裁庭视线，让其看不清《中国某管理总公司〈2013年度棉花临时收储预案〉实施办法》也在本案合同之中，也是"合同不可或缺的组成部分"。如果没有什么遮挡，便是"枉法裁决"。仲裁庭在"裁决书"第9页裁决道："标的交付风险转移不意味着质量保证豁免……"随州某棉业有限责任公司没有也无法作出质量保证，棉花交与中国某管理有限公司，所有权和风险随之转移，交付之后随州某棉业有限责任公司无权对交付的棉花进行管理，甚至在对交付的棉花进行公正检验时随州某棉业有限责任公司不知道检验的时间、地点，并不能对检验结果提出异议，随州某棉业有限责任公司如何保证质量？市场交易的法律规定是：标的物质量不符合约定至合同目的不能实现，买受人可以拒绝接受标的物或解除合同；买受人拒绝接受标的物或解除合同，标的物的毁损、灭失风险由出卖人承担，否则标的物的毁损、灭失风险由买受人承担。本案中国某管理有限公司不仅在对案涉棉花进行检验后接受，而且接受时过九年，标的物包括质量损失在内的毁损风险依法应由随州某棉业有限责任公司承担。随州某棉业有限责任公司有理由认为仲裁庭裁决书第9页的此项系枉法裁决。

四、仲裁裁决所依据的中国某管理有限公司提交的证据六是伪造的。仲裁期间中国某管理有限公司提交的证据六即《随州某棉业有限责任公司超充差损失明细表》系其自行制作，没有事实依据，显系伪造，而仲裁庭却予以采信。

五、仲裁程序违法。北京仲裁委员会曾于2021年12月6日受理中国某管理有限公司关于案涉纠纷的仲裁申请，后于2022年1月24日作出（2022）京仲撤字第0108号《北京仲裁委员会关于撤销（2021）京仲字第7107号争议仲裁案的决定》。中国某管理有限公司于2022年3月14日再次申请，北京仲裁委员会于2022年5月25日再次受理。仲裁庭于2023年5月10日通知组庭，根据《仲裁规则》第59条规定，适用简易程序裁决书应在75日内作出，而随州某棉业有限责任公司于2023年10月11日才收到（2023）京仲裁字第3125号裁决书，超期77日，期间仲裁庭两次延长审限，超期比《仲裁规则》规定的75日还多出2日，如此延长是不可解释为“适当延长”的，因此本案程序违法。

六、仲裁裁决结果错误。

综上，北京仲裁委员会（2023）京仲裁字第3125号案，存在隐瞒证据、无权仲裁、程序违法、伪造证据、枉法裁决，仲裁结果错误。随州某棉业有限责任公司面临经营难以为继的困境，正在努力脱困，接此裁决后，随州某棉业有限责任公司及股东倍加忧虑不安，依据《中华人民共和国仲裁法》第五十八条之规定提出申请，敬请支持。

中国某管理有限公司称，随州某棉业有限责任公司的申请不符合《中华人民共和国仲裁法》第五十八条申请撤销裁决的情形。

一、《中华人民共和国仲裁法》第五十八条规定了撤销仲裁裁决案件的审查范围。申请撤销国内仲裁裁决的法定事由，应依据《中华人民共和国仲裁法》第五十八条的规定确定。《中华人民共和国仲裁法》第九条明确规定仲裁实行一裁终局制度。人民法院仅在法律授权范围内对仲裁活动进行有限审查。《最高人民法院关于适用〈中华人民共和国仲裁法〉若干问题的解释》第十七条规定："当事人以不属于仲裁法第五十八条或者民事诉讼法第二百五十八条规定的事由申请撤销仲裁裁决的，人民法院不予支持。"随州某棉业有限责任公司在撤销仲裁裁决申请书中主要以《中华人民共和国仲裁法》第一款第二至六项作为撤销裁决的依据。以下是中国某管理有限公司对各项请求是否符合法定事由的详细阐述。

二、裁决不存在"隐瞒证据"证据的情形。随州某棉业有限责任公司在撤销仲裁裁决申请书中所列第一项理由是中国某管理有限公司隐瞒证据。首先，根据（2023）京仲裁字第3125号裁决书第一页最后一段"仲裁庭审阅了当事人提交的全部书面材料，于2023年5月25日在北京进行了开庭审理。申请人的委托代理人到庭参加了庭审，被申请人的委托代理人通过腾讯视频会议参加了庭审"可知，中国某管理有限公司当庭向仲裁庭提交了证据四，且仲裁庭对证据四进行了审阅。第二，根据裁决书第五页第一段"庭审后，仲裁庭作出安排，要求双方于2023年9月22日核对证据原件。被申请人对此提出异议。申请人按照安排携带证据原件至本会，被申请人并未至本会核对证据原件。因此仲裁庭认为，因被申请人未能核对原件产生的不利后果，由其自行承担"可知，仲裁庭要求中国某管理有限公司于2023年9月22日向随州某棉业有限责任公司出示证据四进行质证，中国某管理有限公司也携带证据四如期而至。因此，中国某管理有限公司不存在未提交主要证据和应仲裁庭要求提交但无正当理由未予出示或者提交的情形。综上，中国某管理有限公司不存在"隐瞒证据"的情形，随州某棉业有限责任公司不能以此为依据主张撤销仲裁裁决。

三、裁决不存在"无权仲裁"的情形。随州某棉业有限责任公司在撤销仲裁裁决申请书中所列第二项理由是北京仲裁委员会无权仲裁。第一，裁决的事项为随州某棉业有限责任公司支付超允差损失款等款项，未超出仲裁条款约定的范围。第二，裁决的事项不属于依照法律规定或者当事人选择的仲裁规则规定的不可仲裁事项。第三，中国某管理有限公司仲裁请求随州某棉业有限责任公司支付超允差损失款、律师费和提前垫付的仲裁费，未超出当事人仲裁请求的范围。第四，根据《国家储备棉购销合同》"合同履行过程中发生争议可由当事人双方协商解决；协商不成，可报请全国棉花交易市场调解；协商或调解不成，当事人双方同意由北京仲裁委员会仲裁"可知，当事人双方调解不成时，可以选择报请全国棉花交易市场调解或者由北京仲裁委员会仲裁，北京仲裁委员会是仲裁条款所约定的仲裁机构。并且，由裁决书第六页第二段六行"因此，协商和调解并非仲裁前的必经程序。因此，仲裁庭认为申请人有权直接提出本案仲裁申请"可知，北京仲裁委员会已经对其是否具有仲裁权进行了审查，作出了其有权仲裁的认定。综上，北京仲裁委员会不存在"无权仲裁"的情形，随州某棉业有限责任公司不能以此为依据主张撤销仲裁裁决。

四、裁决不存在"故意歪曲事实，枉法裁决"的情形。随州某棉业有限责任公司在撤销仲裁裁决申请书中所列第三项理由是仲裁庭"故意歪曲事实，枉法裁决"。首先，随州某棉业有限责任公司所述的棉花交付机构、裁决应适用的规范性文件等可能存在错误的问题属于仲裁庭实体审理及裁量范畴，不在法院审查撤销裁决范围之内。其次，司法解释明确规定了仲裁员必须经审判机关依法作出了定罪判决或仲裁委、纪检委作出了纪律处分决定才构成枉法裁决，从而当事人必须举出判定仲裁员具有上述行为的生效刑事法律文书或者纪律处分决定书等文件作为证据，法院方可据此事由撤销仲裁裁决。随州某棉业有限责任公司没有提供审判机关对仲裁员依法作出的定罪判决或仲裁委、纪检委对仲裁员作出的纪律处分决定，不能证明仲裁员存在枉法裁决的情况。综上，裁决不存在"故意歪曲事实，枉法裁决"的情形，随州某棉业有限责任公司不能以此为依据主张撤销仲裁裁决。

五、裁决不存在"伪造证据"的情形。随州某棉业有限责任公司在撤销仲裁裁决申请书中所列第四项理由是中储棉伪造证据。《随州某棉业有限责任公司超允差损失明细表》是根据《关于提供相关交储企业超允差批次公证检验结果的函》附随相关批次国储棉入库、轮出公证检验结果（以下简称“《检验函》”）制作的超允差损失明细。《检验函》由案外人中国某质量检测中心作出，《检验函》以及根据此函作出的《随州某棉业有限责任公司超充差损失明细表》并非由中储棉通过非法方式形式或者获取的，不符合“伪造证据”的法定情形。此外，某项证据能否证明当事人主张的待证事项，本身属于仲裁庭的职权范围，不属于撤销仲裁裁决程序的审查范围。综上，裁决不存在“伪造证据”的情形，随州某棉业有限责任公司不能以此为依据主张撤销仲裁裁决。

六、裁决不存在“程序违法”的情况。随州某棉业有限责任公司在撤销仲裁裁决申请书中所列第五项理由是中储棉伪造证据。根据《北京仲裁委员会仲裁规则（2019 版）》第五十九条，仲裁庭应当自组庭之日起 75 日内作出裁决。有特殊情况需要延长的，由独任仲裁员提请秘书长批准，可以适当延长。仲裁庭于 2023 年 5 月 10 日组庭，到 2023 年 7 月 24 日为 75 日审限截止日期。2023 年 7 月 24 日，经仲裁员申请，北京仲裁委员会秘书长批准，案件审限延长 60 日。2023 年 9 月 22 日，经仲裁员申请，北京仲裁委员会秘书长批准，本案审限延长至 2023 年 10 月 16 日。仲裁庭作出裁决书的日期为 2023 年 10 月 9 日，没有超过审限。综上，裁决不存在“程序违法”的情形，随州某棉业有限责任公司不能以此为依据主张撤销仲裁裁决。

综上所述，裁决不存在“隐瞒证据”“无权仲裁”“歪曲事实、枉法裁决”“伪造证据”“程序违法”的情形，不符合《中华人民共和国仲裁法》第五十八条第一款第二至六项规定的可以向仲裁所在地的中级人民法院申请仲裁裁决的法定事由。

经本院审查查明，2022 年 5 月 25 日，北京仲裁委员会根据中国某管理有限公司向该会提交的仲裁申请书以及涉案 27 份《国家储备棉购销合同》中的仲裁条款及有关法律规定，受理了双方当事人之间争议仲裁案。案件编号为（2022）京仲案字第 2757 号。该案适用自 2022 年 2 月 1 日起施行的《北京仲裁委员会仲裁规则》中简易程序的规定。

仲裁期间，中国某管理有限公司提交了部分证据，其中证据四（为一组证据）中的《关于调整国储棉轮出检验结果允差判定标准的函》《关于提前做好2015/2016年度国家储备棉轮出准备工作的函》标注为“秘密”，且未预先提交；证据五为《关于提供相关交储企业超允差批次公正检验结果的函》附相关批次国储棉入库、轮出公证检验结果；证据六为中国某管理有限公司自行整理的《随州某棉业有限责任公司超充差损失明细表》。中国某管理有限公司称，证据六《随州某棉业有限责任公司超充差损失明细表》系根据证据五记载内容由其自行整理制作。

仲裁庭于2023年5月10日组成。此后仲裁庭安排于2023年5月25日开庭审理，开庭时中国某管理有限公司线下到场，随州某棉业有限责任公司通过线上方式参加了庭审。开庭时随州某棉业有限责任公司明确表示“我方不需要核对证据原件”，并针对中国某管理有限公司证据四至证据七表示“质证意见同我方当庭提交的书面质证意见一致”。仲裁庭审结束后，鉴于随州某棉业有限责任公司提出开庭期间其没有核对证据四原件，仲裁庭通知双方另行安排线下核对证据原件。随州某棉业有限责任公司两次向仲裁庭致函，表示“该证据在庭审中未向仲裁庭提交并举证、质证，已过举证期，不能作为认定事实的依据，现再行要求随州某棉业有限责任公司线下核对该证据，有违仲裁法及民事诉讼法相关规定”“庭审中中国某管理有限公司未就其所列证据向仲裁庭举证，其已放弃举证权利，现如再向仲裁庭提交，有违证据规则和举证期限的规定，我方不同意质证；另我方……经营困难和资金困难，现无力安排差旅费前来北京”，拒绝参加仲裁庭组织的线下证据核对工作。此后仲裁庭在事先通知随州某棉业有限责任公司的情况下，于2023年9月22日进行了线下证据核对工作，中国某管理有限公司到场并出示了证据原件，随州某棉业有限责任公司未到场。

经两次批准延长审限，仲裁庭于2023年10月9日作出（2023）京仲裁字第3125号裁决：（一）随州某棉业有限责任公司向中国某管理有限公司支付超出合理允差范围的储备棉损失款82 520.10元；（二）随州某棉业有限责任公司向中国某管理有限公司支付律师费1900元；（三）本案仲裁费39 000元（包括仲裁员报酬23 000元，机构费用16 000元，已由中国某管理有限公司向本会全额预交），由中国某管理有限公司承担19 500元，由随州某棉业有限责任公司承担 19 500 元，随州某棉业有限责任公司直接向中国某管理有限公司支付中国某管理有限公司代其垫付的仲裁费 19 500 元。

本院认为，本案是当事人申请撤销国内仲裁裁决案件，应依据《中华人民共和国仲裁法》第五十八条的规定，对本案进行审查。该条规定内容为："当事人提出证据证明裁决有下列情形之一的，可以向仲裁委员会所在地的中级人民法院申请撤销裁决：（一）没有仲裁协议的；（二）裁决的事项不属于仲裁协议的范围或者仲裁委员会无权仲裁的；（三）仲裁庭的组成或者仲裁的程序违反法定程序的；（四）裁决所根据的证据是伪造的；（五）对方当事人隐瞒了足以影响公正裁决的证据的；（六）仲裁员在仲裁该案时有索贿受贿，徇私舞弊，枉法裁决行为的。人民法院经组成合议庭审查核实裁决有前款规定情形之一的，应当裁定撤销。人民法院认定该裁决违背社会公共利益的，应当裁定撤销。"上述规定是人民法院撤销国内仲裁裁决的法定事由。

需要说明的是，申请撤销仲裁裁决案件是法律规定的仲裁司法审查程序之一种，其本质属于非讼案件，人民法院仅在法律授权范围内对仲裁活动进行有限审查，且不对当事人之间的实体权利义务直接进行调整。随州某棉业有限责任公司的申请事项中包括要求对方承担其"律师代理费"，属于双方当事人之间实体权利义务负担事项，不属于申请撤销仲裁裁决案件审查范围，本院已经就此向随州某棉业有限责任公司予以说明。

另需说明并强调的是，《中华人民共和国仲裁法》第九条明确规定仲裁实行一裁终局制度。仲裁司法审查程序并非仲裁程序的二审或再审环节，如前所述人民法院仅在法律授权范围内对仲裁活动进行有限审查。《最高人民法院关于适用〈中华人民共和国仲裁法〉若干问题的解释》第十七条规定，"当事人以不属于仲裁法第五十八条规定的事由申请撤销仲裁裁决的，人民法院不予支持"。具体到本案中，随州某棉业有限责任公司使用大量篇幅指责仲裁庭在认定事实及适用法律方面存在错误（如仲裁庭歪曲事实、错误适用裁决依据、裁决结果错误等），相应事项依法均不属于撤销仲裁裁决案件的审查范围，本院对此不予涉及。

本院审查期间，随州某棉业有限责任公司援引了多项事由申请撤销涉案仲裁裁决，除前述“裁决结果错误”不属于本案审查范围外，本院对其余事由逐项审查如下：

关于“隐瞒证据”。随州某棉业有限责任公司称，中国某管理有限公司未及时提交其仲裁证据四，构成“隐瞒证据”，且仲裁庭存在配合“掩盖”中国某管理有限公司隐瞒证据的行为。就此本院认为，首先，《中华人民共和国仲裁法》第五十八条第一款第五项规定的“对方当事人隐瞒了足以影响公正裁决的证据”，指的是当事人向仲裁庭隐瞒证据，而不是一方当事人向另一方当事人隐瞒证据。《最高人民法院关于人民法院办理仲裁裁决执行案件若干问题的规定》第十六条规定，“符合下列条件的，人民法院应当认定为民事诉讼法第二百三十七条（注：民事诉讼法 2021 年修正后的第二百四十四条）第二款第五项规定的‘对方当事人向仲裁机构隐瞒了足以影响公正裁决的证据的’情形：（一）该证据属于认定案件基本事实的主要证据；（二）该证据仅被对方当事人掌握，但未向仲裁庭提交；（三）仲裁过程中知悉存在该证据，且要求对方当事人出示或者请求仲裁庭责令其提交，但对方当事人无正当理由未予出示或者提交。当事人一方在仲裁过程中隐瞒己方掌握的证据，仲裁裁决作出后以己方所隐瞒的证据足以影响公正裁决为由申请不予执行仲裁裁决的，人民法院不予支持”。虽然本案系撤销仲裁裁决审查程序而并非不予执行仲裁裁决审查程序，但现行《中华人民共和国民事诉讼法》第二百四十四条第二款、第三款关于不予执行国内仲裁裁决的规定与《中华人民共和国仲裁法》第五十八条关于撤销国内仲裁裁决的规定基本一致，故最高人民法院前述司法解释亦可以在撤销国内仲裁裁决案件中参照适用。上述司法解释中规定认定构成“隐瞒证据”的要件之一是“该证据……未向仲裁庭提交”，即明确体现了隐瞒对象的具体指向。因此，随州某棉业有限责任公司所谓“仲裁庭掩盖中国某管理有限公司隐瞒证据行为”云云，恰恰能够说明本案中不存在《中华人民共和国仲裁法》第五十八条第一款第五项规定的“隐瞒证据”行为。进一步说，仲裁庭配合一方当事人向另一方当事人拒不出示证据的行为，可能涉嫌构成“违反法定程序”，但与“隐瞒证据”无关。再进一步说，就本案所涉事实而言，因部分证据存在涉密因素，故中国某管理有限公司未预先提交，但仲裁庭仍给予了随州某棉业有限责任公司核实的机会，仲裁开庭期间随州某棉业有限责任公司通过线上方式参加庭审且当庭表示不需要核对证据原件，嗣后在仲裁庭组织线下出示并核对证据原件时又拒不参加，显然是其自行放弃审核证据的机会，期间没有任何人包括中国某管理有限公司或仲裁庭，存在向其隐瞒该部分证据的主观故意。因此，本案中不存在“隐瞒”证据的基础事实。基于上述分析，本院对随州某棉业有限责任公司关于“隐瞒证据”的意见不予采信。

关于“仲裁庭对涉案纠纷无仲裁权”。就本案所涉事实而言，随州某棉业有限责任公司对涉案仲裁条款（依法视为独立的仲裁协议）效力本身没有争议，只是提出中国某管理有限公司直接申请仲裁不符合仲裁条款中规定的前置程序，即“由双方先行协商，协商不成报请全国棉花交易市场调解，协商调解均不成才可以提请仲裁”。就此本院认为，无论是“当事人自行协商”还是“第三方民间机构调解”，均不是法律规定的具有强制约束效力的争议解决方式，因此相应约定本身不足以动摇仲裁庭对案涉争议的管辖权。至于随州某棉业有限责任公司提出在未经前置程序的情况下中国某管理有限公司直接申请仲裁一节，实质上是混淆了“仲裁庭是否具有管辖权”与“案件可否受理”两个不同事项。因仲裁条款有效成立后仲裁庭恒定享有管辖权（除非当事人就争议解决方式另行达成新的约定），因此前置程序是否履行仅影响仲裁庭（或仲裁机构）对受理时机的判断，与《中华人民共和国仲裁法》第五十八条第一款第五项规定的申请撤销仲裁裁决事由“仲裁委员会无权仲裁”无关。再进一步说，根据《中华人民共和国仲裁法》第四十九条“当事人申请仲裁后，可以自行和解。达成和解协议的，可以请求仲裁庭根据和解协议作出裁决书，也可以撤回仲裁申请”以及该法第五十一条第一款“仲裁庭在作出裁决前，可以先行调解。当事人自愿调解的，仲裁庭应当调解。调解不成的，应当及时作出裁决”之规定，即便在仲裁程序进行过程中双方当事人亦可以通过和解或调解方式解决争议，因此仲裁庭作出裁决本身亦可以反证“前置程序”客观无法达成，相应事项不影响裁决结果的正确性。基于上述分析，本院对随州某棉业有限责任公司关于“仲裁庭对涉案纠纷没有管辖权”的意见不予采信。

关于“仲裁庭枉法裁决”。《最高人民法院关于审理仲裁司法审查案件若干问题的规定》第十八条规定，“《中华人民共和国仲裁法》第五十八条第一款第六项……规定的仲裁员在仲裁该案时有索贿受贿，徇私舞弊，枉法裁决行为，是指已经由生效刑事法律文书或者纪律处分决定所确认的行为”。本院审查期间未发现涉案仲裁员因本次仲裁案件受到刑事处罚或者纪律处分，因此本案不符合“枉法裁决”的规定情形。据此，本院对随州某棉业有限责任公司关于“枉法裁决”的意见不予采信。

关于“伪造证据”。本院审查期间随州某棉业有限责任公司称中国某管理有限公司在仲裁期间伪造了仲裁证据六即《随州某棉业有限责任公司超充差损失明细表》，并据此申请撤销仲裁裁决。就此本院认为，《最高人民法院关于人民法院办理仲裁裁决执行案件若干问题的规定》第十五条规定，“符合下列条件的，人民法院应当认定为民事诉讼法第二百三十七条（注：民事诉讼法 2021 年修正后的第二百四十四条）第二款第四项规定的‘裁决所根据的证据是伪造的’情形：（一）该证据已被仲裁裁决采信；（二）该证据属于认定案件基本事实的主要证据；（三）该证据经查明确属通过捏造、变造、提供虚假证明等非法方式形成或者获取，违反证据的客观性、关联性、合法性要求。”具体到本案中，《随州某棉业有限责任公司超充差损失明细表》仅系中国某管理有限公司根据其仲裁证据五整理的明细清单，严格而言不属于证据，或者充其量归类为《中华人民共和国民事诉讼法》第六十六条规定的八种证据类型中的“当事人陈述”，因此该证据显然不属于“认定案件基本事实的主要证据”。此外，仲裁期间以及本院审查期间中国某管理有限公司均明确表示过期仲裁证据六《随州某棉业有限责任公司超充差损失明细表》系根据仲裁证据五相关内容整理而成，而本院审查期间向随州某棉业有限责任公司询问《随州某棉业有限责任公司超充差损失明细表》记载内容与中国某管理有限公司仲裁证据五是否一致、是否存在实质性冲突，随州某棉业有限责任公司回复称“我们没有一一核对”。因此，在没有证据证明《随州某棉业有限责任公司超充差损失明细表》存在虚假记载内容的情况下，亦不符合“伪造证据”的基本要求。基于上述分析，本院对随州某棉业有限责任公司关于“伪造证据”的意见不予采信。

关于“程序违法”。随州某棉业有限责任公司主张，仲裁裁决作出之日距仲裁规则规定的期限超期 77 天，不属于“适当延长”，故仲裁程序违法。就此本院认为，《最高人民法院关于适用〈中华人民共和国仲裁法〉若干问题的解释》第二十条规定：“仲裁法第五十八条规定的‘违反法定程序’，是指违反仲裁法规定的仲裁程序和当事人选择的仲裁规则可能影响案件正确裁决的情形。”《最高人民法院关于人民法院办理仲裁裁决执行案件若干问题的规定》第十四条第一款进一步规定：“违反仲裁法规定的仲裁程序、当事人选择的仲裁规则或者当事人对仲裁程序的特别约定，可能影响案件公正裁决，经人民法院审查属实的，应当认定为民事诉讼法第二百三十七条（注：民事诉讼法 2021 年修正后为第二百四十四条）第二款第三项规定的‘仲裁庭的组成或者仲裁的程序违反法定程序的’情形”。因此应当理解为《中华人民共和国仲裁法》第五十八条第一款第三项规定的“仲裁的程序违反法定程序”实质包含了“违反程序”和“可能影响公正裁决”两项要件。具体到本案中，首先，仲裁期间所适用的自 2022 年 2 月 1 日起施行的《北京仲裁委员会仲裁规则》第五十九条“（简易程序）裁决作出期限”仅规定“仲裁庭应当自组庭之日起 75 日内作出裁决。有特殊情况需要延长的，由独任仲裁员提请秘书长批准，可以适当延长”，并未限定延长的次数及期限。本起仲裁案件在仲裁期间经独任仲裁员申请北京仲裁委员会秘书长批准，延长了审理期限，作出裁决日期在延长的期限之内，因此并未违反仲裁规则的具体规定。其次，仲裁期限问题显然与“是否影响公正裁决”无关。基于上述分析，本院对随州某棉业有限责任公司关于“程序违法”的意见不予采信。

综上，随州某棉业有限责任公司申请撤销涉案裁决的各项事由均不成立，本院对其申请不予支持。依照《中华人民共和国仲裁法》第五十八条、第六十条规定，裁定如下：

驳回随州某棉业有限责任公司的申请。

申请费400元，由申请人随州某棉业有限责任公司负担（已交纳）。

审　判　长　崔智瑜
审　判　员　贾　毅
审　判　员　朱秋菱

二〇二三年十二月二十九日

法官助理　邱治朝
书　记　员　郭　涵

机制探索

仲裁作为一种非诉讼纠纷解决方式，具有高效、便捷、灵活等优点。目前仲裁作为民事争议解决方式已经越来越得到广泛认可和应用。为快速化解当事人之间的纠纷，作为保障争议解决效率的措施之一，与“四级两审制”的诉讼制度不同，法律规定仲裁实行一裁终局制度，裁决一经作出即具有法律约束力，当事人不享有就同一事实再次申请仲裁或就裁决结果提起上诉或再审的权利。但是，对当事人意思自治的尊重并不意味着放任自流，仲裁法规定人民法院在适度的范围内对于仲裁裁决具有审查权，以保障仲裁活动的有序开展，因此适度的司法监督亦是商事仲裁发展的充分条件之一。

北京市第四中级人民法院在履职期间，注重秉承充分尊重当事人意思自治规则依法进行审查的理念，以“到位而不越位”作为行为准则，较好地实现了司法监督职责。

对于在案件审查期间发现的诸如部分当事人对于司法审查的作用与职权不甚了解、误将申请撤销仲裁裁决程序理解为仲裁二审程序等多发现象，以及个别案件中反映出来的虚假仲裁等问题，北京市第四中级人民法院亦进行了调研和探索，试图通过一定措施对相应工作予以加强，一方面通过释明工作使当事人对于人民法院的工作职责范围有基础性认知，避免出现一些超越法律规定的期望值；另一方面保障因虚假仲裁而遭受侵害的当事人得以充分救济。此外，北京市第四中级人民法院还积极通过司法宣传等方式，向社会公众普及仲裁知识，使人民群众能够对仲裁制度有所正确认知。

仲裁司法审查案件权利义务告知书

1. 法院受理国内仲裁司法审查案件，包括申请确认仲裁协议效力案件、申请撤销仲裁裁决案件。案件申请费均为400元。

2. 申请确认仲裁协议效力案件，依据《中华人民共和国仲裁法》第十六条、第十七条、第二十条规定进行审查，采用谈话方式进行，此程序不审查双方实体争议。

3. 撤销国内仲裁裁决案件，依据《中华人民共和国仲裁法》第五十八条规定进行审查，采用谈话方式进行，人民法院对仲裁行使有限的司法监督权。

4. 仲裁案件一裁终局，撤裁程序并非仲裁案件的二审或再审程序，人民法院无权就案件事实认定、证据采信、适用法律等仲裁庭实体处理事项进行审查。

5. 人民法院在仲裁司法审查案件中作出的裁定，一经送达即发生法律效力，无复议、上诉和再审程序。因申请人的申请不符合受理条件作出的不予受理裁定、立案后发现不符合受理条件作出的驳回申请裁定、对管辖权异议作出的裁定，当事人不服的，可以上诉。

6. 仲裁程序具有保密性，仲裁裁决书不予公开，人民法院审理仲裁司法审查案件审判流程和裁判文书对外公开。

7. 法院依法审理仲裁司法审查案件，对于违反诚实信用原则、滥用权利浪费司法资源等行为，将采取训诫、罚款等方式进行惩戒。

关于印发《北京市第四中级人民法院关于在仲裁司法审查案件中加强防范整治虚假仲裁的工作指引》的通知

各部门：

现将经法院2023年第五次审委会审议通过的《北京市第四中级人民法院关于在仲裁司法审查案件中加强防范整治虚假仲裁的工作指引》予以印发，请各部门抓好贯彻落实。

特此通知

北京市第四中级人民法院

2023年11月10日

北京市第四中级人民法院关于在仲裁司法审查案件中加强防范整治虚假仲裁的工作指引

为进一步加强仲裁司法审查对虚假仲裁的甄别、防范和整治工作，依法履行司法监督职责，有效发挥仲裁司法审查的监督及支持作用，根据《中华人民共和国民法典》《中华人民共和国仲裁法》《中华人民共和国民事诉讼法》《最高人民法院关于适用〈中华人民共和国仲裁法〉若干问题的解释》《最高人民法院关于审理仲裁司法审查案件若干问题的规定》《最高人民法院关于人民法院办理仲裁裁决执行案件若干问题的规定》等规定，结合法院工作实际，制定本指引。

一、提高思想认识，强化责任担当。坚持以习近平新时代中国特色社会主义思想为指导，深入学习贯彻习近平法治思想，依法行使法律赋予的人民法院对仲裁裁决司法监督权，坚持依法审查，防范整治当事人恶意利用仲裁制度采取非法手段谋取不正当利益的行为，督促仲裁机构及仲裁员正确行使职权，切实提升仲裁公信力，保护当事人合法权益，营造公平竞争市场秩序，注重在司法审查工作中大力弘扬诚实守信的社会主义核心价值观，促进社会诚信建设。

二、依法正确履职，做好甄别查处。仲裁当事人单独或者与他人恶意串通，采取伪造证据、虚假陈述等手段，捏造民事案件基本事实，虚构民事纠纷，向仲裁机构提起仲裁请求，损害国家利益、社会公共利益、仲裁相对方或第三方合法权益的，构成虚假仲裁。鉴于撤销仲裁裁决审查程序本身固有的滞后性及法律规定的有限审查规则，在仲裁司法审查程序中，对于撤销仲裁裁决申请人提出的伪造证据等事由，要依法甄别不同情形，对可能存在以伪造证据、捏造事实、虚构法律关系等方式虚假仲裁的，进行严格审查，既要避免部分当事人滥用仲裁司法审查申请权拖延仲裁执行，依法保护对方当事人的合法权益，也要积极、准确识别个别仲裁当事人的非法行为，坚决防止个别仲裁当事人利用不正当手段损害国家利益、社会公共利益或者他人合法权益的行为。

三、聚焦重点事由，把准特征表现。撤销仲裁裁决案件审查期间，对于当事人主张存在虚假仲裁的，应根据案件具体情况，重点围绕证据的客观性、关联性、合法性要求，严格审查证据中是否存在捏造、变造等虚假情形。对发现下列情形的案件，审判人员要提高警惕：仲裁案件缺席审理的；仲裁期间没有实质性对抗的；仲裁参与人之间存在关联关系或其他特殊利害关系的；仲裁期间当事人言行前后矛盾不能自圆其说的；仲裁裁决所依据的主要证据来源不明或不符合常理的；当事人对证据的解释与常理相悖的；当事人申请对仲裁裁决所依据的主要证据进行鉴定，仲裁庭无正当理由未予准予的，以及其他存在伪造证据高度可能性的情形的。

四、依法实质审查，切实履行职责。在案件审查期间，对申请人以“伪造证据”为由申请撤销仲裁裁决的，可向当事人释明举证责任分配规则，严格审查当事人主张的“伪造的证据”与仲裁案件基本事实之间的关联性，并对相应证据的真实性、合法性进行审慎审查，必要时可通知当事人提交原始证据、传唤证人或当事人本人到庭，并在法律允许范围内依职权调查核实。当“伪造证据”相关情形涉嫌构成刑事犯罪时，可向当事人释明其应及时向公安机关报案以查实具体事实，或根据案件具体情况报经相关院庭长审核后以法院名义直接移送公安机关处理。在公安机关立案后，撤销仲裁裁决审查程序应予中止，等待刑事案件侦查结果确定后再行处理。

五、强化领导监督，加强风险防控。对于在案件处理期间已经发现有信访倾向或重大舆情苗头的，应比照“四类案件”管理，切实发挥院庭长的监督指导作用，强化重大敏感案（事）件处置工作，增强政治敏感性，提前排查风险，落实“早发现、早预防、早管控”处置原则，避免因应对失措造成不良后果。案件处理过程中注重发挥集体智慧，对于疑难、复杂案件或一时难以辨别是否构成虚假仲裁的案件，合议庭合议后应及时向院庭长报告，必要时可以由院庭长牵头组织全庭法官会议或跨部门法官会议研究讨论。对于一般性案件，要以文书阅核制为抓手，充分发挥院庭长审判监督管理作用，提升案件质效，加强对裁判可能引发各类风险的预判和防控。

六、延伸审判职能，前移防范关口。撤销仲裁裁决程序属于当事人不满仲裁裁决的事后救济渠道，具有滞后性。在及时总结审判实践经验的基础上，建立与仲裁机构定期或专项沟通机制，通过会商或司法建议等方式，督促、指导仲裁机构建立健全防范虚假仲裁工作指引等规范性文件并落实当事人诚信仲裁承诺等制度。通过协助仲裁机构完善其内部制度建设及仲裁员培训，切实增强仲裁机构及仲裁员对于虚假仲裁的防范意识及甄别能力。积极参与修法，完备制度建设，以仲裁法、相关司法解释修订为契机，积极通过各种渠道向立法机关及最高人民法院建言献策，完善对于虚假仲裁行为的防范及救济制度建设。

七、强化配合协调，形成整治合力。在市委领导与支持下，积极探索与公安机关、检察机关等职能部门相互沟通，共同建立、完善整治虚假仲裁会商合作机制及沟通平台，推动建立程序有序衔接、整治协调配合、制度共商共建的虚假仲裁整治工作格局。对于审判工作中发现伪造证据可能性较大的案件，经审慎研判后可以适当方式移送公安机关，或提请检察机关通过检察监督等方式督促公安机关依法履职，切实实现对虚假仲裁相关犯罪行为的快捷、精准打击。

八、加大打击力度，形成全面震慑。对于仲裁司法审查案件中发现、查实存在虚假仲裁行为的，除依法适用重新仲裁、撤销仲裁裁决等方式对原裁决结果予以纠正外，可适用训诫、通报等方式对存在仲裁欺诈行为的当事人予以制裁，涉嫌构成犯罪的应及时移送公安机关。对仲裁代理人或其他参与人员教唆、参与虚假仲裁的，一并予以司法制裁，涉嫌构成犯罪的及时移送公安机关。对教唆、参与人员是律师或基层法律服务工作者的，应向司法行政机关行业协会发送司法建议，对其作出处理。对教唆、参与人员是仲裁机构工作人员或仲裁员的，应向该仲裁机构发送司法建议，由仲裁机构对其作出处理。

九、加强法治宣传，促进诚信建设。在审查仲裁司法监督案件期间注重发掘和培育防范、整治虚假仲裁的典型案例，并适时以工作通报、白皮书等形式向社会公布，加大宣传力度，宣示虚假仲裁应承担的法律责任，彰显严厉打击虚假仲裁的决心，弘扬诚实信用的社会主义核心价值观。

十、加强队伍建设，提升整治能力。定期总结实践经验，及时组织负责处理仲裁司法审查案件的相关审判人员进行专项培训，将甄别和查处虚假仲裁作为重点培训内容；通过典型案例分析、审判业务交流、庭审观摩、专项评查等多种形式，提高审判人员甄别和认定伪造证据相关情形的业务能力，提升审判质效。严格落实司法责任制，对于经办人员玩忽职守，未依法正确履行职责，导致形成不良社会影响或其他严重后果的，坚决依法依规追究相应责任。

附：相关法条规定

1.《中华人民共和国仲裁法》第五十八条：当事人提出证据证明裁决有下列情形之一的，可以向仲裁委员会所在地的中级人民法院申请撤销裁决：（一）没有仲裁协议的；（二）裁决的事项不属于仲裁协议的范围或者仲裁委员会无权仲裁的；（三）仲裁庭的组成或者仲裁的程序违反法定程序的；（四）裁决所根据的证据是伪造的；（五）对方当事人隐瞒了足以影响公正裁决的证据的；（六）仲裁员在仲裁该案时有索贿受贿，徇私舞弊，枉法裁决行为的。人民法院经组成合议庭审查核实裁决有前款规定情形之一的，应当裁定撤销。人民法院认定该裁决违背社会公共利益的，应当裁定撤销。

2.《最高人民法院关于人民法院办理仲裁裁决执行案件若干问题的规定》第十五条：符合下列条件的，人民法院应当认定为民事诉讼法第二百三十七条第二款第四项规定的“裁决所根据的证据是伪造的”情形：（一）该证据已被仲裁裁决采信；（二）该证据属于认定案件基本事实的主要证据；（三）该证据经查明确属通过捏造、变造、提供虚假证明等非法方式形成或者获取，违反证据的客观性、关联性、合法性要求。

3.《最高人民法院关于人民法院办理仲裁裁决执行案件若干问题的规定》第十六条：符合下列条件的，人民法院应当认定为民事诉讼法第二百三十七条第二款第五项规定的“对方当事人向仲裁机构隐瞒了足以影响公正裁决的证据的”情形：（一）该证据属于认定案件基本事实的主要证据；（二）该证据仅为对方当事人掌握，但未向仲裁庭提交；（三）仲裁过程中知悉存在该证据，且要求对方当事人出示或者请求仲裁庭责令其提交，但对方当事人无正当理由未予出示或者提交。当事人一方在仲裁过程中隐瞒己方掌握的证据，仲裁裁决作出后以己方所隐瞒的证据足以影响公正裁决为由申请不予执行仲裁裁决的，人民法院不予支持。

4.《中华人民共和国民事诉讼法（2023年修正）》第二百四十八条（原第二百三十七条）：对依法设立的仲裁机构的裁决，一方当事人不履行的，对方当事人可以向有管辖权的人民法院申请执行。受申请的人民法院应当执行。被申请人提出证据证明仲裁裁决有下列情形之一的，经人民法院组成合议庭审查核实，裁定不予执行：（一）当事人在合同中没有订有仲裁条款或者事后没有达成书面仲裁协议的；（二）裁决的事项不属于仲裁协议的范围或者仲裁机构无权仲裁的；（三）仲裁庭的组成或者仲裁的程序违反法定程序的；（四）裁决所根据的证据是伪造的；（五）对方当事人向仲裁机构隐瞒了足以影响公正裁决的证据的；（六）仲裁员在仲裁该案时有贪污受贿，徇私舞弊，枉法裁决行为的。人民法院认定执行该裁决违背社会公共利益的，裁定不予执行。裁定书应当送达双方当事人和仲裁机构。仲裁裁决被人民法院裁定不予执行的，当事人可以根据双方达成的书面仲裁协议重新申请仲裁，也可以向人民法院起诉。

线上合同风险多：警惕仲裁协议“被签订”①

秦　晋　朱秋菱

线上教育培训日益火爆，然而受最近几年疫情、政策影响，多家培训机构出现“爆雷”情况。由于线上教育培训中往往存在合同商业性突出、远程授课维权难、学员法律意识不高、涉案人员众多等特点，一旦出现法律纠纷，则极有可能损害广大学员的合法权益。

陆先生是广东一家化工企业公司的工程师，2021 年 6 月 30 日，陆先生在浏览微信推送时，无意看到了中国安全生产网注册安全工程师考试的广告。抱着看一看的想法，陆先生填写了自己的手机号码。当天，某在线教育机构的员工以微信添加好友方式联系了陆先生。

在陆先生与机构老师微信沟通过程中，机构老师热情地介绍公司的服务。为了证明机构的专业性和可靠度，该老师还向陆先生发送了教育机构的营业执照等证明公司实力及真实性的材料。看到陆先生十分心动，该机构老师又趁热打铁说当天报名就会有大额优惠。考虑考取证书后能够提高工作技能和薪资待遇，陆先生第二天就缴纳了 500 元预报名费和 6980 元培训费，参加了该机构开办的 VIP 班。

缴费成功后，陆先生收到该机构的开课短信并网签了电子版的《报名协议》。此后，该教育机构通过快递邮寄了教材和盖有财务章的公司收据复印件。9 月末，陆先生想联系机构老师咨询一下考前学习问题，却发现机构老师怎么也不回消息。陆先生感到十分疑惑，于是赶紧到网上搜了一

---

① 发表于《法律与生活》2022 年第 23 期，题目有更改。

下这家机构，这才发现该机构因部分业务涉嫌刑事犯罪，机构人员已经失联。

一想到公司跑路，自己7000多元的报名费就打了水漂，陆先生马上找到自己当初签订的《报名协议》，准备去法院起诉该机构。这时，陆先生才发现自己签订的《报名协议》第七条第十一项约定了这样一项："任何一方对本协议的内容或履行有争议的，双方应协商解决。协商不成任何一方均有权向××仲裁委员会申请仲裁解决。"

考虑仲裁费与自己的课程费差不多贵，而且案涉机构也已经跑路，就算赢了也不一定能拿回钱，反而还可能多花一笔昂贵的仲裁费，陆先生并不愿意到仲裁机构解决纠纷。于是2021年12月，陆先生和网上认识的其他学员一起向北京市第四中级人民法院提交了确认《报名协议》中仲裁协议无效的申请书。

北京市第四中级人民法院受理后，对案涉仲裁协议内容及协议签订过程进行了详细的审查。法院认为，陆先生所签订的《报名协议》具有事先拟好、反复使用以及在订立合同时未与合同相对方协商的特点，属于格式合同。《民法典》第四百九十六条规定："……提供格式条款的一方未履行提示或者说明义务，致使对方没有注意或者理解与其有重大利害关系的条款的，对方可以主张该条款不成为合同的内容。"争议解决条款是合同的主要条款，属于与当事人有重大利害关系的条款，《报名协议》制定方的教育机构应向合同相对方陆先生履行提示或者说明的义务。

此外，陆先生签订的《报名协议》以普通字体印刷，未以加粗加黑等显著形式予以提醒，而且陆先生通过线上签订协议的方式亦无法证明教育机构尽到了合理的提示说明义务。2022年7月，法院最终裁定，确认《报名协议》中的仲裁协议不成立。

法官说法：重视争议解决方式，避免发生争议后才意识到"被签订"了仲裁协议。

本案承办法官朱秋菱认为，争议解决方式是合同中非常重要的组成部分，与合同签订双方的权益息息相关。虽然仲裁和诉讼都是法律规定的争议解决方式，但是两者有诸多不同。仲裁的优点是便捷高效，但是缺点是维权成本较高，法定救济渠道相对较少。诉讼的优点是维权成本较低、纠错机制较为完善，但不具备仲裁“一裁终局”的优点，因此选择争议解决方式的时候，要充分考虑维权成本、维权能力、维权效率的需求，这样才能作出符合己方利益的争议解决方式。

生活中，大家往往对诉讼与仲裁的法律后果没有具体的认知，签订合同时不重视争议解决条款。本案的陆先生在通过网络签订了线上《报名协议》，将关注点放在了课程设置等内容，对仲裁条款看见了，但因不具备相关法律知识，没有提出异议，也没有要求培训机构进行解释说明，更加没有想到，这个条款在教育机构因各种原因“跑路”之后，成了自己诉讼维权路上的障碍。

每个人在生活中都可能因购买服务、商品与他人或公司签订合同，因此，法官提醒大家，签订合同时一定要重视争议解决方式的约定，尤其是合同双方在法律知识储备确有能力差别时，一定要更加关注对方起草的合同中是否具有仲裁协议。如果不想通过仲裁解决争议，也务必提前提出，在合同签订前及时变更或者与对方协商能否删除该条款。若等到发生争议时再提出不认可仲裁方式解决争议，则只能提请法院确认仲裁协议无效，既耽误维权时间，又增加维权成本。

选择仲裁方式解决争议，需要注意很多法律事项。首先，要准确、清晰地签订仲裁协议，避免语言表述歧义而引发仲裁条款效力的争议。仲裁协议是仲裁机构受理案件的前提，在签订合同时，应当以书面方式明确约定纠纷解决方式。为确保仲裁协议的准确性，有的当事人会对仲裁条款加以详细扩充，如约定具体的仲裁规则、仲裁员、仲裁地点等，但扩充时一定要准确，毫无歧义，否则就是画蛇添足。例如，在选定的仲裁机构前加了限定词“甲方住所地”，但是甲方随后发生了搬迁，这个“甲方住所地”本来起到的是仲裁机构的强化作用，最终却造成了仲裁机构选择上的争议。

其次，要注意保存好合同谈判、履行、终止的相关证据材料。随着电子合同的兴起，合同已经不再局限于纸质形式。法院或仲裁机构在应对合同签订形式的变化时，不得不跟随时代发展更加重视通过合同谈判、履行、终止的相关证据材料查明“真实意思表示”。在比较复杂的交易中，双方的法律成果最终将体现为一系列签署的合同交易文本。但合同谈判、履行、终止的相关证据材料能够反映双方磋商及履行的实际内容，对于申请人在庭审中证明自己的“真实意思表示”有重要作用。

最后，法官提示合同签订各方，要本着诚信、自愿的原则选择仲裁方式解决争议，要合法、理性、客观地维权。在签订合同之前要审慎、全面地阅读、审查合同内容。个别商家试图通过格式条款排除消费者通过诉讼来解决消费争议的权利，如本案中的教育机构对仲裁条款没有通过加黑加粗等方式进行合理提示说明，或单方面公告变更原合同中诉讼的解决纠纷方式为仲裁。上述行为并不合法，签订合同的时候，可以对这样的条款说“不”。

用户协议里的“仲裁”意味着什么[①]

秦 晋

近日，某相亲网站因在用户协议中约定“发生纠纷或争议，首先应友好协商，协商不成的，提交北京仲裁委员会按照该会仲裁规则仲裁解决”，被市场监管局认定属于“排除消费者提起诉讼的权利”，对其处以 1 万元罚款。实际上，一些视频平台、音乐平台及汽车销售平台，均发生过类似情况。那么用户协议中所提到的“仲裁”到底是什么？约定的仲裁条款又会对我们产生什么样的法律效力？约定仲裁条款时我们应该注意哪些问题呢？

一、虽同为纠纷解决方式，仲裁与诉讼仍有本质区别

仲裁和诉讼，都是一种纠纷解决方式。人们可以到仲裁委员会请求对生活中发生的合同纠纷或者其他财产权益纠纷进行仲裁。仲裁委员会一般设置在省、自治区、直辖市人民政府所在的市，北京市目前设有北京仲裁委员会和中国国际经济贸易仲裁委员会两家商事仲裁机构。同时设有中国海事仲裁委员会，该会为专门解决海事纠纷的仲裁机构。

相较于仲裁，大家可能对法院的诉讼更熟悉。虽然仲裁和诉讼都是解决纠纷的方式，但有本质区别。首先，仲裁的双方为申请人、被申请人，与诉讼中原、被告的称谓并不相同；其次，仲裁为一裁终局，而诉讼除一审外，还可能经历二审、再审等程序，这意味着仲裁裁决书送达后即发生

---

① 发表于《北京日报》2022 年 10 月 12 日，第 14 版。

法律效力，仲裁纠纷解决的时间周期就会短于诉讼；最后，申请仲裁要基于双方当事人之间的仲裁协议，也就是双方对发生纠纷均同意通过仲裁来解决的一种约定条款，双方当事人既可以基于事先订立的仲裁协议请求仲裁，也可以临时达成仲裁协议。关于仲裁机构的选择问题，当事人可以从全国所有的仲裁机构中选择自己信任又方便参与的仲裁机构，还可以从仲裁委提供的仲裁员名册中自由选择自己信任的仲裁员，而诉讼只能依据案件管辖相关法律规定去有管辖权的人民法院起诉。除此之外，仲裁与诉讼还有一个较为明显的不同，那就是仲裁的庭审过程和仲裁裁决书不予公开，这与诉讼的审判流程和裁判文书公开的原则有本质区别。因此，仲裁能够较好地保护当事人的商业秘密、商业信誉。综上可见，仲裁与诉讼相比，体现出较强的便捷性、自主性、保密性等特点。

值得注意的是，仲裁协议的形式是十分严格的。根据《仲裁法》第十六条、第十八条的规定，仲裁协议双方必须具备将纠纷提交仲裁解决的意思表示，也就是对仲裁这一形式达成合意。前文中的婚恋网站通过格式条款的方式单方面约定仲裁为与网站用户间纠纷的解决方式，不能确定其是否对此尽到了提示义务、取得了用户的同意，因此被认定为排除了消费者提起诉讼的权利。此外，仲裁协议中还应载明仲裁事项和选定的仲裁委员会。许多当事人本有意愿将纠纷提交仲裁，但因内容要素欠缺而导致仲裁协议无效，违背了当事人申请仲裁的最初意愿。譬如，合同的争议解决条款为“如发生争议，可向某法院起诉，也可以向某仲裁委员会申请仲裁”时，因或诉或裁只能选择其一，这样的约定条款则为无效的仲裁协议。

仲裁相较于诉讼，具有一定的优势，那么是否发生任何纠纷都可以诉诸仲裁委解决呢？实际上，仲裁机构的受案范围有一定限制，依据《仲裁法》第二条、第三条的规定，仲裁能够受理民商、经济类纠纷，如买卖合同纠纷、金融借款纠纷、投资理财纠纷等，并不受理婚姻、抚养、继承等纠纷，也不受理刑事、行政案件。如果是仲裁机构受案范围之外的案件，就只能到法院起诉“打官司”了。

除此之外，还有两点因素会影响当事人是否选择仲裁作为纠纷解决的方式：一是仲裁一裁终局在快捷方便的同时，失去了诉讼案件二审、再审的监督作用，当事人即便不服仲裁裁决结果，也需要接受一裁终局的规则；二是仲裁收费较高，生活中常见的买卖合同、租赁合同、借款合同标的额一般较小，仲裁机构收费标准起点一般要数千元，而法院财产类案件诉讼费起收点仅为50元，北京法院发布的新规甚至将2022年9月1日以后小额诉讼程序审理的案件诉讼费降为10元。目前仲裁机构的收费标准也没有针对小额标的的特殊收费标准，虽然仲裁费原则上由败诉方承担，但即便是事先垫付，一下子拿出数千上万元的仲裁费，对于老百姓来说仍有一定困难。

由此可见，虽然仲裁和诉讼在法律效果上具有相似性，但是人们还是要根据纠纷的具体情况、对解纷经济成本的预估、对有关信息保密的需求以及预期解决纠纷的速度进行合理的评估选择。

此外，提到仲裁，还有一个名字中也包含“仲裁”的争议解决方式，那就是劳动仲裁。虽然都是“仲裁”，但是两者关系并不大。就受案范围而言，劳动仲裁审理的是劳动争议案件，而仲裁审理的是合同纠纷和其他财产权益纠纷。如果发生了劳动争议之外的经济纠纷希望通过仲裁解决，则应该到仲裁委员会申请而非到劳动仲裁委员会申请。

二、约定仲裁仍可获司法救济，但需具备“法定情形”

法律规定仲裁并没有“二审”“再审”这样的监督程序，仲裁裁决作出后，当事人就同一纠纷申请仲裁或向法院起诉的，仲裁委员会或人民法院将不予受理。如果在仲裁过程中仲裁庭行使仲裁权违反法律规定的程序，而使我们的合法权利遭受损害，我们该怎样对自己的权利进行救济呢？这个时候就要提到一种程序，即仲裁司法审查程序。仲裁司法审查是司法对仲裁进行支持和监督的程序，在仲裁程序不当运行的时候对仲裁当事人合法权利进行恢复和弥补。通过仲裁司法审查程序既能够对合法仲裁予以保障和支持，又能够对违反法定事由的仲裁进行监督。

《民事诉讼法》《仲裁法》《最高人民法院关于人民法院办理仲裁裁决执行案件若干问题的规定》中规定了确认仲裁协议无效、撤销仲裁裁决、不予执行仲裁裁决等仲裁司法审查案件类型。当事人在仲裁第一次开庭前对仲裁协议效力存在异议，可以向法院申请确认仲裁协议效力；在仲裁委作出仲裁裁决后当事人认为仲裁裁决存在法定可撤销或裁决执行可能侵害自身合法权益的情况，当事人可以申请撤销仲裁裁决或不予执行仲裁裁决。

在仲裁庭首次开庭前，当事人如果认为仲裁协议效力存在异议，如仲裁协议无效、未成立，仲裁机构约定不明，约定仲裁协议属于可仲裁可诉讼条款，仲裁协议对当事人不发生法律约束力等情况，可请求仲裁委或法院确认仲裁协议效力。比较特殊的是，仲裁条款具有独立性，是独立于合同本身的，只要仲裁协议具备法定内容且不存在法定无效的情形，无论合同是否有效、成立，均不影响仲裁协议本身的效力。

在仲裁裁决作出后，如果当事人认为仲裁案件存在双方没有仲裁协议、超出仲裁协议范围、违反法定程序、隐瞒足以影响公正裁决的证据或伪造证据、违背社会公共利益等情况时，可以向法院请求撤销仲裁裁决。需要特别注意的是，仲裁司法审查承担的是对仲裁程序、仲裁员品德以及是否违反社会公共利益的监督，并不承担对裁决争议实体纠错的功能，所以撤销仲裁裁决案件的审查范围仅局限于前述的五种法定事由。

另外，仲裁司法审查程序也为仲裁裁决的被执行人、案外人提供了救济通道。如果被执行人、案外人认为仲裁裁决的执行侵害了自身的权利或利益，可以向被执行人住所地的中级人民法院或者被执行财产所在地中级人民法院申请不予执行，不予执行仲裁裁决的法定事由和审查标准与撤销仲裁裁决的法定事由和审查标准相同。应当注意的是，申请人所主张的合法权益所涉及的执行标的应当是没有执行终结的标的，如果申请人希望阻却的执行标的已经执行结束了，那么就不可以再申请不予执行仲裁裁决。

三、想要仲裁维权更顺畅，应着重关注合同交易细节

鉴于仲裁对于商事纠纷解决的各种优势，相较于小额纠纷，大标的额交易的双方尤其是商事主体采用仲裁化解纠纷的意愿则更为明显。此外，人们在生活中签订的某些合同里也会基于各种考虑约定仲裁为解决纠纷的方式。为了更好地让仲裁为大家所用，在约定仲裁前，应重点把握仲裁法

律后果、仲裁协议内容、合同证据留存、当事人法律关系等交易细节，以使后续的纠纷解决过程更加顺畅。

首先，应当认识到争议解决方式的选择对于纠纷发生后自身利益的保护是非常重要的，要慎重对待。在期待仲裁高效、便捷、优质的法律服务的同时要全面熟悉仲裁规则、民事诉讼法相关规定，认真评估仲裁与诉讼可能产生的结果。同时，要特别注意“仲裁一裁终局”，法院无权对仲裁实体问题进行监督审查，仅能够对法定事由进行监督，不能将仲裁司法审查当作选择仲裁后的“后悔药”。

其次，要正确订立仲裁协议，避免纠纷发生时被对方找到漏洞，引发异议。仲裁协议是仲裁机构受理案件的必备文件，人们在签订合同时，应当以书面的方式明确约定纠纷解决方式。为充分保障各方当事人的最大利益，还要对仲裁条款加以详细扩充，如约定具体的仲裁规则、仲裁员、仲裁地点等，使仲裁协议更具完整性。对可能提出的管辖权异议、仲裁协议效力异议做好风险预判和准备，从而在协议中尽量表述周全。

再次，要综合考虑商事交易中各合同间的具体事实情况，厘清多个当事人间的法律关系。一般情况下，仲裁协议只对协议签字方有效，但未在仲裁协议签字的当事人也有可能受到仲裁协议的约束，如债权转让的受让者、法定继承人等。考虑现实中交易的复杂性，一个项目往往涉及多个主体、多份合同、多层法律关系。当涉及复杂交易时，应至少从时间先后顺序、具体标的、主体间关系三个方面具体分析，厘清关系，设定恰当的争议解决方式。此外，还需注意提示、要求相关方及时披露和告知是否存在仲裁协议情况，避免不知情的情况下“被签订”仲裁协议。

复次，要注意保存好与合同谈判、履行、终止的相关证据材料。随着仲裁协议不仅限于“书面形式”的发展趋势，当出现争议时法院或仲裁庭更加重视通过与合同谈判、履行、终止的相关证据材料查明“真实意思表示”。在比较复杂的交易中，双方的法律成果最终将体现为一系列签署的合同交易文本。但与合同谈判、履行、终止的相关证据材料能够反映双方磋商及履行的实际内容，对于申请人在庭审中证明自己的“真实意思表示”有重要作用。

最后，要诚信自愿仲裁，合理合法维权。当事人在签订合同时应当审慎、全面审查合同内容，合同订立后受其约束。在日常生活中，极个别商家试图通过格式条款排除消费者通过诉讼来解决消费争议的权利，如对于仲裁条款没有通过加黑加粗等方式进行合理提示说明，或单方面公告变更原合同中诉讼的解纷方式为仲裁。作为消费者个人来说，在订立合同时应加以注意。部分当事人还存在滥用仲裁司法审查程序，故意拖延时间的情况，对此，人民法院也将根据案件的具体情况采取不予再次立案、在文书中予以批评教育、发送司法建议甚至罚款等方式予以规制，引导当事人依法正确行使权利。

职能延伸

仲裁司法审查期间不仅需要注重对个案处理的判断，也要积极发挥仲裁司法审查对于仲裁制度的形塑作用。北京市第四中级人民法院在履职期间，坚持对仲裁监督与支持并重的原则，注重对于个案中发现的具有普遍意义的问题及时与相关仲裁机构进行沟通，协助仲裁机构完善其内部管理，进一步提升仲裁的公信力和执行力，促进仲裁事业的发展。

四中法建〔2022〕1号司法建议书及相应复函

北京市第四中级人民法院
司法建议书

四中法建〔2022〕1号

某仲裁委员会：

法院在审理申请人某科技公司与被申请人某文化公司申请撤销仲裁裁决一案中，发现某文化公司选定的仲裁员在仲裁开庭前未主动充分披露其任职信息，该仲裁员与某文化公司存在可能影响公正裁决的关系，该案已于2021年6月21日由贵委重新仲裁。

另，法院在审理申请人某煤矿与被申请人某工贸公司等申请撤销仲裁裁决一案中，申请人主张其选定的仲裁员与己方代理人等人在仲裁审理期间有聚餐、讨论仲裁案涉合同的相关问题的情形。法院在审理时在充分尊重被申请人不同意撤销仲裁裁决的意见前提下，考虑到申请人在仲裁程序中对该仲裁员的行为以及应予回避事由已知晓，而怠于行使提出回避申请的权利。综合全案情况后，法院最终驳回申请人的申请。

以上两案反映出仲裁员未按照仲裁规则要求充分履行信息披露义务以及可能存在违规接受当事人宴请、存在利害关系的问题，应引起贵委重视。针对上述问题，法院建议如下：

一、仲裁员信息披露制度是当事人知悉仲裁员基本情况的重要途径，仲裁员接受选定或指定时有义务书面披露可能引起当事人对其公正性或独立性产生合理怀疑的任何事由。贵委《仲裁员守则》列举了仲裁员应披露事项，但实践中仲裁员基于其可能存在的多种身份、职业、社会活动等因素，在面对具体案件时可能难以厘清应回避事项的边界。建议贵委进一步重视对仲裁员披露事项的细化规定，加强提高仲裁员对履行信息披露义务重要性的认识，督促仲裁员充分明确地向当事人披露相关信息，以避免因信息披露不完整而引发的当事人合理怀疑和不满情绪，减少此类申请撤销仲裁裁决纠纷的增多，增强仲裁的公信力。

二、进一步规范仲裁员与当事人的接触交往，严格办案纪律。仲裁员的形象对仲裁的公信力有重要影响，建议贵委加强对仲裁员执行《仲裁员守则》等制度规则的监督检查，充分利用仲裁员会议或培训活动，不断加强对仲裁员的监督和管理，切实杜绝仲裁员存在的与其身份不符的违法违纪办案、吃请受贿等现象，及时对仲裁员中出现的违纪行为合法依规进行处理，以更好树立仲裁员公正廉洁的办案形象，维护仲裁声誉。

三、规范仲裁员选任制度。仲裁机构对当事人选任仲裁员进行适当审查，便于提高当事人在具体案件选任仲裁员的专业标准；加强对仲裁员政治素质、专业素质、法律素质及职业道德等方面进行考核、培训，不断优化仲裁员队伍。

望贵委参考建议开展相关工作，并将有关措施及时反馈法院。

此致

北京市第四中级人民法院

二〇二二年三月十八日

关于四中法建〔2022〕1号《司法建议书》的复函

北京市第四中级人民法院：

贵院四中法建〔2022〕1号《司法建议书》已收悉。就贵院在该建议书中所提及的相关问题和就此提出的专业建议，本会高度重视，迅速采取措施，开展了相关的调查、核实及整改工作，现就有关处理措施汇报如下。

一、关于某号案处理情况

2020 年 12 月 18 日，本会通过公开的裁判文书了解到相关情况后，认为如果当事人在该撤销仲裁裁决案件中所述情况属实，则该仲裁员的行为属于严重违反本会仲裁员管理纪律的情形，故第一时间与该案仲裁员本人进行联系核实，仲裁员对于当事人在撤销仲裁裁决案件中所陈述的其与选定其一方当事人在仲裁审理期间有聚餐、讨论仲裁涉案合同的情况予以坚决否认，并要求与当事人进行对质，同时同意本会启动调查。

2020 年 12 月 23 日，本会将有关情况向纪律委员会作了汇报，纪律委员会决定启动调查程序。在纪律委员会调查过程中，仲裁员由于其他个人原因涉刑被羁押，主动辞去本会仲裁员的身份，调查程序因故终止。但对于此案中可能存在的违反仲裁员纪律的问题，本会予以高度关注，在 2021 年 3 月 27 日的年度仲裁员恳谈会上，办公室领导专门通报了此案，提醒本会全体仲裁员对此予以充分注意，并在 2022 年 4 月 10 日仲裁员恳谈会上再次结合《司法建议书》的内容，重申了仲裁员纪律，强调对于违反仲裁员守则的行为，本会采取“零容忍”的态度，发现一起，处理一起。

二、关于某号案处理情况

本会在当事人申请撤销仲裁裁决期间，收到贵院的《调查函》后，立即开展了相关的核实工作。经核实，该案仲裁员认为，当事人所提事项，不属于《中华人民共和国仲裁法》《北京仲裁委员会仲裁规则》所规定的应当回避的情形以及《北京仲裁委员会仲裁员回避与信息披露指引（2019 年 10 月 22 日试行）》（以下称《披露指引（试行）》）所规定的必须披露的情形；同时，当事人在整个仲裁程序中，并未申请其回避。

但是，为更好地保障当事人的合法权益，本会与该案仲裁庭进行了积极沟通，仲裁庭就该案同意重新仲裁，重新仲裁程序启动后，上述仲裁员主动退出案件审理，该案进行了重新组庭。目前该案还在审理过程中。

本会在调查与沟通过程中，注意到有关仲裁员信息披露的问题在实践中广泛存在，尤其是在国家大力发展多元化纠纷解决机制、加强仲裁公信力建设的背景下，当事人对于仲裁员独立性、公正性的要求越来越严格。本会在2019年推出了《披露指引（试行）》，有效明确了仲裁员的披露义务与披露范围，但在仲裁实践飞速发展的态势下，现有的《披露指引（试行）》仍存在不完善、不健全的地方。本会也结合该案所反映出来的现有仲裁员信息披露制度中的模糊地带，及时修订完善了相关制度。

同时，在2022年4月10日举办的年度仲裁员恳谈会上，办公室领导再一次强调了信息披露的重要意义，要求仲裁员秉持审慎态度严格执行披露程序，以维护仲裁的公信力。

三、本会就贵院司法建议的工作开展情况

关于贵院在《司法建议书》中所提建议，本会认为非常及时，切中肯綮，具有很强的指导意义，本会已经采取如下措施以加强仲裁员选任及管理。

（一）进一步规范仲裁员信息披露制度

就某号案所反映出的新问题，本会于2021年下半年迅速组织人员成立专门的“信息披露指引修订项目小组”，开展深入研究，在认真学习贵院《仲裁司法审查案件审理规范指南》、广泛征求各方意见并深刻总结《披露指引（试行）》施行后仲裁实践及司法监督过程中所出现的新问题的基础上，形成了《仲裁员回避与信息披露指引（2021年修订）》（以下称《披露指引（2021修订）》），并于2022年新年伊始向全体仲裁员进行发布。

《披露指引（2021修订）》回应了《披露指引（试行）》施行以来，有关仲裁员信息披露问题的现实关切，对于仲裁员应当披露事项予以进一步细化，扩充了明确需要披露的信息疆域；同时重申了当仲裁员对于特定情形是否应当予以披露存在疑问时，则应当进行相应的披露。

（二）进一步严格办案纪律

2021年2月，本会根据《仲裁员守则》《仲裁员聘用管理办法》等规范要求，制定了《关于仲裁程序中异常情况报告制度》（以下简称报告办

法）并向全体仲裁员进行了发布。报告办法规定，就仲裁程序进行过程中出现的异常情况（例如裁决结果对一方当事人不利，该方当事人选定的仲裁员在合理期限内未对裁决初稿发表意见等），由相关人员向办公室进行汇报，办公室采取约谈仲裁员、向纪律委员会通报，由纪律委员会决定是否启动调查程序等措施，进一步规范仲裁员行为，确保仲裁公正、独立进行。

同时，本会在日常工作中，继续完善仲裁员管理制度，加强对仲裁员政治素质及职业道德等方面的考核。2021年起，本会坚持每个季度进行仲裁员负面信息（如仲裁员开庭迟到、着装不规范等问题）的收集，将收集的信息进行汇总研究，并多次在本会仲裁员工作微信群中和仲裁员恳谈会上对近期出现的特殊情况予以通报和提醒，对问题较大的仲裁员由办公室领导出面约谈，以促进仲裁员勤勉、高效、专业地完成案件办理工作。

（三）进一步规范仲裁员选任制度

2021年，本会组织修订了《仲裁员推荐与指定办法》，对仲裁员指定机制进行了较大改革。就争议金额1000万元以上大标的案件，由仲裁员提名小组进行集体讨论确定拟提名仲裁员人选，在不影响案件处理效率和质量的前提下，进一步提升指定工作的规范性、专业性。

与此同时，在案件办理工作持续高位运行的情况下，本会也坚持以仲裁员沙龙、内部会议等活动形式为契机，持续为仲裁员在程序把控和专业领域方面的提升提供各类培训机会，以期提高仲裁员的执业素养，优化仲裁员专业队伍。

仲裁的健康发展，离不开司法的支持与监督。感谢贵院多年来对本会工作的关爱和支持，本会将继续以实际行动，通过不断完善仲裁程序管理、仲裁员队伍建设等事项，和贵院共同为服务北京“两区”建设、优化首都营商环境、将北京打造为“国际仲裁中心”贡献力量。

2022年4月11日

四中法建〔2022〕003号司法建议书及相应复函

北京市第四中级人民法院
司法建议书

四中法建〔2022〕003号

某仲裁委员会：

2020年以来，法院先后受理三件某集团公司申请撤销仲裁裁决案件，案号为（2020）京04民特183号、（2021）京04民特382号、（2021）京04民特383号，涉及你会作出的仲裁裁决书（裁决书文号略）。上述三案均涉及某集团公司收购其他公司股权（采矿权）纠纷，经法院审查并向上级法院请示报核，均依法裁定撤销仲裁裁决。在审查过程中，法院发现仲裁庭在审理仲裁案件中，存在以下问题：

一、当事人以对案件事实认定产生重大影响的在先行政复议程序待作出为由提出中止申请，仲裁程序未中止并径行作出裁决，导致对案件事实认定发生颠覆性错误，裁决结果严重影响当事人实体权利。在申请人某集团公司与被申请人张某等撤销仲裁裁决一案中，仲裁裁决书归纳案件争议焦点是涉案两宗探矿权是否灭失。在仲裁过程中，探矿权所有人对吉林省国土资源厅作出的两宗探矿权废止公告提出行政复议，自然资源部已受理行政复议申请，据此，案涉两宗探矿权是否灭失的事实处于不确定状态。某集团公司多次提出中止仲裁的申请，但仲裁庭并未中止审理，径行作出裁决。裁决作出后，自然资源部作出行政复议决定书，撤销吉林省国土资源厅的废止通知，并重新颁发案涉探矿权许可证。仲裁庭未考虑行政复议结果，对案件事实认定产生重大影响，未中止程序直接影响案件的公正裁决。

二、案涉合同涉及刑事犯罪，合同内容、订立与生效刑事判决书认定的行贿受贿犯罪行为直接相关，仲裁裁决仍认定合同有效，违反社会公共利益。在申请人某集团公司等与被申请人李某等申请撤销仲裁裁决两案中，经审查，在仲裁立案前，铁岭市中级人民法院即作出刑事判决书，判决李某犯单位行贿罪并处有期徒刑。刑事判决书查明事实确认李某作为某矿实际控制人，指使工作人员实行以造假方法虚构金矿储量，并通过行贿某集团公司高管，使含金储量不足的金矿被收购。而案涉《股权转让合同》股权转让款数额以某矿虚构的黄金储量为交易基础，合同双方高管对此明知，通过李某和某集团公司高管的行贿受贿行为签订《股权转让合同》，属于恶意串通损害收购方某集团公司的利益。已生效刑事判决书对于行贿受贿事实明确认定，仲裁庭仍认定《股权转让合同》合法有效，裁决结果违反社会公共利益。

针对上述问题，建议你会从以下方面加以完善和改进：

第一，建议对仲裁程序中止情形予以明确。细化仲裁程序中止的详细规则，增加仲裁程序中止的具体情形，并增加中止程序的兜底条款。仲裁委员会和仲裁庭决定是否中止程序应当作出合理判断，以保证自由裁量权行使存在一定边界，保证仲裁案件的公正裁决。

第二，建议加强对敏感案件、疑难复杂案件专业研究，统一裁决尺度。对于标的额大、涉及刑事犯罪、具有较大争议的案件，特别是涉及刑事犯罪的仲裁案件，建议你会加强研究研判，遵循刑民交叉案件处理原则，综合案件全部事实作出裁判或处理。

第三，建议加强对仲裁员的培训和管理，明确仲裁规则的统一理解适用。特别重视仲裁程序中当事人合法权益的保护、案件裁决结果的价值导向和社会效果，以维护仲裁裁决的权威性。

你会是国际性仲裁权威机构，在国际和国内仲裁领域享有声誉，在维护当事人合法权益，打造市场化、法治化、国际化的营商环境，提高中国仲裁的国际影响力等方面具有重要作用。希继续通过专业性、权威性的仲裁裁决引导公众形成正确的价值取向和行为标准，维护社会公共利益与公序良俗，倡导社会主义核心价值观，推动仲裁事业迈上新台阶，助力法治中国建设。

以上建议妥否请你会研究，并将结果函告法院。

北京市第四中级人民法院

二〇二二年四月二十五日

有关司法建议书的复函

北京市第四中级人民法院：

贵院《司法建议书》（四中法建〔2022〕003 号）收悉。我会高度重视相应三案仲裁裁决被依法裁定撤销有关情况。围绕撤裁的具体事由，我会对相关案件进行专项调查，通过调阅裁决、核查案卷、询问仲裁庭等方式，就相关程序和实体问题进行了全面的检视分析。贵院《司法建议书》所提建议对于完善我会仲裁规则、优化案件管理具有积极的指导意义。经认真研究，现将我会拟采取的举措回复如下：

一、进一步完善仲裁程序中止规则

在仲裁程序中，程序中止问题事关当事人实体权利与程序权利的保护、仲裁公平性与高效性价值的平衡，在个案处理时具有一定复杂性，需要结合具体情况稳妥处理。

为增强规则理解与适用上的透明度和一致性，引导仲裁庭审慎合理地行使自由裁量权，我会将在总结实践经验的基础上，结合《最高人民法院关于确认仲裁协议效力几个问题的批复》和《民事诉讼法》中规定的法定中止情形，通过规则修改或制定规则指引等方式对中止程序的具体情形予以明确；并将着重提醒仲裁庭对于仲裁程序中涉及的民刑、民行交叉程序，特别是对仲裁审理和裁决可能产生重大影响的先决程序加强分析研判，做到准确识别和充分考量，以确保公正裁决作为处理程序问题的判断依据。

二、进一步加强对敏感案件、疑难复杂案件专业研究，促进裁决尺度的统一

近年来，我会受理的标的巨大、社会关注度高的敏感案件、疑难复杂案件数量显著增多，个案所涉争议问题有些在裁判实务界和学理界尚未形成定论。

我会将进一步加强对于敏感案件、疑难复杂案件，特别是涉及民刑交叉案件中热点问题的专题研究，重点完善类案裁决的核阅制度与协调机制，持续推进类案裁决尺度的统一；在保障仲裁庭独立裁决的前提下，适时提醒仲裁庭提高对于裁决结果潜在价值导向和社会影响的关注，确保裁决的权威性和公信力。

三、进一步加强对仲裁员的培训和管理，统一规则的理解与适用

我会始终高度重视并将持续加强对仲裁员的培训与管理，今后将深入开展仲裁规则理解与适用方面的培训，强化仲裁员对于程序管理的主动性，增进仲裁员对于规则适用的一致性，提升仲裁员对于重要程序事项和关键实体问题的处理能力。

长期以来，贵院根据《仲裁法》和最高院相关司法解释，以仲裁友好型的司法审查准则，为我会仲裁工作提供了有力支持。我会高度重视与贵院之间建立健全长效沟通机制，希冀与贵院继续加强沟通交流，就个案的撤裁或重裁审查形成专案专项沟通机制，就司法审查中产生的共性问题形成定期会商研讨机制，以进一步增进双方了解与信任，共同优化市场化法治化国际化营商环境，助力中国仲裁事业行稳致远。

2022年6月22日

四中法建〔2022〕009号司法建议书及相应复函

北京市第四中级人民法院
司法建议书

四中法建〔2022〕009号

某仲裁委员会：

今年以来，法院新受理申请撤销仲裁裁决案件528件，其中，当事人提出仲裁程序违反法定程序案件占比83.9%。近日，法院审理的申请人某茶叶公司与被申请人某投资公司申请撤销仲裁裁决案、申请人某果品公司与被申请人某仓储公司申请撤销仲裁裁决案，均存在仲裁送达程序违反仲裁规则的情形，法院分别以撤销仲裁裁决、建议仲裁庭重新仲裁的方式审结两案。法院办案中发现你会在仲裁送达程序中存在以下问题，应予重视：

第一，仲裁送达缺乏对仲裁当事人提供送达地址的基本审查与核实。你会作出的（2019）第某号案中，仲裁被申请人某茶叶公司的公司名称、工商注册地址以及法定代表人在仲裁前均发生变更，对外产生公示效力。你会受理该案后，依据仲裁申请人提供的被申请人原地址、原名称进行送达，并在邮寄送达以“原址查无此人、电话不通”退回的情况下，仍将该地址作为“最后一个为人所知的地址”进行送达。你会完全依赖仲裁申请人提供的地址，未对仲裁当事人对外公示的信息进行基本核查，导致当事人未收到仲裁通知等全部仲裁文件，未能参加仲裁程序，严重影响当事人程序权利的行使，影响仲裁案件的公正裁决。

第二，仲裁送达程序未遵循基本的仲裁规则。你会作出的（2021）第某号案中，某果品公司与某仓储公司签订的《房屋租赁合同》中明确约定了某果品公司的有效送达地址，但仲裁送达中既未向该合同约定地址送达，亦未向公司工商注册地址送达，而以仲裁被申请人离职员工微信聊天中涉及的地址进行送达。此举违反了你会《仲裁规则》第八条第（二）款之规定，对仲裁当事人送达地址的选择违反了上述规则顺序，仲裁送达规则均未得到遵循，仲裁程序违反法定程序。

第三，仲裁规则对“收件人最后一个为人所知的营业地、注册地、住所地、惯常居住地或通讯地址”的地址确认缺乏统一明确标准。在上述（2021）第某号案中，仲裁送达对于仲裁被申请人“最后一个为人所知的地址”确认依据是仲裁申请人提交的报纸报道及网页信息。在仲裁送达程序中，“收件人最后一个为人所知的地址”具有兜底性质，惯常作为公证送达的地址，此地址确认在送达程序中具有重要地位，该地址确认的不严谨性严重影响仲裁送达有效性。

法院针对以上问题提出建议如下，以期规范仲裁送达程序。

第一，仲裁送达程序应严格遵循基本的仲裁规则。仲裁送达程序应向仲裁当事人自行提供的地址、当事人约定地址进行送达，当事人未提供地址或当事人对地址没有约定，按照对方当事人提供的地址送达，包括收件人的营业地、注册地、住所地、惯常居住地或通讯地址等。特别是对仲裁当事人其他地址未成功送达的情形下，对送达地址的确认首选合同约定地址、公司工商注册地址等。

第二，对于仲裁送达地址进行必要审查和查询。根据最高人民法院关于黑龙江鸿昌国际货物运输代理有限公司申请撤销中国海事仲裁委员会仲裁裁决案的复函（〔2003〕民四他字第32号），仲裁机构未按当事人变更登记的经营地址进行送达，属程序违法。在仲裁送达中，对于仲裁申请人提供的对方当事人送达地址，你会应针对自然人的户籍地址、公司工商注册地址进行初步审查核实。户籍地址信息与工商注册地址均具有社会公示效应，送达前必要形式审查可以避免因仲裁申请人提供虚假信息、错误信息导致的仲裁送达失败。

第三，确认“最后一个为人所知的营业地、注册地、住所地、惯常居住地或通讯地址”，应统一明确标准，进行充分的具体说明。该地址确认是仲裁送达的兜底方式，首先以具有社会公示效应的户籍地址、工商注册地址及合同约定地址为主要考虑因素，对于其他地址的选择应针对地址来源、送达可行性进行具体说明，尽最大可能性确保送达成功。

你会作为在全球有重要影响力的国际商事争端解决机构，正致力于全方位、高标准提高仲裁水平，不断提升国际公信力和影响力。请你会不断提升仲裁程序的规范化，维护当事人程序权利和实体权益，以高质量发展的仲裁工作，助力北京国际商事仲裁中心建设。

以上建议请你会研究，并将结果函告法院。

北京市第四中级人民法院
二〇二二年十一月十七日

有关司法建议书复函

北京市第四中级人民法院：

贵院司法建议书（四中法建〔2022〕009 号）收悉。司法建议书涉及的两个案件因送达程序违反仲裁规则，被依法裁定撤销仲裁裁决、重新仲裁，反映出我会在仲裁送达程序管理中存在不足，迫切需要进一步改进。司法建议书提出的问题建议具体、中肯，对于我会完善送达规则、规范送达工作具有很强的指导意义。近期，我会已对照司法建议书，对所有在办案件送达情况进行了集中排查、自查自纠。

送达问题是商事仲裁程序管理中极为重要的事项，直接关系到仲裁制度的程序正义与实质公平。基于司法审查和案件核查中发现的相关问题，我会经过内部多番调研、讨论，认真吸收贵院提出的专业建议，研究制定了《仲裁送达工作指引》（自 2022 年 12 月 26 日起施行，以下简称送达指引），送达指引作为内部操作指引，面向全体办案人员发布，旨在进一步规范和强化仲裁送达工作的具体要求。

就司法建议书所提的问题，送达指引相应举措如下：

一、进一步加强对于申请人合理查询地址义务的督促

长期以来，秉持尊重当事人意思自治和市场交易诚实信用的原则，仲裁机构将送达地址的查询和提供义务通过仲裁规则明确赋予仲裁当事人，这种做法符合国内外商事仲裁实践和惯例。但近年来出现的因仲裁申请人提供虚假信息、不准确不全面的送达信息所导致的仲裁送达失败案例屡见不鲜，结合贵院在司法审查中提出的问题和建议，我会将全面加强对于申请人合理查询地址义务的督促，主要包括：

1. 在立案阶段明确书面告知申请人有义务查询并提供被申请人有效的送达地址，以及申请人不诚信提供被申请人有效送达地址的法律后果。

2. 在按照申请人提供的地址寄送被申请人的仲裁文件被退件的情况下，办案秘书应督促申请人履行合理查询义务，最低查询义务的范围至少包括公司现行有效的工商注册地址、自然人的户籍身份地址、合同约定或所载地址，并提供相应证明文件。

3. 在按照申请人提供的地址寄送被申请人的仲裁文件被退件或者虽未退件但被申请人未参与程序的情况下，办案秘书应督促申请人履行更为全面的合理查询义务。送达指引第5.6条对于全面查询义务的地址范围和查询顺序均作出了明确规定。

4. 强化办案秘书督促申请人合理查询地址的职责，提升办案秘书对于送达风险的识别与防范能力，防止个别办案秘书出现未做查询努力而径行公证送达的不规范做法。

二、进一步加强对于当事人提供的送达地址的审核

1. 对于仲裁申请人提供对方当事人的送达地址，明确要求申请人提供相应的证明文件，办案秘书对证明文件应进行必要的审核。

2. 对于仲裁当事人的公司名称、工商注册地址、法定代表人等对外公示的信息，以及案件材料中载明的送达相关信息，明确要求办案秘书通过国家企业信息公示网等公开平台进行基本核查，不能完全依赖申请人提供

的信息。

3. 针对仲裁机构按照申请人提供的地址向被申请人寄送仲裁文件，送达凭证显示妥投但被申请人始终未参与仲裁程序的情形，着重加强以下举措：

一是通知申请人对其提供的地址进行说明或补充其他联络信息并提供相应的证明文件。

二是及时检查申请人提供的地址是否符合送达指引第5.6条规定的地址范围，在申请人提供的地址不符合规定范围或还存在规定范围的其他地址，办案秘书应在征求申请人意见及敦促查询后向其他符合的地址补寄仲裁文书。

三是原则上，被申请人的工商注册地址/户籍地址/身份证地址或者惯常居住地址、合同约定或所载地址应确保有过送达记录。

三、进一步强化对送达规则和公证送达标准的严格遵循

我会《仲裁规则》第八条对于送达地址的确认、送达顺序和送达方式有明确的规定和适用标准。送达指引再次强化了对于《仲裁规则》的严格遵守与遵循：

首先，特别强调了公证送达方式的适用应以穷尽合理查询的地址范围仍不能有效送达作为前提。

其次，明确了公证送达地址的确认标准。仲裁申请人确认对方最后一个为人所知的地址应符合第5.6条规定的合理查询的地址范围，并且应以其具有社会公示效应的工商注册地址、自然人户籍身份地址和合同约定地址作为首要考虑因素。

衷心感谢贵院一直以来对我会仲裁工作的有力支持，希冀与贵院在专业问题上进行更广泛深入的研讨交流，就个案的撤裁或重裁问题进行及时有效沟通，共同助力国家营商环境优化和仲裁法治建设。

特此复函。

2023年1月18日